Der Grundsatz der Verhältnismäßigkeit im Maßregelrecht des StGB

Frankfurter kriminalwissenschaftliche Studien

Herausgegeben von
Professor Dr. Friedrich Geerds
Professor Dr. Winfried Hassemer
Professor Dr. Herbert Jäger
Professor Dr. Wolfgang Naucke
Professor Dr. Klaus Lüderssen
Professor Dr. Ernst Amadeus Wolff

Bd./Vol. 12

Verlag Peter Lang
Frankfurt am Main · Bern · New York

Jong-Dae Bae

Der Grundsatz der Verhältnismäßigkeit im Maßregelrecht des StGB

Verlag Peter Lang
Frankfurt am Main · Bern · New York

CIP-Kurztitelaufnahme der Deutschen Bibliothek

Bae, Jong-Dae:

Der Grundsatz der Verhältnismäßigkeit im Maßregelrecht des StGB / Jong-Dae Bae. - Frankfurt am Main ; Bern ; New York : Lang, 1985.

(Frankfurter kriminalwissenschaftliche Studien ; Bd. 12)
ISBN 3-8204-8210-5
NE: GT

ISSN 0170-6918
ISBN 3-8204-8210-5

Druck und Bindung: Weihert-Druck GmbH, Darmstadt

INHALTSVERZEICHNIS

Seite

Seite

Seite

Seite

LITERATURVERZEICHNIS

*) Die *Hervorhebungen* geben die Zitierweise in den Fußnoten an

Achterberg, Norbert Allgemeines *Verwaltungsrecht*. Ein Lehrbuch, Heidelberg 1982

Albrecht, Peter-Alexis, *Aspekte* des Maßregelvollzugs im psychiatrischen Krankenhaus, MschrKrim 61 (1978), 104-126

- /*Lamott*, Franziska, Wer braucht wen; *Sozialtherapie* in Erprobung, MschrKrim 63 (1980), 263-277

Reihe *Alternativkommentare*. Kommentar zum *Strafvollzugsgesetz*. Hrsg. von Rudolf Wassermann, Neuwied und Darmstadt 2. Aufl. 1982

Andritsch, Franz Die *Behandlung* gerichtlich untergebrachter Alkoholiker im psychiatrischen Krankenhaus, in: *Bergener* (Hrsg.), Psychiatrie und Rechtsstaat, S. 200-215

Auffermann, Peter Der *Grundsatz* der Verhältnismäßigkeit im Arbeits- und Sozialversicherungsrecht, Diss. Würzburg 1975

Baumann, Jürgen Strafrecht. *Allgemeiner Teil*, Bielefeld 8. Aufl. 1977

Baumgartner, Hans-Michael/*Eser*, Albin (Hrsg.), *Schuld und Verantwortung*, Philosophische und juristische Beiträge zur Zurechenbarkeit menschlichen Handelns, Tübingen 1983

Beccaria, Cesare *über Verbrechen und Strafen*. Nach der Ausgabe von 1766 übersetzt und herausgegeben von Wilhelm Alff, Frankfurt a.M. 1966

Becker, Hans-Joachim, Das verfassungsmäßige *Prinzip* der Verhältnismäßigkeit. Ein Bericht über die Helgoländer Richtertage 1977, SchlHA 1977, 161-166

Bender, Rolf — Die *Zielverwirklichungstechnik* in der Gesetzgebungslehre. Vorüberlegungen zu einem Allgemeinen Teil, in: *Rödig* (Hrsg.), Theorie der Gesetzgebung, S. 475-490

Berber, Friedrich — Das *Staatsideal* im Wandel der Weltgeschichte, München 2. Aufl. 1978

Bergener, Manfred (Hrsg.), *Psychiatrie und Rechtsstaat*, Neuwied und Darmstadt 1981

Bericht über die Lage der Psychiatrie in der Bundesrepublik Deutschland. Zur psychiatrischen und psychotherapeutisch/psychosomatischen Versorgung der Bevölkerung. Deutscher Bundestag, 7. Wahlperiode, Drucksache 7/4200 und 7/4201, Bonn 1975

Bleckmann, Albert — Allgemeine *Grundrechtslehren*, Köln, Berlin, Bonn, München 1976

Blei, Hermann — *Verhältnismäßigkeitsgrundsatz* und Maßregeln der Besserung und Sicherung, JA 1971, 55-58

\- — Strafrecht I. *Allgemeiner Teil*, München 18. Aufl. 1983

Bochnik, Hans J./*Gärtner*, Helmut J./*Richtberg*, Werner, *Zerstörung* des Vertrauensverhältnisses Patient/Arzt durch Verrechtlichung; Vertrauen - Anvertrauen - Vertrauenswürdigkeit, in: *Bergener* (Hrsg.), Psychiatrie und Rechtsstaat, S. 31-56

Bockelmann, Paul — Strafrecht. *Allgemeiner Teil*, 3. Aufl. 1979

\- — Wie würde sich ein konsequentes *Täterstrafrecht* auf ein neues Strafgesetzbuch auswirken;, in: Materialien zur Strafrechtsreform, 1. Bd., Gutachten der Strafrechtslehrer, Bonn 1954, S. 29-44

\- — *Schuld und Sühne*, Göttingen 1957

Böckenförde, Ernst-Wolfgang
Grundrechtstheorie und Grundrechtsinterpretation, NJW 1974, 1529-1584; Neuabdruck in: ders., *Staat*, Gesellschaft und Freiheit, Frankfurt a.M. 1976, S. 221-252

- Die Methoden der *Verfassungsinterpretation*, Bestandsaufnahme und Kritik, NJW 1976, 2089-2099

Bruns, Hans-Jürgen — *Richterliche Überzeugung* bei "Prognose-Entscheidungen" über Sicherungsmaßregeln, JZ 1958, 647-653

- *Strafzumessungsrecht*, Köln, Berlin, Bonn, München 2. Aufl. 1974

- Zur *Problematik* rausch-, krankheits- oder jugendbedingter Willensmängel des schuldunfähigen Täters im Straf-, Sicherungs- und Schadensersatzrecht (§§ 330 a, 42 b StGB, 829 BGB), JZ 1964, 473-482

- *Urteilsanmerkung* zu BGH v. 15.6.1976, JR 1977, 160-162

Bull, Hans-Peter — Die *Staatsaufgaben* nach dem Grundgesetz, Kronberg/Ts. 1977

- Allgemeines *Verwaltungsrecht*. Ein Lehrbuch, Königstein/Ts. 1982

Calliess, Rolf-Peter, *Theorie der Strafe* im demokratischen und sozialen Rechtsstaat, Frankfurt a.M. 1973

Castel, Robert — *Die psychiatrische Ordnung*. Das goldende Zeitalter des Irrenwesens, Frankfurt a.M. 1983

Coing, Helmut — Grundzüge der *Rechtsphilosophie*, Berlin, New York 3. Aufl. 1976

- Epochen der *Rechtsgeschichte* in Deutschland, München, 4. unveränderte Aufl. 1981

Conrad, Hermann — *Die geistigen Grundlagen* des Allgemeinen Landrechts für die Preußischen Staaten von 1794, Köln 1958

\- — *Das Allgemeine Landrecht* von 1794 als Grundgesetz des friderizianischen Staates, Berlin 1965

Denninger, Erhard — *Staatsrecht I*, Reinbek 1973

\- — *Stichwort "Rechtsstaat"*, in: *Görlitz* (Hrsg.), Handlexikon, S. 344-349

Denzel, Uwe — *Übermaßverbot* und strafprozessuale Zwangsmaßnahmen, Diss. Berlin 1969

Dietze, Gottfried — *Kant und der Rechtsstaat*, Tübingen 1982

Dreher, Eduard — *Strafgesetzbuch* mit Nebengesetzen und Verordnungen, München *37. Aufl.* 1977

\- /*Tröndle*, Herbert — *Strafgesetzbuch* und Nebengesetze, München *38. Aufl.* 1978

\- - — *Strafgesetzbuch* und Nebengesetze, München 41 Aufl. 1983

Drews/Wacke/Vogel — *Gefahrenabwehr*. Allgemeines Polizeirecht (Ordnungsrecht des Bundes und der Länder) Bd. 1, Köln, Berlin, Bonn, München 8. Aufl. 1975

Dünkel, Frieder — *Legalbewährung* nach sozialtherapeutischer Behandlung, Berlin 1980

Dünnebier, Hans — Reform der *Untersuchungshaft* ?, in: Hans Lüttger (Hrsg.), Probleme der Strafprozeßreform. Berliner Gastvorträge, Berlin, New York, S. 29-51

Dürig, Günter — Verfassung und Verwaltung im *Wohlfahrtsstaat*, JZ 1953, 193-199

\- — Der Grundsatz von der *Menschenwürde*, AöR 81 (1956), 117-157

Dürig, Günter — Grundfragen des öffentlich-rechtlichen *Entscheidungssystems*, JZ 1955, 521-525

- — Die *Menschenauffassung* des Grundgesetzes, JR 1952, 259-263

Ehrhardt, Helmut E. — Der *Vollzug* im psychiatrischen Krankenhaus, in: Ehrhardt/Göppinger (Hrsg.), Kriminologische Gegenwartsfragen, Hft. 11, Stuttgart 1974, 152-160

Eisenberg, Ulrich — *Kriminologie*, Köln usw. 1979

Ellscheid, Günter/*Hassemer*, Winfried — *Strafe ohne Vorwurf*. Bemerkungen zum Grund strafrechtlicher Haftung, in: *Lüderssen/Sack* (Hrsg.), Abweichendes Verhalten II 1, S. 266-292

Engisch, Karl — Auf der Suche nach der *Gerechtigkeit*. Hauptthemen der Rechtsphilosophie, München 1971

- — *Einführung* in das juristische Denken, Stuttgart usw. 7. Aufl. 1977

Entwurf 1962 — eines Strafgesetzbuches mit Begründung, Bonn 1962

Erichsen, Hans-Uwe — *Baudispens* und Übermaßverbot, DVBl. 1967, 269-275

- — *Staatsrecht* und Verfassungsgerichtsbarkeit I, München 3. Aufl. 1982

Esser, Josef — *Grundsatz* und Norm in der richterlichen Fortbildung des Privatrechts, Tübingen 1956

Forsthoff, Ernst — Der Staat der *Industrie-Gesellschaft*, München 1971

- — Lehrbuch des *Verwaltungsrechts*. Allgemeiner Teil, München 10. Aufl. 1973

Franke, Wolfgang — Grundlagen der *Anstaltsunterbringung* Psychischkranker in verfassungs-, privat- und verwaltungsrechtlicher Sicht, NJW 1960, 1369-1374

Frisch, Wolfgang — *Prognoseentscheidungen* im Strafrecht. Zur normativen Relevanz empirischen Wissens und zur Entscheidung bei Nichtwissen, Heidelberg, Hamburg 1983

\- — *Ermessen*, unbestimmter Rechtsbegriff und "Beurteilungsspielraum" im Strafrecht, NJW 1973, 1345-1349

Fürst, Walther/*Günter*, Hellmuth
Grundgesetz. Das Verfassungsrecht der Bundesrepublik Deutschland in den Grundzügen,
Berlin 2. Aufl. 1978

Geerds, Friedrich — Zur kriminellen *Prognose*, MschrKrim 1960, 92-119

Gentz, Manfred — Zur *Verhältnismäßigkeit* von Grundrechtseingriffen, NJW 1968, 1600-1607

Geppert, Klaus — Die Bemessung der *Sperrfrist* bei der strafgerichtlichen Entziehung der Fahrerlaubnis, Berlin 1968

Gersonde — Referat auf den Helgoländer Richtertagen 1977, berichtet von *Becker*, SchlHA 1977, 164-165

Göppinger, Hans — *Kriminologie*, München 4. Aufl. 1980

\- /*Witter*, H. (Hrsg.), *Handbuch* der forensischen Psychiatrie, 2 Bde., Berlin, Heidelberg, New York 1972

Goerlich, Helmut — *Wertordnung* und Grundgesetz, Baden-Baden 1973

Görlitz, Axel (Hrsg.) *Handlexikon* zur Rechtswissenschaft, München 1972

Gössel, Karl Heinz — *Die Stellung des Verteidigers* im rechtsstaatlichen Strafverfahren, ZStW 94 (1982), 5-36

Götz, Volkmar — Allgemeines *Polizei*- und Ordnungs*recht*, Göttingen 5. Aufl. 1978

Grabitz, Eberhard — Der *Grundsatz* der Verhältnismäßigkeit in der Rechtsprechung des Bundesverfassungsgerichts, AöR 98 (1973), 568-616

- — *Vertrauensschutz* als Freiheitsschutz, DVBl. 1973, 675-684

- — *Freiheit* und Verfassungsrecht, Tübingen 1976

Gribbohm, Günter — Der *Grundsatz* der Verhältnismäßigkeit bei den mit Freiheitsentziehung verbundenen Maßregeln der Sicherung und Besserung, BGHSt 20, 232, JuS 1967, 349-354

Groth, Klaus-Ulrich, Die verfassungsrechtliche Zulässigkeit der *Pönalisierung* während der Führungsaufsicht begangener Weisungsverstöße, NJW 1979, 743-749

Grünwald, Gerald — *Sicherungsverwahrung*, Arbeitshaus, vorbeugende Verwahrung und Sicherungsaufsicht im Entwurf 1962, ZStW 76 (1964), 633-668

Haag, Karl — *Rationale Strafzumessung*, Köln, Berlin, Bonn, München 1969

Haddenbrock, Siegfried, *Unterbringung* und Freiheitsentziehung aus psychiatrischer Sicht, in: *Göppinger/Witter* (Hrsg.), Handbuch II, S. 1385-1426

Häberle, Peter — Die *Wesensgehaltsgarantie* des Art. 19 Abs. 2 Grundgesetz, Karlsruhe 2. Aufl. 1972

Haesler, W.T. (Hrsg.), *Stigmatisierung* durch Strafverfahren und Strafvollzug, Diessenhofen 1981

Haffke, Bernhard — Hat emanzipierende *Sozialtherapie* eine Chance? Eine Problemskizze, in: *Lüderssen/Sack* (Hrsg.), Abweichendes Verhalten II 2, S. 291-310

- — Gibt es ein verfassungsrechtliches *Besserungsverbot*? Zur rechtsschöpferischen Funktion von Angst, MschrKrim 1975, 246-261

Haffke, Bernhard — Über den *Widerspruch* von Therapie und Herrschaft exemplifiziert an grundlegenden Bestimmungen des neuen Strafvollzugsgesetzes,
ZStW 88 (1976), 607-652

Hall, Karl Alfred — *Sicherungsverwahrung* und Sicherungsstrafe,
ZStW 70 (1958), 41-63

Hanack, Ernst-Walter, *Urteilsanmerkung* zu BGH NJW 1976, 1949,
JR 1977, 170-171

\- *Probleme* des Vikariierens und der Unterbringung in einer Entziehungsanstalt (§§ 67, 64 StGB),
JR 1978, 399-403

\- *Sozialtherapie* und Unterbringung im psychiatrischen Krankenhaus nach § 63 StGB n.F. Bemerkung zum Beschluß des OLG Karlsruhe vom 13.5.1975,
JR 1975, 441-446

\- Das juristische *Konzept* der sozialtherapeutischen Anstalt und der sonstigen Maßregeln im neuen Strafrecht der Bundesrepublik, in: Kriminologische Gegenwartsfragen. Hft. 10,
Stuttgart 1972, S. 68-91

Hassemer, Winfried — *Einführung* in die Grundlagen des Strafrechts, München 1981

\- Die *Formalisierung* der Strafzumessungsentscheidung, ZStW 90 (1978), 64-99

\- Dogmatische, kriminalpolitische und verfassungsrechtliche Bedenken gegen die *Kostentragungspflicht* des verurteilten Angeklagten, ZStW 85 (1973), 651-671

\- *Theorie* und Soziologie des Verbrechens. Ansätze zu einer praxisorientierten Rechtsgutslehre,
Frankfurt a.M. 1973

\- *Resozialisierung* und Rechtsstaat,
KrimJ 3/1982, 161-166

\- Über die *Berücksichtigung von Folgen* bei der Auslegung der Strafgesetze, in: Festschrift für Coing 1982,
S. 493-524

Hassemer, Winfried *Strafziele* im sozialwissenschaftlich orientierten Strafrecht, in: *Hassemer/Lüderssen/Naucke*, Fortschritte, S. 39-66

- Strafzumessung, Strafvollzug und die "*Gesamte Strafrechtswissenschaft*", in: *Lüderssen/Sack* (Hrsg.), Abweichendes Verhalten III 2, S. 243-256

- *Tatbestand* und Typus, Köln, Berlin, Bonn, München 1968

- /*Lüderssen*, Klaus (Hrsg.), *Sozialwissenschaften* im Studium des Rechts, Bd. III: Strafrecht, München 1978

-- /*Naucke*, Wolfgang, *Fortschritte* im Strafrecht durch die Sozialwissenschaften? Heidelberg 1983

- /*Steinert*, Heinz/*Treiber*, Hubert, *Soziale Reaktion* auf Abweichung und Kriminalisierung durch den Gesetzgeber, in: *Hassemer/Lüderssen* (Hrsg.), Sozialwissenschaften, S. 1-65

Henkel, Heinrich Einführung in die *Rechtsphilosophie*, München 2. Aufl. 1977

Herzog, Roman *Subsidiaritätsprinzip* und Staatsverfassung, in: Der Staat 2 (1963), S. 399-423

Hesse, Konrad *Grundzüge* des Verfassungsrechts der Bundesrepublik Deutschland, Heidelberg, Karlsruhe 13. Aufl. 1982

v. *Hippel*, Reinhard, *Reform* der Strafrechtsreform. Maßregeln der Besserung und Sicherung, Berlin, New York 1976

Hirsch, Ernst Eduard, *Das Recht im sozialen Ordnungsgefüge*, Beiträge zur Rechtssoziologie, Berlin 1966

Hirschberg, Lothar Der *Grundsatz* der Verhältnismäßigkeit, Göttingen 1981

Hoffmeyer, Carsten — *Grundrechte* im Strafvollzug. Verfassungsrecht als kriminalpolitischer Beitrag zur Reform des Strafvollzugs, Heidelberg, Karlsruhe 1979

Höppner, Horst-Dieter, Zur verfassungsrechtlichen *Gewährleistung* des Steuergeheimnisses, DVBl. 1969, 723-727

Hoffmann, Heinrich, Die *Verstaatlichung* von Berufen, DVBl. 1964, 457-465

Holzlöhner, Helmut — Die *Grundsätze* der Erforderlichkeit und Verhältnismäßigkeit als Prinzipien des Strafverfahrens, Diss. Kiel 1968

Hotz, Werner Friedrich, Zur *Notwendigkeit* und Verhältnismäßigkeit von Grundrechtseingriffen, Diss. Zürich 1977

Huber, Hans — Über den *Grundsatz* der Verhältnismäßigkeit im Verwaltungsrecht, ZSR 96 I (1977), 1-29

Humboldt, Wilhelm von, *Ideen* zu einem Versuch, die Grenzen des Staates zu bestimmen, Reclam Stuttgart 1967

Ipsen, Hans Peter — *Gleichheit*, in: Neumann/Nipperdey/Scheuner (Hrsg.), Die Grundrechte II, Berlin 1954, 110-198

Isensee, Josef — *Subsidiaritätsprinzip* und Verfassungsrecht, Berlin 1968

Jäckel, Hartmut — *Grundrechtsgeltung* und Grundrechtssicherung, Berlin 1967

Jäger, Herbert — *Sozialtherapie* auf psychoanalytischer Grundlage, MschrKrim 60 (1977), 205-218

Jakobs, Günther — *Schuld und Prävention*, Tübingen 1976

Jellinek, Walter — Gesetz, *Gesetzesanwendung* und Zweckmäßigkeitsanwendung, Tübingen 1913

\- — *Verwaltungsrecht*, unveränd. Neudruck der 3. Aufl. v. 1931, Bad Homburg v.d.H. usw. 1966

Jescheck, Hans-Heinrich, Lehrbuch des Strafrechts. *Allgemeiner Teil*, Berlin 3. Aufl. 1978

von *Jhering*, Rudolph, *Der Zweck im Recht*, 2 Bde., Leipzig 4. Aufl. 1904/05

Jost, Andreas — Die neueste Entwicklung des *Polizeibegriffs* im schweizerischen Recht, Diss. Bern 1975

Kaiser, Günther — *Kriminologie*. Ein Lehrbuch, Heidelberg, Karlsruhe 1980

- /*Kerner*, Hans-Jürgen/*Schöch*, Heinz, *Strafvollzug*. Ein Lehrbuch, Heidelberg 3. Aufl. 1982

- /*Schöch*, Heinz — *Kriminologie - Jugendstrafrecht - Strafvollzug*, München 2. Aufl. 1982

Kant, Immanuel — *Werkausgabe Bde. VII, VIII, XI, XII*, Hrsg. von Wilhelm Weischedel, Frankfurt a.M. 1977

Kaufmann, Arthur — *Subsidiaritätsprinzip* und Strafrecht, in: Grundfragen der gesamten Strafrechtswissenschaft. Festschrift für Heinrich Henkel, Berlin, New York 1974, S. 89-107

- — Schuldprinzip und *Verhältnismäßigkeitsgrundsatz*, in: Festschrift für Richard Lange, Berlin, New York 1976, S. 27-38

- — *Analogie* und "Natur der Sache". Zugleich ein Beitrag zur Lehre vom Typus, Heidelberg, 2. verbesserte und durch ein Nachwort ergänzte Auflage 1982

Kellner, Hugo — Zum *Grundsatz* der Verhältnismäßigkeit. Begriff, Ableitung, Geltungskraft, SchlHA 1978, 109-111

Kelsen, Hans — *Reine Rechtslehre*, Wien 2. Aufl. 1960

Klein, Hans H. — Die *Grundrechte* im demokratischen Staat, Stuttgart 1972

Kleinknecht, Theodor/*Meyer*, Karlheinz, *Strafprozeßordnung*. Gerichtsverfassungsgesetz, Nebengesetze und ergänzende Bestimmungen, München 36. Aufl. 1983

Koch, Hans-Joachim/*Rüßmann*, Helmut, Juristische *Begründungslehre*, München 1982

Koffka, Else — *Urteilsanmerkung* zu BGHSt 24, 134, *JR 1971*, 424-426

- — *Urteilsanmerkung* zu BGH 1. StS v. 25.5. 1971, *JR 1971*, 427-428

Krauß, Detlef — Richter und *Sachverständiger* im Strafverfahren, ZStW 85 (1973), 320-359

Krauss, Rupprecht von, Der *Grundsatz* der Verhältnismäßigkeit in seiner Bedeutung für die Notwendigkeit des Mittels im Verwaltungsrecht, Hamburg 1955

von Krockow, Christian Graf, *Herrschaft* und Freiheit. Politische Grundpositionen der bürgerlichen Gesellschaft, Stuttgart 1977

Kröger, Klaus — *Grundrechtstheorie* als Verfassungsproblem, Baden-Baden 1978

Krüger, Herbert — Der *Wesensgehalt* der Grundrechte i.S.des Art. 19 GG, DÖV 1955, 597-602

Kunz, Karl-Heinz — Das allgemeine *Übermaßverbot* im bürgerlichen Recht und seine Auswirkungen auf das "übertriebene Anlocken" im Wettbewerbsrecht, Köln, Berlin, Bonn, München 1980

Lackner, Karl — *Strafgesetzbuch* mit Erläuterungen, München 15. Aufl. 1983

Langheineken, Uwe — Der *Grundsatz* der Verhältnismäßigkeit in der Rechtsprechung des Bundesverfassungsgerichts, unter besonderer Berücksichtigung der Judikatur zu Art. 12 Abs. 1 S. 2 GG, Diss. Freiburg 1972

Lang-Hinrichsen, Dietrich, Die kriminalpolitischen Aufgaben der Strafrechtsreform, in: Verhandlungen des 43. Deutschen Juristentages 1960, Bd. 1 (*Gutachten*), 3. Teil B, Tübingen 1960

Larenz, Karl *Richtiges Recht*, München 1979

\- *Methodenlehre* der Rechtswissenschaft, Berlin, Heidelberg, New York 4. Aufl. 1979

Lauter, Hans Psychiatrische Überlegungen zum gegenwärtigen *Maßregelvollzug*, in: *Lauter/Schreiber* (Hrsg.), Rechtsprobleme, S. 71-77

\- /*Schreiber*, Hans-Ludwig (Hrsg.), *Rechtsprobleme* in der Psychiatrie. Tagungsbericht, Köln 1978

Leferenz, Heinz Die *Kriminalprognose*, in: *Göppinger/Witter* (Hrsg.), Handbuch II, S. 1347-1384

Legaz y Lacambra, Luis, *Rechtsphilosophie*, Neuwied 1965

Leipziger Kommentar zum Strafgesetzbuch 9. *Aufl.*, hrsg. von Baldus und Willms, 1 Bd., Berlin, New York 1974

\- 10. Aufl., hrgs. von Jescheck, Ruß und Willms, Berlin, New York 1978 ff

Lenckner, Theodor *Strafe*, Schuld und Schuldfähigkeit, in: *Göppinger/Witter* (Hrsg.), Handbuch I, S. 3-286

Lerche, Peter *Übermaß* und Verfassungsrecht. Zur Bindung des Gesetzgebers an die Grundsätze der Verhältnismäßigkeit und Erforderlichkeit, Köln usw. 1961

\- *Wirtschaftliche Agenda* der Gemeinden und Klagerecht Privater, in: Juristische Analyse 1970, S. 821-866

von Liszt, Franz — Der *Zweckgedanke* im Strafrecht, ZStW 3 (1883), 1-47

– — Über den *Einfluß* der soziologischen und anthropologischen Forschungen auf die Grundbegriffe des Strafrechts, in: ders., Strafrechtliche Aufsätze und Vorträge II, Berlin 1905, Nachdruck Berlin 1970, S. 75-93

Llompart, José — *Gerechtigkeit als geschichtliches Rechtsprinzip*, ARSP 1981, 39-60

Locke, John — Zwei *Abhandlungen* über die Regierung. Hrsg. und eingel. von Walter Euchner, Frankfurt a.M. 1977

Lorenzen, Dirk — Zur Problematik der *Unterbringung* psychisch Kranker in psychiatrischen Krankenhäusern, in: *Bergener* (Hrsg.), Psychiatrie und Rechtsstaat, S. 130-150

Lücke, Jörg — Die *(Un-)Zumutbarkeit* als allgemeine Grenze öffentlich-rechtlicher Pflichten des Bürgers, Berlin 1973

Lüderssen, Klaus — *Erfahrung* als Rechtsquelle, Frankfurt a.M. 1972

– /*Sack*, Fritz (Hrsg.), Seminar: *Abweichendes Verhalten II*: Die gesellschaftliche Reaktion auf Kriminalität. *Bd. 1*: Strafgesetzgebung und Strafrechtsdogmatik, Frankfurt a.M. 1975

– /*Sack*, Fritz (Hrsg.), Seminar: *Abweichendes Verhalten III*: Die gesellschaftliche Reaktion auf Kriminalität. *Bd. 2*: Strafprozeß und Strafvollzug, Frankfurt a.M. 1977

Luhmann, Niklas — *Zweckbegriff* und Systemrationalität. Über die Funktion von Zwecken in sozialen Systemen, Frankfurt a.M. 2. Aufl. 1977

Maihofer, Werner — *Rechtsstaat* und Menschenwürde, Frankfurt a.M. 1968

– — *Vom Sinn menschlicher Ordnung*, Frankfurt a.M. 1956

v. *Mangoldt*, Hermann/*Klein*, Friedrich,
Das Bonner *Grundgesetz*, Kommentar, Bd. I und II,
Berlin u. Frankfurt a.M. 2. Aufl. 1957, 1966

Marquardt, Helmut — Dogmatische und kriminologische *Aspekte* des Vikariierens von Strafe und Maßregeln, Berlin 1972

Marx, Michael — Zur Definition des Begriffs "*Rechtsgut*". Prolegomena einer materialen Verbrechenslehre, Köln usw. 1972

Mayer, *Hellmuth* — Strafrecht. *Allgemeiner Teil*, Stuttgart, Berlin, Köln, Mainz 1953

\- — Strafrecht. *Allgemeiner Teil*, Stuttgart, Berlin, Köln, Mainz 1967

Mayer, *Otto* — Deutsches *Verwaltungsrecht*. 1. Bd., München, Leipzig 3. Aufl. 1924

Maunz, Theodor — Deutsches *Staatsrecht*, München 23. Aufl. 1980

\- /*Zippelius*, Reinhold, Deutsches *Staatsrecht*,
München 24. Aufl. 1982

\- /*Dürig*, Günter/*Herzog*, Roman/*Scholz*, Rupert,
Grundgesetz, Kommentar,
München (Loseblatt-Sammlung: Stand 1983)

Maurach, Reinhard/*Zipf*, Heinz,
Strafrecht. *Allgemeiner Teil I*,
Heidelberg, Karlsruhe 6. Aufl. 1983

\- /*Gössel*, Karl Heinz/*Zipf*, Heinz,
Strafrecht. *Allgemeiner Teil II*,
Heidelberg, Karlsruhe 5. Aufl. 1978

Metzner, Richard — Das *Verbot* der Unverhältnismäßigkeit im Privatrecht, Diss. Erlangen 1970

Meyer, Fritz — Der kriminologische Wert von *Prognosetafeln*, MschrKrim 1959, 214-245

Montesquieu — *Vom Geist der Gesetze*, Reclam Stuttgart 1965

Müller, *Bernd* — *Anordnung und Aussetzung* freiheitsentziehender Maßregeln der Besserung und Sicherung, Berlin 1981

Müller, *Friedrich* — Juristische *Methodik*, Berlin 2. Aufl. 1976

Müller, *Ingo* — *Rechtsstaat* und Strafverfahren, Frankfurt a.M. 1980

Müller-Dietz, Heinz — *Strafe und Staat*, Frankfurt a.M. 1973

- — *Strafzweck* und Vollzugsziel, Tübingen 1973

- — *Grundlagen* des strafrechtlichen Sanktionssystems, Heidelberg, Hamburg 1979

- — *Rechtsfragen* der Unterbringung nach § 63 StGB, NStZ 1983, 145-152, 203-207

von Münch, Ingo (Hrsg.) — *Grundgesetz*, *Kommentar*, Bd. 1, München 2. Aufl. 1981

Myrdal, Gunnar — *Das Zweck-Mittel-Denken in der Nationalökonomie*, in: Zeitschrift für Nationalökonomie 4 (1933), 305-329. Neudruck in; ders., Das Wertproblem in der Sozialwissenschaft, Hannover 1965, S. 213-233

Naucke, Wolfgang — Strafrecht. Eine *Einführung*, Frankfurt a.M. 4. Aufl. 1982

- — Die *Kriminalpolitik* des Marburger Programms 1882, ZStW 94 (1982), 525-564

Neumann, Ulfrid/*Schroth*, Ulrich — *Neuere Theorien* von Kriminalität und Strafe, Darmstadt 1980

Niederschriften — über die Sitzungen der großen Strafrechtskommission. 14 Bde., Bonn 1956-1960

Nipperdey, Hans Carl, Freie *Entfaltung* der Persönlichkeit, in: Bettermann/Nipperdey (Hrsg.), Die Grundrechte. Bd. 4 II, Berlin 1962, S. 741-909

Noll, Peter — *Gesetzgebungslehre*, Reinbek 1973

Nowakowski, Friedrich, Zur *Rechtsstaatlichkeit* der vorbeugenden Maßnahmen, in: Festschrift für Hellmuth von Weber, Berlin 1963, S. 98-120

\- — *Freiheit*, Schuld, Vergeltung, in: Festschrift für Theodor Rittler, Aalen 1957, S. 55-88

Oberle, Max — Der *Grundsatz* der Verhältnismäßigkeit des polizeilichen Eingriffs, Diss. Zürich 1952

Pätzold, Ludwig — Die *Eingriffsvoraussetzungen* bei freiheitsentziehenden Maßregeln unter besonderer Berücksichtigung des Prinzips der Verhältnismäßigkeit, Diss. Tübingen 1975

Pahlen, Ronald — Der *Grundsatz* der Verhältnismäßigkeit und die Erstattung von Schulungskosten nach dem BetrVG 72, Berlin 1979

Peters, *Hans* — Die freie *Entfaltung* der Persönlichkeit als Verfassungsziel, in: Festschrift für Laun 1953, S. 669-678

Peters, *Karl* — *Strafprozeß*. Ein Lehrbuch, Heidelberg, Karlsruhe 3. Aufl. 1981

Pickl, Viktor — *Stigmatisierung* durch Strafverfahren und Strafvollzug, in: *Haesler* (Hrsg.), Stigmatisierung, S. 33-50

Plack, Arno — *Plädoyer* für die Abschaffung des Strafrechts, München 1974

Podlech, Adalbert — *Gehalt und Funktionen* des allgemeinen verfassungsrechtlichen Gleichheitssatzes, Berlin 1971

Pohl, Ottmar — Ist der *Gesetzgeber* bei Eingriffen in die Grundrechte an den Grundsatz der Verhältnismäßigkeit gebunden ?, Diss. Köln 1959

Popper, Karl Raimund, *Logik* der Forschung,
Tübingen 6. Aufl. 1976

Preisendanz, Holger *Strafgesetzbuch*. Lehrkommentar,
Berlin 29. Aufl. 1975

Prim, Rolf/*Tilmann*, Heribert, Grundlagen einer kritisch-rationalen Sozialwissenschaft. Studienbuch zur *Wissenschaftstheorie*,
Heidelberg 3. Aufl. 1977

Protokolle über die Sitzungen des Sonderausschusses für die Strafrechtsreform

Quensel, Stephan *Stigmatisierung* durch Resozialisierung? Probleme einer Behandlungsideologie, in: *Haesler* (Hrsg.), Stigmatisierung,
S. 161-175

Radbruch, Gustav *Rechtsphilosophie*,
Stuttgart 8. Aufl. 1973

\- Zur Diskussion über die Verbrechen gegen die *Menschlichkeit*,
SJZ 1947, Sp. 131-136

Rasch, Wilfried/*Kühl*, Klaus-Peter
Subjektives Leiden als sozialtherapeutisches Behandlungskriterium - FPI-Ergebnisse bei Tätergruppen des § 65 Abs. 1 2. StrRG -
MschrKrim 1973, 237-245

Rehbinder, Manfred *Einführung* in die Rechtswissenschaft. Grundfragen, Grundlagen und Grundgedanken des Rechts,
Berlin, New York 5. Aufl. 1983

Rehn, Gerhard *Behandlung* im Strafvollzug. Ergebnis einer vergleichenden Untersuchung der Rückfallquote bei entlassenen Strafgefangenen,
Weinheim/Basel 1979

\- *Rückfall* nach Sozialtherapie,
MschrKrim 1979, 357-365

Riezler, Erwin Das *Rechtsgefühl*,
München 1946

Ritzel, Günther *Unterbringung* nach § 63 2. StrRG: Besserung oder Sicherung?,
MschrKrim 1975, 182-189

Robbers, Gerhard — *Gerechtigkeit* als Rechtsprinzip. Über den Begriff der Gerechtigkeit in der Rechtsprechung des Bundesverfassungsgerichts, Baden-Baden 1980

Rödig, Jürgen — Die Theorie des gerichtlichen *Erkenntnisverfahrens*. Die Grundlinien des zivil-, straf- und verwaltungsrechtlichen Prozesses, Berlin usw. 1973

- (Hrsg.) — *Theorie der Gesetzgebung*, Berlin usw. 1976

Rousseau, Jean-Jaques, Vom *Gesellschaftsvertrag* oder Grundsätze des Strafrechts, Reclam Stuttgart 1977

Roxin, Klaus — *Sinn und Grenzen* staatlicher Strafe, JuS 1966, 377-387; auch in: Roxin, Grundlagenprobleme, S. 1-31

- — Strafrechtliche *Grundlagenprobleme*, Berlin, New York 1973

- — Franz v. *Liszt* und die kriminalpolitische Konzeption des Alternativentwurfs, ZStW 81 (1969), 613-649; auch in: Roxin, Grundlagenprobleme, S. 32-71

Rüping, Heinrich — *Grundriß* der Strafrechtsgeschichte, München 1981

Sagebiel, Felizitas, Zur Sicherung einer therapeutisch orientierten *Organisationsstruktur* für sozialtherapeutische Anstalten, Göttingen 1979

Schachtschneider, K.A., Das *Rechtsssstaatsprinzip* des Grundgesetzes, JA 1978, 185-193, 237-244

Schäfer/Wagner/Schafheutle, *Gesetz* gegen gefährliche Gewohnheitsverbrecher und über Maßregeln der Sicherung und Besserung, Berlin 1934

Schinkel, Harald — *Polizei* und Stadtverfassung im frühen 19. Jahrhundert, in: Der Staat 1964, S. 315-334

Schlink, Bernhard — *Abwägung* im Verfassungsrecht, Berlin 1976

Schmidhäuser, Eberhard, Strafrecht. *Allgemeiner Teil*. Studienbuch, Tübingen *1982*

\- Strafrecht. *Allgemeiner Teil*. Lehrbuch, Tübingen 2. Aufl. *1975*

\- *Einführung* in das Strafrecht, Reinbek 1972

Schmidt, *Eberhard* Einführung in die *Geschichte* der deutschen Strafrechtspflege, Göttingen 3. Aufl. 1965

\- Die oberlandesgerichtliche Kontrolle der Dauer der *Untersuchungshaft*, NJW 1968, 2209-2219

\- Der *Strafprozeß*. Aktuelles und Zeitloses, NJW 1969, 1137-1146

Schmidt, *Walter* *Einführung* in die Probleme des Verwalrungsrechts, München 1982

\- *Abschied vom "unbestimmten Rechtsbegriff"*, NJW 1975, 1753-1758

Schmidt-Bleibtreu, Bruno/*Klein*, Franz, Kommentar zum Grundgesetz für die Bundesrepublik Deutschland, Neuwied, Darmstadt 5. Aufl. 1980

Schmitt, Rudolf Was hat die Strafrechtsreform von der *Zweispurigkeit* übrig gelassen?, in: Kultur. Kriminalität. Strafrecht. Festschrift für Thomas Würtenberger zum 70. Geburtstag, Berlin 1977, S. 277-282

Schnapp, Friedrich E., Die *Verhältnismäßigkeit* des Grundrechtseingriffs, JuS 1983, 850-855

Schneider, *Hans* Zur *Verhältnismäßigkeits-Kontrolle* insbesondere bei Gesetzen, in: Bundesverfassungsgericht und Grundgesetz II, Tübingen 1976, S. 390-404

Schneider, *Hans-Joachim*, *Kriminologie*, Berlin, New York 2. Aufl. 1977

Schneider, *Hans-Peter*,
Eigenart und Funktion der Grundrechte im demokratischen Verfassungsstaat, in: Joachim Perels (Hrsg.), Grundrechte als Fundament der Demokratie, Frankfurt a.M. 1979, S. 11-49

Schneider, *Harald* Die *Güterabwägung* des Bundesverfassungsgerichts bei Grundrechtskonflikten, Baden-Baden 1979

Schönke, Adolf/*Schröder*, Horst,
Strafgesetzbuch. Kommentar, 21. Aufl. 1982

Schüler-Springorum, Horst
Sachverständiger und Verhältnismäßigkeit, in: Jugendpsychiatrie und Recht. Festschrift für Hermann Stutte zum 70. Geburtstag, Köln usw. 1979, S. 307-319

\- *Strafvollzug im übergang*, Göttingen 1969

Schuh, Jörg Risiken der Stigmatisierung durch konventionelle *Behandlungsmethoden* im Strafvollzug, in: *Haesler* (Hrsg.), Stigmatisierung, S. 63-95

Schwind, Hans-Dieter, Zur *Zukunft* der sozialtherapeutischen Anstalt, NStZ 1981, 121-125

Seidl, Ralf Der Streit um den *Strafzweck* zur Zeit der Weimarer Republik, Bern usw. 1974

Simon, *Helmut* *Fragen der Verfassungspolitik*, in: Peter Glotz (Hrsg.), Ziviler Ungehorsam im Rechtsstaat, Frankfurt a.M. 1983, S. 99-107

Sonnen, Bernd-Rüdeger, *Kriminalität* und Strafgewalt. Eine integrierte Einführung in Strafrecht und Kriminologie, Stuttgart usw. 1978

\- Die Bedeutung sozialtherapeutischer Maßnahmen für die *Sozialprognose*, KG, NJW 1973, 1420 und KG, NJW 1972, 2228, JuS 1976, 364-368

Stein, Ekkehart — *Staatsrecht*, Tübingen 8. Aufl. 1982

Stern, Klaus — Das *Staatsrecht* der Bundesrepublik Deutschland. Bd. 1, München 2. Aufl. 1984

Störig, Hans Joachim, Kleine *Weltgeschichte* der Philosophie. Bd. 2, Frankfurt a.M. 1980

Strafverfolgungsstatistik: Statistisches Bundesamt (Hrsg.): Fachserie A. Bevölkerung und Kultur. Reihe 9 Rechtspflege II. Strafverfolgung; seit 1975: Rechtspflege. Fachserie 10. Reihe 3 Strafverfolgung

Strafvollzugsstatistik: Statistisches Bundesamt (Hrsg.): Fachserie A. Bevölkerung und Kultur. Reihe 9 Rechtspflege III. Strafvollzug; seit 1975: Rechtspflege. Fachserie 10. Reihe 4 Strafvollzug

Stratenwerth, Günter, Die *Zukunft* des strafrechtlichen Schuldprinzips, Karlsruhe 1977

\- *Tatschuld* und Strafzumessung, Tübingen 1972

\- Strafrecht. *Allgemeiner Teil I*. Die Straftat, Köln usw. 3. Aufl. 1981

\- Zur *Rechtsstaatlichkeit* der freiheitsentziehenden Maßnahmen im Strafrecht, SchwZStr 82 (1966), 337-384

Stree, Walter — *Deliktsfolgen* und Grundgesetz, Tübingen 1960

\- *In dubio pro reo*, Tübingen 1962

Systematischer Kommentar zum Strafgesetzbuch. Bd. 1. Allgemeiner Teil. Bearbeitet von Hans-Joachim Rudolphi/Eckhard Horn/Erich Samson/Hans-Ludwig Schreiber, Frankfurt a.M. 3. Aufl. 1981

Svarez, Carl Gottlieb, *Vorträge* über Recht und Staat. Hrsg. und eingel. von Hermann Conrad und Gerd Kleinheyer, Köln und Opladen 1960

Szasz, Thomas S. Recht, Freiheit und *Psychiatrie*. Auf dem Weg zum "therapeutischen Staat"? Frankfurt a.M. 1980

Tipke, Klaus Steuerliche *Betriebsprüfung* im Rechtsstaat, München 1968

von *Unruh*, Georg-Christoph *Polizei* als Tätigkeit der leistenden Verwaltung, DVBl. 1972, 469-475

Die *Untersuchungshaft*. Gesetzesentwurf mit Begründung. Vorgelegt von Knut Amelung usw. (Arbeitskreis Strafprozeßreform), Heidelberg 1983

Venzlaff, Ulrich/*Schreiber*, Hans-Ludwig, Der *Maßregelvollzug* - Stiefkind der Strafrechtsreform?, in *Bergener* (Hrsg.), Psychiatrie und Rechtsstaat, S. 189-199

Vogel, Klaus Über die *Herkunft* des Polizeirechts aus der liberalen Staatstheorie, in: Festschrift für Gerhard Wacke zum 70. Geburtstag, Köln-Marienburg 1972, S. 375-389

Voß, Michael *Fallgruben* und Stolpersteine bei der Erfolgsmessung im Strafvollzug, KrimJ 1980, 210-218

Walter, M. Aspekte für eine *Reform des Unterbringungsrechts*, in: *Lauter/Schreiber* (Hrsg.), Rechtsprobleme, S. 51-61

Warda, Günter *Dogmatische Grundlagen* des richterlichen Ermessens im Strafrecht, Köln usw. 1962

Weihrauch, Mattias Die materiellen Voraussetzungen der *Sicherungsverwahrung*, NJW 1970, 1897-1902

Wellhöfer, Claus — Das *Übermaßverbot* im Verwaltungsrecht. Grundsätzliches und Tendenzen zu den Prinzipien der Notwendigkeit und Verhältnismäßigkeit, Diss. Würzburg 1970

Welzel, Hans — Das Deutsche *Strafrecht*. Eine systematische Darstellung, Berlin 11. Aufl. 1969

Wieacker, Franz — *Geschichtliche Wurzeln* des Prinzips der verhältnismäßigen Rechtsanwendung, in: Festschrift für Robert Fischer, Berlin, New York 1979, S. 867-881

Wiertz, Annelie — *Strafen - Bessern - Heilen?* Möglichkeiten und Grenzen des Strafvollzugs, München 1982

Witt, Jürgen — *Verhältnismäßigkeitsgrundsatz*. Untersuchungshaft, körperliche Eingriffe und Gutachten über den Geisteszustand, Diss. Mainz 1968

Wittig, Peter — Zum *Standort* des Verhältnismäßigkeitsgrundsatzes im System des Grundgesetzes, DÖV 1968, 817-825

Wolff, Hans J./*Bachof*, Otto, *Verwaltungsrecht I*, München 9. Aufl. 1974

Wolffers, Artur — Neue *Aspekte* des Grundsatzes der Verhältnismäßigkeit, ZBJV 113 (1977), 297-311

Zimmerli, Ulrich — Der *Grundsatz* der Verhältnismäßigkeit im öffentlichen Recht - Versuch einer Standortbestimmung, ZSR 1978 II, 1-126

Zipf, Heinz — Die *Rechtsfolgen* der Tat im neuen Strafgesetzbuch, JuS 1974, 273-281

- /*Roxin*, Claus/*Stree*, Walter/*Jung*, Heike, *Einführung* in das neue Strafrecht, München 2. Aufl. 1975

Zippelius, Reinhold, Das *Verbot* übermäßiger gesetzlicher Beschränkungen von Grundrechten, in: DVBl. 1956, 353-355

Zippelius, Reinhold
Wertungsprobleme im System der Grundrechte,
München 1962

- *Einführung* in die juristische Methodenlehre,
München 3. Aufl. 1980

- *Rechtsphilosophie*.
Ein Studienbuch,
München 1982

ABKÜRZUNGSVERZEICHNIS

a.A.	anderer Auffassung
Abs.	Absatz
AE	Alternativ-Entwurf eines Strafgesetzbuches
a.F.	alter Fassung
AGB	Allgemeines Gesetzbuch für die Preußischen Staaten
AK	Alternativkommentare
ALR	Allgemeines Landrecht für die Preußischen Staaten
Anm.	Anmerkung
AöR	Archiv des öffentlichen Rechts
ARSP	Archiv für Rechts- und Sozialphilosophie
Art.	Artikel
AT	Allgemeiner Teil
Aufl.	Auflage
Bd. (Bde.)	Band (Bände)
bes.	besonders
Beschl.	Beschluß
BetrVG	Betriebsverfassungsgesetz
BGB	Bürgerliches Gesetzbuch
BGBl.	Bundesgesetzblatt
BGH	Bundesgerichtshof
BGHSt	Entscheidungen des BGH in Strafsachen (Amtliche Sammlung)
BSHG	Bundessozialhilfegesetz
BT-Drs.	Bundestagsdrucksache
BVerfG	Bundesverfassungsgericht
BVerfGE	Entscheidungen des Bundesverfassungsgerichts (Amtliche Sammlung)
BVerwG	Bundesverwaltungsgericht
ders.	derselbe
Diss.	Dissertation
DÖV	Die Öffentliche Verwaltung
DVBl.	Deutsches Verwaltungsblatt

E .... Entwurf

E 1962 .... Entwurf eines Strafgesetzbuches (mit Begründung) - Bundestagsvorlage - 1962

Fn. .... Fußnote

GA .... Goltdammer's Archiv für Strafrecht

GG .... Grundgesetz für die Bundesrepublik Deutschland

GVBl. .... Gesetz- und Verordnungsblatt

Hft. .... Heft

Hrsg. (hrsg.) ... Herausgeber (herausgegeben)

i.e.S. .... im engeren Sinne

i.w.S. .... im weiteren Sinne

JA .... Juristische Arbeitsblätter

JR .... Juristische Rundschau

JuS .... Juristische Schulung

JW .... Juristische Wochenschrift

JZ .... Juristenzeitung

Kap. .... Kapitel

KG .... Kammergericht

KrimJ .... Kriminologisches Journal

LG .... Landgericht

LK .... Leipziger Kommentar zum Strafgesetzbuch

MDR .... Monatsschrift für Deutsches Recht

m.E. .... meines Erachtens

MschrKrim .... Monatsschrift für Kriminologie und Strafrechtsreform

m.w.N. .... mit weiteren Nachweisen

Nachw. .... Nachweisen

n.F. .... neuer Fassung

NJW .... Neue Juristische Wochenschrift

Nr. .... Nummer

NStZ .... Neue Zeitschrift für Strafrecht

OLG .... Oberlandesgericht

Prot. .... Protokolle

Rdn. .... Randnummer

RG .... Reichsgericht

RGSt .... Entscheidungen des RG in Strafsachen (Amtliche Sammlung)

s. .... siehe

S. .... Seite

SchlHA .... Schleswig-Holsteinische Anzeigen

SchwZStr .... Schweizerische Zeitschrift für Strafrecht

SHLVwG .... Allgemeines Verwaltungsgesetz für das Land Schleswig-Holstein v. 18.4.1967

SJZ .... Süddeutsche Juristenzeitung

SK .... Systematischer Kommentar zum Strafgesetzbuch

sog. .... sogenannt

Sp. .... Spalte

StGB .... Strafgesetzbuch

StPO .... Strafprozeßordnung

StR .... Strafrecht

StrRG .... Gesetz zur Reform des Strafrechts

StS .... Strafsenat

StVollzG .... Strafvollzugsgesetz

Tab. .... Tabelle

u.a. .... unter anderem/und andere

u.U. .... unter Umständen

v. Chr. .... vor Christus

VerwRpr .... Verwaltungsrechtsprechung in Deutschland

Vol. .... Volume (Band)

WP .... Wahlperiode

ZBJV .... Zeitschrift des Bernischen Juristenvereins

Ziff. .... Ziffer

ZfStrVo .... Zeitschrift für Strafvollzug und Straffälligenhilfe

zit. .... zitiert

ZRP .... Zeitschrift für Rechtspolitik

ZSR .... Zeitschrift für Schweizerisches Recht

ZStW .... Zeitschrift für die gesamte Strafrechtswissenschaft

Einleitung

Ein geläufiger Satz für den Juristen: "In der Bundesrepublik Deutschland hat der Grundsatz der Verhältnismäßigkeit verfassungsrechtlichen Rang"[1], ist auch in zunehmendem Maße auf dem Gebiet des materiellen Strafrechts von Bedeutung. Das Bundesverfassungsgericht hat wiederholt festgestellt, daß der Grundsatz der Verhältnismäßigkeit "übergreifende Leitregel allen staatlichen Handelns"[2], und dementsprechend daß "er bei der Auslegung und Anwendung der Normen des einfachen Rechts stets zu beachten ist"[3].
Kein Strafrechtler wird deshalb daran zweifeln, daß "das Strafrecht verhältnismäßig sein muß"[4].

Das Bundesverfassungsgericht hat mehrfach die Rechtmäßigkeit gesetzlich an sich zulässiger strafrechtlicher Sanktionen am Verhältnismäßigkeitsgrundsatz gemessen[5].

Der Strafrichter muß nämlich den gesetzlichen Strafrahmen so zur Anwendung bringen, daß die verhängte Strafe in einem gerechten Verhältnis zur Schwere der Tat und zu dem Verschulden des Täters steht[6].

---

1) BVerfGE 19, 342 (348).

2) BVerfGE 38, 348 (368) unter Verweis auf BVerfGE 6, 389 (439); 16, 194 (201 f); 17, 108 (117 f); 17, 306 (313 f); 19, 342 (348 f); 20, 45 (49 f); 23, 127 (133); 35, 382 (400 f).

3) BVerfGE 43, 101 (106).

4) S. etwa Naucke, Einführung, S. 105; Hassemer, Einführung, S. 209; Schmidhäuser, AT 1982, S. 33; Bockelmann, AT, S. 12; Jescheck, AT, S. 20.

5) S. BVerfGE 23, 127 (133 f); 28, 36 (50); 28, 51 (55); 28, 243 (264); 29, 312 (316); 33, 125 (168 f); 44, 197 (205).

6) Zur Bindung des Strafrichters an den Grundsatz der Verhältnismäßigkeit vgl. Warda, Dogmatische Grundlagen, S. 142 ff; Engisch, Einführung, S. 130 ff; Zippelius, Einführung, S. 121 ff.

Im materiellen Strafrecht wurde der Grundsatz der Verhältnismäßigkeit durch das 1. StrRG[7] vom Gesetzgeber ausdrücklich in das Maßregelrecht (§ 62 StGB) eingeführt und auch nach Inkrafttreten des 2. StrRG[8] am 1.10.1973 unverändert beibehalten. Der Schuld- und der Verhältnismäßigkeitsgrundsatz bilden somit die Grundlagen für die Zumessung der strafrechtlichen Sanktionen. Einerseits wird nämlich das Maß der Strafe durch den Schuldgrundsatz (§ 46 I 1 StGB) auf das Maß der Schuld begrenzt, andererseits darf eine Maßregel der Besserung und Sicherung nicht angewendet werden, wenn sie außer Verhältnis zur Bedeutung der vom Täter begangenen und zu erwartenden Taten sowie der von ihm ausgehenden Gefahr steht (§ 62 StGB).

Im Gegensatz zur heftigen Diskussion um den Schuldgrundsatz[9] ist aber über den Grundsatz der Verhältnismäßigkeit im Strafrecht bislang nur am Rande gesprochen worden.

Die vorliegende Arbeit möchte einen Beitrag zur Bedeutung des Grundsatzes der Verhältnismäßigkeit im Maßregelrecht des StGB liefern. Denn trotz der gesetzlich verankerten Geltung des Grundsatzes im Maßregelrecht lassen sich - in Rechtsprechung und Literatur - weder ein gefestigter Meinungsstand zur rechtlichen Behand-

---

7) 30.6.1969, BGBl. I, S. 645 ff.

8) 10.7.1969, BGBl. I, S. 717 ff.

9) Ausführliche Nachweise hierzu findet man bei Hirsch, LK, vor § 46; s. auch neuerdings Baumgartner/Eser (Hrsg.), Schuld und Verantwortung, S. 9 ff.

lung noch abschließende Auffassungen zu dessen Anwendung finden[10].

Aufgabe dieser Arbeit ist damit, den zwar von seiner Geltung im Strafrecht her unumstrittenen, aber von seinem Inhalt her für sehr problematisch gehaltenen Grundsatz der Verhältnismäßigkeit am Beispiel des Maßregelrechts zu konkretisieren. Dabei sollen insbesondere folgende zwei Ziele verfolgt werden:

1) eine das Maßregelrecht des StGB überschreitende theoretische und normative Grundlage zur Konkretisierung des Grundsatzes der Verhältnismäßigkeit zu entwerfen;

2) auf dieser Grundlage die Konkretisierung des Grundsatzes der Verhältnismäßigkeit im Bereich des Maßregelrechts zu entwickeln.

---

10) Zum Beispiel enthält nach Horn, SK, § 62 Rdn. 8 und Hanack, LK, § 62 Rdn. 8 der Grundsatz der Verhältnismäßigkeit des § 62 keine inhaltlichen Angaben darüber, wann eine Maßregel außer Verhältnis zu den vom Täter zu erwartenden Taten steht. Die gleiche Ratlosigkeit hinsichtlich des Grundsatzes der Verhältnismäßigkeit bei Naucke, Einführung, S. 105: "Die vom Grundgesetz verlangte Verhältnismäßigkeit allen staatlichen Strafens weist auf das Problem hin, löst es aber nicht". In der Kommentierung zur Strafprozeßordnung (etwa bei §§ 112 I 2, 120 I 1 StPO) erhebt Dünnebier, Untersuchungshaft, S. 36, den folgenden Zweifel: "Die aus dem Grundsatz der Verhältnismäßigkeit abzuleitenden Grenzen sind mit großer Unsicherheit für die Rechtspraxis behaftet; sie führen zu der Gefahr, daß routinemäßig Formeln verwendet werden, die keinen faßbaren Inhalt haben". Bezüglich der Rechtsprechung ist festzustellen, daß die meisten Verhältnismäßigkeitsargumente der Gerichte auf petitiones principii beruhen. Zu Entscheidungen des BVerfG vgl. Grabitz, Grundsatz, S. 569 ff; Langheineken, Grundsatz, S. 349 ff; vgl. auch Koffka, Urteilsanmerkung JR 1971, 424 ff; Hanack, Urteilsanmerkung JR 1977, 170 f.

Das erste Ziel wird vom Boden des Verfassungs- und Verwaltungsrechts her verfolgt, auf dem der Grundsatz der Verhältnismäßigkeit eigentlich entstanden und entwickelt worden ist.

Im voraus soll jedoch bemerkt werden: Der Grundsatz der Verhältnismäßigkeit wird alltagstheoretisch als eine simple Formel des "Zweck-Mittel-Denkens"[11] verstanden, die verlangt, daß eine staatliche Maßnahme zur Erreichung des von ihr angestrebten Zwecks geeignet, erforderlich und verhältnismäßig ist. Der Grundsatz der Verhältnismäßigkeit im weiteren Sinne enthält also die drei entsprechenden Teilgrundsätze:
Grundsatz der Geeignetheit (Tauglichkeit), Grundsatz der Erforderlichkeit (Notwendigkeit oder Grundsatz des mildesten, schonendsten, geringstmöglichen Mittels) und Grundsatz der Verhältnismäßigkeit im engeren Sinne (Angemessenheit oder Proportionalität).

---

11) Statt aller Hirschberg, Grundsatz, S. 43 ff; vgl. auch Gentz, Verhältnismäßigkeit, S. 1601; Gersonde bei Becker, Prinzip, S. 164; Wieacker, Geschichtliche Wurzeln, S. 871.

I. Grundlagen

1. Vorgeschichte des Grundsatzes der Verhältnismäßigkeit im Allgemeinen Landrecht für die Preußischen Staaten von 1794

Die ersten Anfänge des Grundsatzes der Verhältnismäßigkeit im deutschen Recht[1] lassen sich bis ins 18. Jahrhundert zurückverfolgen, nämlich bis zur sog. polizeilichen Generalklausel des § 10 II 17 ALR 1794[2]. Im folgenden sollen zur Klärung des Standorts des Grundsatzes 1) das mittelalterliche Polizeirecht, 2) die philosophischen Grundlagen der Entstehung des Verhältnismäßigkeitsprinzips und 3) der Zusammenhang von Verhältnismäßigkeitsprinzip und Polizeirecht sowie Strafrecht im ALR untersucht werden.

1.1 Das Polizeirecht im Mittelalter

Der Begriff des mittelalterlichen Polizeirechts hängt mit der Geschichte des Verwaltungsrechts zusammen: Bis zum Ende des Heiligen Römischen Reichs Deutscher Nation gab es kein selbständiges Verwaltungsrecht[3]. Grundlage der Verwaltung waren die im Reich und in den einzelnen Territorien seit dem 15. Jahrhundert anzutreffenden Reichs- und Landespolizeiordnungen, die unter dem Begriff "ius politiae" (Recht der Polizei) zusammengefaßt wurden.

Der Einfluß der naturrechtlichen Lehre vom staatsgründenden Vertrag, das Volk übertrage dem Herrscher alle Be-

---

1) Zum Gedanken des "richtigen Maßes" in der Antike, beispielsweise bei Aristoteles (384-322 v.Chr.), Solon (640-561 v.Chr.), Platon (427-347 v.Chr.); bei Thomas von Aquin (um 1225 bis 1274), s. die Dissertation von Kunz, Übermaßverbot, S. 14-16.

2) Vgl. Hirschberg, Grundsatz, S. 3.

3) Dazu die Übersicht zur Verwaltungsrechtsgeschichte bei Achterberg, Verwaltungsrecht, S. 37-39.

fugnisse, um die Wohlfahrt des Volkes zu befördern, erweiterte "ius politiae" ins Unangemessene[4]. Mit "Polizei" wurde der Zustand der "innerlichen guten Einordnung der bürgerlichen Verfassung" bezeichnet[5], wobei es dem Landesherrn freistand, welche Organe und Mittel er hierfür einsetzte. Zur Polizei zählte man also nicht nur das Sicherheits- und Ordnungsrecht, sondern praktisch alles, was heute zur Kompetenz der allgemeinen inneren Verwaltung, Wirtschaftsverwaltung und des Strafrechts sowie des bürgerlichen Rechts gehörte. Der Begriff "ius politiae" war deshalb "eine Art Generaltitel für alles mögliche"[6, 7].

Zudem galt damals, insbesondere dort, wo der Absolutismus sich durchgesetzt hatte, der römisch-rechtliche Satz: "Quod principi placuit, legis habet vigorem"[8]. Der Königswille war schlechthin maßgebend, gleichgültig, ob er in allgemeinen Gesetzen oder für den Einzelfall ausgesprochen wurde. Der Untertan befand sich zum Staate im Verhältnis unbedingter Unterworfenheit. Es gab keine spezifische Rechtsschranke für die Beschränkung der Staatsgewalt gegenüber der individuellen Freiheit der Untertanen[9].

---

4) Jellinek, Verwaltungsrecht, S. 83.

5) Ebenda.

6) Otto Mayer, Verwaltungsrecht, S. 30; Bull, Verwaltungsrecht, S. 63; vgl. auch Pohl, Gesetzgeber, S. 26 f: "der gesamte innere Verwaltungsapparat des Staates"; v. Krauss, Grundsatz, S. 7: "Inbegriff der gesamten Staatstätigkeit".

7) Zur Geschichte des Polizeibegriffs s. v.Unruh, Polizei, S. 469: Der Begriff "Polizei" sei vom griechischen "polizein" abgeleitet, das "miteinander eine Mauer um eine Stadt bauen" bedeutete.

8) Achterberg, Verwaltungsrecht, S. 39.

9) Forsthoff, Verwaltungsrecht, S. 23 f.

1.2 Die geistigen Grundlagen der Entstehung des Grundsatzes der Verhältnismäßigkeit: Aufklärungsphilosophie

In der Mitte des 17. Jahrhunderts ging von England eine neue Geistesbewegung aus, die Aufklärung. Sie hatte sich zum Ziel gesetzt, die Vernunft und Menschenwürde zur Herrschaft zu bringen,und entwickelte ein neues Verhältnis zwischen Staat und Bürger.

Während Thomas Hobbes (1588-1679) den Zweck des Staates noch in der bloßen Selbsterhaltung der Menschen, also im Schutz ihres Lebens gesehen hatte[10], erweitere John Locke (1632-1704) die These von Hobbes: Die Menschen sind von Natur aus vollkommen frei und gleich[11]; sie können innerhalb der Grenzen des natürlichen Gesetzes ihre Handlungen regeln und über ihren Besitz und ihre Persönlichkeit so verfügen, wie es ihnen am besten scheint. Alle Individuen genießen in diesem Naturzustand das Recht auf Leben, Freiheit, Gesundheit und Vermögen[12]. In diesen naturgemäßen individuellen Freiheiten besteht die Grenze der staatlichen Gewalt.
Denn die willkürliche Gewalt kommt ihnen von Natur aus selbst nicht zu[13].

In Frankreich war die ganze zweite Hälfte des 17. Jahrhunderts durch die äußere Macht- und Prachtentfaltung

---

10) Seine These heißt: Da die Menschen zu Raum und Rache neigen und demnach der Naturzustand "ein Krieg jedes Menschen gegen jeden Menschen" ist, gibt es nur die Wahl zwischen der Unterwerfung unter eine absolute Gewalt und völliger Anarchie. Der Wille des absoluten Souveräns, dessen Gewalt unteilbar und unentziehbar ist, ist identisch mit Recht und Moral. Ausführlicher Berber, Staatsideal, S. 109-213 (210 f).

11) Locke, Abhandlungen, II § 4 (S. 201).

12) Locke, ebenda, II § 6 (S. 203).

13) Locke, ebenda, II §§ 23, 135 (S. 214, 284).

der Regierung Ludwig XIV. und die erstaunliche Blüte der klassischen französischen Literatur (z.B. Corneille, Racine, Molière, La Fontaine) geprägt, die eine unmittelbare Vorbereitung auf die spätere geistige Bewegung Frankreichs[14] war. Die eigentlichen inhaltlichen Impulse aber kamen aus England; statt der kulturellen Selbstgenügsamkeit trat nach dem Tode Ludwigs XIV. (1715) ein lebhaftes Interesse an allem, was England hervorgebracht hatte. Die englische Staats- und Gesellschaftsverfassung, englische Naturwissenschaft und Philosophie stellten den Franzosen die noch bevorstehenden Aufgaben dar. Die in England gewachsenen Ideen der Aufklärung gewannen großen Einfluß in Frankreich und von da aus im ganzen westlichen Europa.

So war es bei Montesquieu (1689-1755) ausgesprochenes Ziel, das englische Vorbild für sein Heimatland fruchtbar zu machen, weil er im englischen politischen Leben im Gegensatz zu der kontinentalen Entwicklung die Freiheit verwirklicht fand. Sein politisches Interesse galt der Wiederherstellung der durch den Absolutismus verlorengegangenen Freiheit in Frankreich. Um Freiheit und Eigentum des Einzelnen vor willkürlichen Eingriffen zu schützen, forderte er, die Staatsgewalt zu teilen, nämlich die Trennung der gesetzgebenden, der ausübenden und der richterlichen Gewalt[15, 16].

---

14) S. zum folgenden die ausführliche Darstellung bei Störig, Weltgeschichte, S. 29 f.

15) Montesquieu, Vom Geist der Gesetze, S. 104-109, 138-148.

16) Dieses Gewaltenteilungsprinzip wurde später in Artikel 16 der Erklärung der Menschenrechte von 1791 proklamiert: "Jede Gesellschaft, in der die Garantie der Rechte nicht gesichert und die Trennung der Gewalten nicht bestimmt ist, besitzt keine Verfassung".

Als ein großer Vertreter der Aufklärungsphilosophie in diesem Jahrhundert Frankreichs ist weiter Jean-Jacques Rousseau zu nennen. Bei ihm kam nicht nur der Schutz der individuellen Freiheit gegen die willkürliche Staatsgewalt in Betracht, sondern die Sicherung der Freiheit durch eine wechselseitige Einschränkung der Willkür ("rechtliche Freiheit")[17]: Von Natur aus hat jeder Mensch ein Recht auf alles, was er braucht ("natürliche Freiheit")[18]. Wenn er aber seine Stärke nicht in Recht und den Gehorsam nicht in Pflicht umwandelt, können seine Einzelkräfte zur Selbsterhaltung nicht ausreichen, weil der Stärkste nie stark genug ist, um immer Herr zu sein[19]. Die Grundlage einer rechtmäßigen Herrschaft kann also nur auf freie Zustimmung, nämlich auf den Gesellschaftsvertrag ("Contrat social") gegründet werden.

Jeder einzelne Mensch stellt sich selbst und alles, was er vermag, als Gemeingut unter die oberste Richtschnur des Gemeinwillens ("volonté générale"). Dadurch entsteht als öffentliche Person eine seelische Gesamtkörperschaft, das Volk[20]. Das Volk ist der einzige Träger der Souveränität.

---

17) Störig, Weltgeschichte, S. 41, 44; Zippelius, Rechtsphilosophie, S. 176; Berber, Staatsideal, S. 285.

18) Rousseau, Gesellschaftsvertrag, Erstes Buch, 1. Kap., 6. Kap., 8. Kap. (S. 5 f, 17, 22).

19) Rousseau, ebenda, Erstes Buch, 3. Kap. (S. 9).

20) Rousseau, Gesellschaftsvertrag, Erstes Buch, 6. Kap. (S. 18 f).

Auch Deutschland war keine Ausnahme von der Strömung der westeuropäischen Aufklärungsphilosophie in dieser Epoche. Die deutsche Aufklärung erfuhr ihre besondere, der deutschen Eigenart und der geschichtlichen Lage entsprechende Ausprägung. Sie war im ganzen viel weniger radikal als die französische und führte nicht zu einer der französischen Revolution vergleichbaren allgemeinen Umwälzung[21].

Mit der Philosophie Immanuel Kants (1724-1804) erreichte die deutsche Aufklärung einen Höhepunkt. Obwohl er in politischer Wirklichkeit unter einem absolutistischen Regime lebte, entwarf Kant ein neues Bild von Mensch und Staat[22]: Die Natur hat dem Menschen Vernunft und die darauf sich gründende Freiheit des Willens gegeben und ihn so frei gemacht, glückselig und vollkommen zu werden[23].
Freiheit ist das "einzige, ursprüngliche, jedem Menschen, kraft seiner Menschheit zustehende Recht, sofern sie mit jedes anderen Freiheit nach einem allgemeinem Gesetz zusammen bestehen kann"[24]. Der Mensch, der ein vernünftiges Geschöpf ist, ist demnach "Zweck an sich selbst". Er ist, vermöge der Autonomie seiner Freiheit, das Subjekt des moralischen Gesetzes, welches heilig ist[25]; er darf niemals bloß als Mittel behandelt werden[26].

---

21) Störig, Weltgeschichte, S. 48; vgl. v. Krockow, Herrschaft, S. 108 und S. 110-114.

22) Auf die Aufklärungsphilosophie Kants wird unten S. 39 noch zurückzukommen sein.

23) Kant, Werkausgabe Bd. XI, S. 36 f (Dritter Satz).

24) Kant, Werkausgabe Bd. VIII, S. 345.

25) Kant, Werkausgabe Bd. VII, S. 210.

26) Ebenda.

Der Staat ist für Kant nichts anderes als "die Vereinigung einer Menge von Menschen unter Rechtsgesetzen"[27]. Damit wird die Forderung nach Rechtsstaatlichkeit erhoben, die die Gewalt des Staates an "Rechtsgesetze" binden will[28]. In der Anthropologie, die in der Spätzeit seines Lebens erschien, wurde dies deutlich gesagt: "Freiheit und Gesetz (durch welches jene eingeschränkt wird) sind die zwei Angeln, um welche sich die bürgerliche Gesetzgebung dreht. - Aber, damit das letztere auch von Wirkung und nicht leere Anpreisung sei: so muß ein Mitteleres hinzu kommen, nämlich Gewalt, welche mit jenen verbunden, diesen Prinzipien Erfolg verschafft". Kant betrachtet vier Kombinationen von Freiheit, Gesetz und Gewalt: In einer Anarchie gibt es Gesetz und Freiheit ohne Gewalt; im Despotismus Gesetz und Gewalt ohne Freiheit; in der Barbarei Gewalt ohne Freiheit und Gesetz; in der Republik Gewalt mit Freiheit und Gesetz. Nur die letztere Kombination verdient, "eine wahre bürgerliche Verfassung genannt zu werden"[29].

Schon 1795 - drei Jahre vor der Anthropologie - schreibt Kant in "Zum ewigen Frieden", der "wahre Satz: fiat iustitia, pereat mundus, das heißt zu deutsch: 'es herrsche Gerechtigkeit, die Schelme in der Welt mögen auch insgesamt darüber zugrunde gehen'", dürfe nicht "etwa als Erlaubnis, sein eigenes Recht mit der größten Strenge zu benutzen (welches der ethischen Pflicht widerstreiten würde)", verstanden werden. Er bezeichne vielmehr eine "Verbindlichkeit der Machthabenden, niemanden sein Recht aus Ungunst oder Mitleiden gegen andere zu weigern oder zu schmälern ...; wozu vorzüglich

27) Kant, Werkausgabe Bd. VIII, S. 431.

28) Ausführlicher Dietze, Kant und der Rechtsstaat, S. 46-80.

29) Kant, Werkausgabe Bd. XII, S. 686; vgl. Zippelius, Rechtsphilosophie, S. 181-183.

eine nach reinen Rechtsprinzipien eingerichtete innere Verfassung des Staates ... erfordert wird"[30].
Unter der bürgerlichen Verfassung, die letztlich auf den Rechtsprinzipien von "Freiheit", "Gleichheit" und "Selbständigkeit" beruht[31], brachte also Kant das Konzept zum Ausdruck, daß nicht nur die Freiheit des einzelnen aufgrund von Gesetzen beschränken wird, sondern auch der staatliche Wirkungskreis[32].

1.3 Aufklärung und der Verfasser des ALR, Carl Gottlieb Svarez (1746-1798)

Die Bewegung, die der Höherentwicklung des menschlichen Geistes und der Förderung des sozialen und kulturellen Fortschritts dienen wollte, begleitete zwangsläufig auch die Kritik an den bestehenden Rechtszuständen. Den Beweis hierfür liefert die große Kodifikation von 1794, das Allgemeine Landrecht für die Preußischen Staaten, das unter Friedrich dem Großen (1712-1786)[33] verfaßt wurde. Carl Gottlieb Svarez hielt dem preußischen Kronprinzen und späteren König Friedrich Wilhelm III. 1791/92 noch vor dem Inkrafttreten des ALR Vorträge aus dem Gebiet des Staatsrechts und der Rechtswissenschaft[34], deren Grundgedanken man im ALR wiederfinden kann.

---

30) Kant, Werkausgabe Bd. XI, S. 241 f.

31) Ebenda, S. 145.

32) Dietze, Kant und der Rechtsstaat, S. 50.

33) Er war selbst einer der führenden geistigen Köpfe der Aufklärung (s. Störig, Weltgeschichte, S. 49; Coing, Rechtsgeschichte, S. 73 f). Er hat in seiner langen Regierungspraxis den sog. "aufgeklärten Absolutismus" zu verwirklichen versucht und sich als den ersten Diener seines Staates bezeichnet. Kant spricht von ihm im Jahre 1784 (Werkausgabe Bd. XI, S. 59): "Dieses Zeitalter ist das Zeitalter der Aufklärung, oder das Jahrhundert Friedrichs".

34) Erschien erst 1960: Vorträge über Recht und Staat von Carl Gottlieb Svarez (1746-1798). Hrsg. von Conrad/Kleinheyer.

Svarez geht ebenfalls, wie die Aufklärungsphilosophie des 18. Jahrhunderts, von der Neubesinnung des Menschen aus: "Jeder Mensch hat einen natürlichen Trieb, seine Glückseligkeit zu suchen und zu befördern. Er hat also auch ein natürliches Recht dazu"[35]. Er führt weiter aus: "Von Natur sind alle Menschen einander gleich. Jeder hat gleichen Anspruch auf Glückseligkeit, jeder hat ein gleiches Recht, seine Fähigkeiten und Kräfte zur Erreichung dieses letzten Ziels aller seiner Wünsche und Bestrebungen nach seiner eigenen Einsicht und Überzeugung anzuwenden"[36].

Im Naturzustand ist also jeder Richter und Vollstrecker seines Rechts. Seine eigene Einsicht und Überzeugung sind die einzigen Kriterien seines Verhaltens. Dies führt zwangsläufig zur Unruhe und Verwirrung des Naturzustandes, weil richtige Einsichten und wohlgeordnete Neigungen nur bei den wenigsten Menschen anzutreffen sind. Im Naturzustand kann man nicht seine natürlichen Rechte vollkommen verwirklichen, was die Menschen veranlaßt, den Naturzustand zu verlassen und in den Zustand der bürgerlichen Gesellschaft zu treten. Diese wird als Staat bezeichnet. Der Zweck eines solchen Staates ist deshalb nichts anderes als "jeden einzelnen in seiner natürlichen Freiheit zu schützen, soweit damit die Freiheit aller bestehen kann"[37]. Die Gründung des Staates und Begründung der Befugnisse des Herrschers geschieht durch einen bürgerlichen Vertrag, der zwischen ihm und den Bürgern entweder ausdrücklich oder stillschweigend geschlossen wird.

---

35) Svarez, Vorträge, S. 63.

36) Ebenda.

37) Svarez, Vorträge, S. 7.

Daraus folgert Svarez, daß der Zweck der bürgerlichen Gesellschaft und auch des Staates nur dahin gehen kann, "den Mängeln und Unvollkommenheiten des Naturzustandes abzuhelfen und *die Freiheit der einzelnen soweit einzuschränken, als es notwendig ist, um die Freiheit aller zur Beförderung ihrer Glückseligkeit gegen Störung und Beeinträchtigungen zu sichern*"[38]. Svarez macht damit die Beziehungen zwischen dem Staat und seinen Bürgern deutlich: Der ursprüngliche Zweck der Staatsverbindung gibt zwar dem Staat die Befugnisse, die natürliche Freiheit des einzelnen Bürgers einzuschränken. Sie werden aber zugleich durch den vorgegebenen Zweck des Staates begrenzt. Anders ausgedrückt: Der Mensch verliert mit dem Eintritt in den Zustand der bürgerlichen Gesellschaft keineswegs seine natürliche Freiheit. Sie wurde vielmehr nur eingeschränkt, soweit es die Zwecke der bürgerlichen Gesellschaft erfordern. Die Beschränkung der Staatsgewalt durch ihren Zweck wird heutzutage als der Grundsatz der Verhältnismäßigkeit (i.w.S.) bezeichnet. Svarez erkannte ihn schon im Jahre 1791 und zählte ihn sogar zum "Hauptgrundsatz des allgemeinen Staatsrechts"[39] oder zum "ersten Grundsatz des öffentlichen Staatsrechts"[40].

Aus dieser Theorie vom Staat und Bürger deduziert Svarez den Begriff und den Zweck der Strafe, aus denen die Grundsätze des Strafrechts herzuleiten sind. Der Begriff der Strafe ist nach Svarez "ein Übel, welches vom Staat demjenigen zugefügt wird, der ein Verbrechen begangen hat"[41].

---

38) Svarez, Vorträge, S. 65. Hervorhebung von mir.

39) Svarez, Vorträge, S. 39.

40) Svarez, Vorträge, S. 486.

41) Svarez, Vorträge, S. 23.

Der Zweck der Strafe ist:

"Die Sicherheit des Staats und seiner Einwohner. Da durch die Strafe das Verbrechen nicht ungeschehen gemacht werden kann, so kann der Zweck der Strafe nur dadurch erreicht werden, daß der Verbrecher und andre außer ihm von ähnlichen künftigen Handlungen zurückgehalten werden. Rache kann also nie Zweck der Strafe sein, sondern nur Abschreckung von Verbrechen und Beserung des Verbrechers, wo diese nur irgend noch möglich ist. *Auch der Verbrecher hört noch nicht auf, Mensch zu sein, und verliert noch nicht allen Anspruch auf die Rechte der Menschheit. Der Staat ist also nicht berechtigt, ihn unvollkommener und unglücklicher zu machen, als es unumgänglich notwendig ist, um den Zweck der Erhaltung der Ruhe und Sicherung der bürgerlichen Gesellschaft und ihrer Mitglieder zu erreichen*"[42].

Hier ist ebenso klar erkennbar, daß die Ausübung der Staatsgewalt (Strafgewalt) an vorstaatliche Zwecke und Normen gebunden wird, um staatliche Willkürhandlungen auszuschließen.

Aus dieser Begrenzung der Staatsgewalt durch die Zweckverfolgung stellt Svarez im Strafrecht die weitere Forderung auf, "daß die Strafe immer mit dem Verbrechen im Verhältnis stehen müsse"[43]; er nennt zwei Kriterien

---

42) Svarez, Vorträge, S. 23. Hervorhebung von mir. Ähnliche Gedanken kann man auch bei Beccaria, Über Verbrechen und Strafe, § II (S. 52-53) nachlesen. Der Kernsatz wörtlich zitiert: "Jeder Akt der Herrschaft eines Menschen über einen Menschen, der nicht aus unausweichlicher Notwendigkeit folgt, ist tyrannisch" (S. 52).

43) Svarez, Vorträge, S. 23; vgl. auch Beccaria, Über Verbrechen und Strafe, § XII (S. 74): "Diejenigen Strafen also und diejenigen Mittel ihres Vollzugs verdienen den Vorzug, die unter Wahrung des rechten Verhältnisses zum jeweiligen Verbrechen den wirksamsten und nachhaltigsten Eindruck in den Seelen der Menschen zurücklassen, für den Leib des Schuldigen so wenig qualvoll wie möglich sind".

für das "Verhältnis", und zwar zum einen den Grad der Zurechnung der Handlung (z.B. "Absicht, Vorsatz und Versehen"), zum anderen den Grad der Schädlichkeit und die Gefahr der zu verhütenden Verbrechen (er meint damit aber nicht die Spezialprävention, sondern die Klassifikation der Verbrechen). Diese rückblickenden Kriterien der Verhältnismäßigkeit sind aber nichts weniger als die Folgerung aus jener Zweckgebundenheit der Staatsgewalt. Denn die Feststellung von Svarez, der Verbrecher höre nicht auf, Mensch zu sein und verliere nicht allen Anspruch auf die Rechte der Menschheit, impliziert, daß die Sicherheit des Verbrechers, der auch ein "Mitglied" der bürgerlichen Gesellschaft ist, zu dem Zweck des Staates gehört.

Den Abschnitt der schriftlichen Vorträge, "Über das Recht der Polizei" beginnt Svarez mit der Frage: Nach welchen Grundsätzen ist das Recht des Staates bei dem Einsatz des polizeilichen Mittels zur Erreichung des polizeilichen Zwecks berechtigt zu beurteilen? [44]. Deduziert aus dem "ersten Grundsatz des öffentlichen Staatsrechts" (dem Grundsatz der Verhältnismäßigkeit), kritisiert er zunächst den bisherigen Umfang des Polizeirechts: Ge- oder Verbote von Handlungen, die bloß zur Beförderung der Glückseligkeit anderer gereichen sollen oder die Zwangspflichten gegen andere nicht verletzen und also keineswegs als Verbrechen anzusehen sind, gehören nicht zur Aufgabe der Polizei[45]. Es sei

---

44) Svarez, Vorträge, S. 486.

45) Z.B. das polizeiliche Verbot mit Strafe, das Haus zu nahe an das Haus des Nachbarn zu rücken oder die Blumentöpfe oder andere Sachen unbefestigt vor das Fenster zu stellen. Svarez, ebenda.

die Aufgabe des Strafrechts, durch Furcht vor Strafe Verbrechen zu verhüten[46]. Die Aufgabe der Polizei bestehe nur darin, durch Wachen und andere Anstalten den Verbrechen vorzubeugen und die Begehung derselben zu behindern und zu erschweren[47], kurz gesagt mit heutigem Verständnis, Gefahrenabwehr (Polizei im engeren Sinne) zu betreiben. Dies ist Svarez zufolge der erste Grundsatz des Polizeirechts. Damit muß der Gesetzgeber die Forderungen einer "verdoppelten Behutsamkeit" erfüllen[48], nämlich die des Verhältnismäßigkeitsprinzips des öffentlichen Staats- und des engeren Polizeirechts.

Über die Geltung des allgemeinen staatsrechtlichen Grundsatzes der Verhältnismäßigkeit im Polizeirecht hinaus fordert Svarez als zweiten Grundsatz des Polizeirechts eine präzisierte Stufe der Verhältnismäßigkeit, und zwar die Kosten-Nutzen-Analyse: "Der Schade, welcher durch die Einschränkung der Freiheit abgewendet werden soll, muß bei weitem erheblicher sein als der Nachteil, welchen das Ganze oder auch die einzelnen durch eine solche Einschränkung leiden"[49]. Bestehen nur geringste Zweifel, ob der Vorteil des Ganzen den Schaden des einzelnen überwiege, räumt Svarez dem einzelnen den Vorzug ein.

In diesem zweiten Grundsatz kann man sogar annehmen, daß Svarez - wenigstens im Polizeirecht - den Grundsatz der Verhältnismäßigkeit im engeren Sinne bereits angesprochen hat, weil er dabei den Zweck der Einschränkung selbst als variable Größe im Verhältnis zu

---

46) Svarez, Vorträge, S. 37 und 13.

47) Svarez, ebenda, S. 486 und 490.

48) Svarez, ebenda, S. 486.

49) Svarez, Vorträge, S. 487.

aufzuopfernden Rechten des einzelnen ansah. Wenn also das Leiden des Opfers erheblicher wäre als der Gewinn für das Ganze (Zweckerreichung), sollte dann auf die Zweckverfolgung selbst verzichtet werden, auch wenn sie "notwendig" wäre. Mit dem direkten Einzug der Rechte des Opfers in die Verhältnismäßigkeitsprüfung wird die Aufmerksamkeit nicht nur auf das Verhältnis von Zweck und Mittel, sondern auch auf die folgenbezogene Legitimität des Zwecks gelenkt[50].

Diese Überlegungen finden ihre Grundlage in dem Postulat, daß der Mensch seinem Wesen nach frei ist. Die Einschränkung der Freiheit als Aufopferung eines wesensmäßigen Rechts des einzelnen steht deswegen unter einer erhöhten Begründungslast. Die Geschichte lehrt jedoch, daß die Begründungen der Einschränkung und Vernichtung der natürlichen menschlichen Freiheit unzureichend wären, gleichgültig, ob im Namen Gottes, des Volkes oder des Gesetzes. "Es ist nicht alles schädlich, was den Urgrund dieser oder jener herrschenden Vorurteile oder Anmaßungen darstellt"[51]. Was dem Staat abverlangt wird: Er soll mit "vorzüglicher Vorsicht und Behutsamkeit" umgehen[52], um "die natürliche und bürgerliche Freiheit zu schonen, sanft, gelinde und wohltätig regieren"[53].

---

50) "Nur *die höchste Wahrscheinlichkeit* eines bevorstehenden sehr großen Übels oder nur *die gegründete Hoffnung* eines für die ganze bürgerliche Gesellschaft zu erlangenden überwiegenden Vorteil" (Svarez, Vorträge, S. 489 f. S. auch S. 486) kann die Einschränkung legitimieren (Hervorhebung von mir).

51) Svarez, Vorträge, S. 492.

52) Ebenda, S. 489.

53) Ebenda, S. 494.

Hieraus folgert Svarez den vierten Grundsatz des Polizeirechts, individuelle Beschränkungen seien nicht legitimierbar, wo bloß der Wohlstand, die Bequemlichkeit, die Schönheit oder andere dergleichen Nebenvorteile für das Ganze befördert werden sollen[54].

1.4 Der Grundsatz der Verhältnismäßigkeit im ALR

Diese Gedanken von Svarez über Recht und Staat konnten zwar im ALR nicht voll verwirklicht werden, weil die Gegenströmung in preußischen Staaten ebenso groß war[55]. Immer noch lag z.B. die Entscheidung über Form und Publikation der Rechtssetzung in der Hand des Königs[56]. Es sind jedoch Elemente des Zweckmäßigkeitsgedankens und des Verhältnismäßigkeitspostulats im ALR erkennbar[57].

Als Zweck des Staates wurde z.B. verkündet: "Das Wohl des Staates überhaupt, und seiner Einwohner insbesondere, ist der Zweck der bürgerlichen Vereinigung, und das allgemeine Ziel der Gesetze"(§ 2 I 1 ALR). Die Anerkennung der natürlichen Freiheit und Rechte der Bürger und die sich daraus ergebenden Verhältnismäßigkeitsforderungen, die in der ersten Fassung des ALR, dem Allgemeinen Gesetzbuch für die Preußischen Staaten von 1791 noch hervorgehoben waren[58], wurden dagegen gestri-

54) Svarez, Vorträge, S. 487.

55) Conrad, Einleitung zu Vorträge von Svarez, S. XXI.

56) So § 6 II 13 ALR: "Das Recht, Gesetze und allgemeine Polizeiverordnungen zu geben, dieselben wieder aufzuheben, und Erklärungen darüber mit gesetzlicher Kraft zu erteilen, ist ein Majestätsrecht".

57) Ausführlich hierzu Conrad, Das Allgemeine Landrecht, S. 15-23.

58) So AGB Einleitung § 79: "Die Gesetze und Verordnungen des Staats dürfen die natürliche Freiheit und Rechte der Bürger nicht weiter einschränken, als es der gemeinschaftliche Endzweck erfordert".

chen. Nur die Einleitung § 75 des ALR klingt in diesem Zusammenhang als Rest des Gedankens an[59], daß der Staat denjenigen, der seine besonderen Rechte und Vorteile dem Wohle des gemeinen Wesens aufzuopfern genötigt wird, zu entschädigen habe. Aus diesem Grunde bezeichnet man das ALR im großen und ganzen als "Bindeglied zwischen Absolutismus und Verfassungsstaat"[60] oder als "Übergang vom Absolutismus zum Verfassungsstaat"[61].

§ 10 II 17 ALR, der heute unumstritten als gesetzlicher Ursprung des Verhältnismäßigkeitsprinzips gilt[62], ist ebenso in stark abgeschwächter Form, im Vergleich zu AGB Einleitung § 79 und gemessen an der Forderung nach einer Nutzen-Kosten-Analyse von Svarez (Grundsatz der Verhältnismäßigkeit i.e.S.), zustande gekommen. § 10 II 17 ALR lautet: "Die nöthigen Anstalten zur Erhaltung der öffentlichen Ruhe, Sicherheit und Ordnung, und zur Abwendung der dem Publiko, oder einzelnen Mitgliedern desselben bevorstehenden Gefahren zu treffen, ist das Amt der Polizey". Dies ist als eine Ermessensvorschrift für die Polizei aufzufassen[63].

Damit wurde erstens der mittelalterliche umfassende Polizeibegriff[64] eingeschränkt. Die Förderung der allgemeinen Wohlfahrt wurde von ihm abgesondert. Die Polizei sollte sich auf jene Tätigkeiten beschränken, die im Wege des Gebots und Zwangs zu vollziehen waren.

---

59) Conrad, Das Allgemeine Landrecht, S. 23.

60) Achterberg, Verwaltungsrecht, S. 41; vgl. auch Jellinek, Verwaltungsrecht, S. 87 ("Herrschaft des Gesetzes oder wenigstens die Vorstellung davon").

61) Conrad, Die geistigen Grundlagen, S. 35.

62) Statt aller Hirschberg, Grundsatz, S. 3.

63) Ähnlich ist bei Götz, Polizeirecht, S. 13 von "förmlichen" Charakter des § 10 II 17 ALR die Rede. Vgl. ebenso Drews/Wacke/Vogel, Gefahrenabwehr, S. 6 f; Schinkel, Polizei, S. 318; Vogel, Herkunft, S. 382 f.

64) Oben, S. 5 f.

Das sind die Sicherheitswahrung, die Abwehr von Gefahren für den Staat, für das Recht und für die öffentliche Ordnung (Polizei im engeren Sinne).

Dies kann zwar auf der Linie des "ersten Grundsatzes des Polizeirechts" von Svarez[65] verstanden werden, der sich aus der Reflexion über Eudaimonismus des absolutistischen Polizeistaats ergibt. Der Gedanke, mit Polizeigewalt die Untertanen glücklich zu machen, führte in Wirklichkeit dahin, daß er das Gegenteil der erwünschten Folge herbeiführte, nämlich die weitgehende Bevormundung des einzelnen. Denn die individuellen Freiheiten waren in den Bereich staatlicher Fürsorge gezogen. Sollte jedoch unter dem Begriff der "öffentlichen Ruhe" des § 10 II 17 ALR nicht etwa der Schutz vor übermäßigem, gesundheitsschädigendem Lärm, der heute zu den wichtigen modernen polizeilichen Aufgaben rechnet, verstanden werden, sondern die politische Ruhe, die nach wie vor mit polizeilichen Zwangsmitteln gesichert werden konnte[66], so ist er als eine unzulängliche Widerspiegelung des genannten ersten Grundsatzes von Svarez aufzufassen. Denn Svarez wollte die Aufgabe der Polizei lediglich auf die Abwehr der Verbrechensgefahr beschränken.

Zweitens: Die eingeschränkte Polizeigewalt wurde auf das Einsatzfeld der "nöthigen Anstalten" beschränkt, folglich waren unnötige Maßnahmen vom "Amt der Polizei" nicht gedeckt. Also war ein Ansatz zum Verhältnismäßigkeitsprinzip höchstens an den Grundsatz der Erforderlichkeit heranzureichen, mit Sicherheit aber nicht an den Grundsatz der Verhältnismäßigkeit i.e.S.

Obwohl Svarez das Verhältnismäßigkeitsprinzip sowohl als ersten Grundsatz im öffentlichen Staatsrechts als

---

65) Oben, S. 16 f (17).
66) Götz, Polizeirecht, S. 13.

auch im Strafrecht hervorgehoben hat[67], ist hiervon im ALR wenig ablesbar. Im folgenden soll darauf eingegangen werden, warum der Zugang zum Verhältnismäßigkeitsprinzip im Polizeirecht leichter gewesen wäre als im Strafrecht.

Während der fürsorgerische Gedanke für Normadressaten im Polizeirecht schon im absolutistischen Mittelalter bekannt war, war es dem Strafrecht bis zur Aufklärung völlig fremd, sich den Täter als zu schützendes Individuum vorzustellen, d.h. die Strafgewalt des Staates der Interessen des Täters wegen zu beschränken. Denn eine Straftat stellte im Mittelalter unmittelbar ein Verbrechen gegen Gott dar. Die Strafe wurde verhängt, um die "Gerechtigkeit Gottes auf Erden zu verwirklichen"[68]. Der Sinn der Strafe lag ausschließlich in Vergeltung und Sühne des begangenen Unrechts. Das Motto der strafenden Gewalt hieß, "ne crimina remaneant impunita", auf Deutsch, kein Delikt ungesühnt lassen[69].

Der Grundsatz der Verhältnismäßigkeit kommt erst dort in Betracht, wo man nach dem "Zweck" einer Maßnahme fragt. Wenn man aber dabei einen absoluten Zweck (die Gerechtigkeit Gottes) aufstellt, führen Zweck-Mittel-Erwägungen nicht weiter, weil ein solcher jede Mittel heiligen könnte.

Anders als im Strafrecht konnte man hingegen im Polizeirecht ohne besondere Mühe den Zweck des Polizeirechts i.w.S. relativieren und demnach den Verhältnismäßigkeitsgrundsatz einführen, weil der umfassende Zweck der Polizei genau das Gegenteil verwirklichte. Der Grundsatz der Verhältnismäßigkeit gilt sozusagen nicht für die Eingriffsbefugnisse des Staates, sondern auch für den Schutz des einzelnen Bürgers gegen die maßlose Staatsmacht.

67) Oben, S. 14 f.

68) Rüping, Grundriß, S. 25 f, vgl. auch S. 9 f.

69) Ebenda, S. 26.

Auch wenn der Grundsatz der Verhältnismäßigkeit im Bereich des Strafrechts - anders als im Polizeirecht - nicht unmittelbar gesetzlich angeordnet war, begannen sich Ansätze des Verhältnismäßigkeitsprinzips zu entwickeln[70]. Die durch die Aufklärung angeregte Suche nach einem "vernünftigen" Zweck der Strafe hatte sich zwar mit jahrhundertealten Vorurteilen über die Verworfenheit der Straftäter auseinanderzusetzen, konnte sich aber mit ihren Überlegungen über angemessene Mittel zunehmend Gehör verschaffen. Die Humanisierung, Milderung der Strafe[71] und die Beschränkung der Staatsgewalt durch die vorherige Bestimmung der Straftatbestände (nullum crimen, nulla poena sine lege) sollen Beweis für diese Tendenz sein. Das gemeinsame Ziel aller dieser normativen Überlegungen liegt schließlich darin, die bisherige Allmacht und Willkür des Staates zu beschränken.

Die bis heute noch verbreitete Meinung, der Grundsatz der Verhältnismäßigkeit sei ursprünglich im Polizeirecht entstanden und später zum verfassungsrechtlichen Grundsatz erhoben worden[72], bedarf abermaliger Überprüfung. Eine Abhängigkeit voneinander war von Anfang an weder sinnvoll noch beabsichtigt. § 10 II 17 ALR war bei dem eigentlichen Verfasser des ALR nicht weniger als eine Weiterung des allgemein-staatsrechtlichen Verhältnismäßigkeitsprinzips[73]. Die Neubesinnung des Menschen auf seine Freiheit, die die Aufklärung leistete,und die daraus resultierende neue Aufgabenzuweisung des Staates waren letzten Endes der Entstehungsanlaß des Verhältnismäßigkeitsgedankens.

---

70) Vgl. Rüping, Grundriß, S. 59; Eberhard Schmidt, Geschichte, S. 215-217, S. 249-251.

71) Die einzelnen Beispiele hierzu bei Rüping, Grundriß, S. 63-66, S. 70-72.

72) Vgl. hierzu Forsthoff, Industrie-Gesellschaft, S. 137-140.

73) Oben, S. 17.

2. Herleitung des Grundsatzes der Verhältnismäßigkeit

Es stellt sich die weitere Frage, wie der Grundsatz der Verhältnismäßigkeit aus der geltenden Verfassung, dem Grundgesetz selbst begründet werden kann, weil er jedenfalls in das Grundgesetz nicht ausdrücklich aufgenommen worden ist.

Umstritten ist, wie die verfassungsrechtliche Einordnung des Grundsatzes zu geschehen hat. Sowohl die Entscheidungen des Bundesverfassungsgerichts[74] als auch die Lehre lassen eine klare Linie vermissen, da systematische Erwägungen zur Herleitung völlig fehlen[75].

2.1 Begründung aus dem Gleichheitssatz (Art. 3 I GG)

Der Grundsatz der Verhältnismäßigkeit wird häufig - als Folge des Abwägungsgedankens - mit dem Gleichheitssatz in Verbindung gebracht, wobei der Inhalt des Gleichheitssatzes als Gebot zu "verhältnismäßiger" Gleichbehandlung begriffen wird: "Gleichheit kann auch im Rechtssinne nicht Identität, sondern nur verhältnismäßige Gleichheit bedeuten"[76].

---

74) Vgl. BVerfGE 19, 342 (347); 20, 45 (49); 20, 144 (147 f); 26, 228 (239). Es ist eine Scheinbegründung, wenn das Gericht auf "Spannungslagen" zwischen Staat und Bürger verweist. Denn das Vorliegen eines Spannungsverhältnisses läßt noch den verfassungsrechtlich notwendigen Weg zu einer Lösung offen (Lerche, Übermaß, S. 129 und dort Fn. 105 m.w.N.); Langheineken, Grundsatz, S. 70.

75) Ein gutes Beispiel bietet die jüngst erschienene Göttinger Habilitationsschrift von Hirschberg, Grundsatz, S. 239.

76) Ipsen, Gleichheit, S. 187; vgl. auch Mangoldt/Klein, Grundgesetz, Art. 3 III. 1; Riezler, Rechtsgefühl, S. 104 ff; Schmidt-Bleibtreu/Klein, Grundgesetz, Art. 3 Rdn. 7 und 18; Wittig, Standort, S. 819; Larenz, Richtiges Recht, S. 128 f; Hassemer, Einführung, S. 208.

Nach der Ansicht Wittigs ist dem Grundsatz der Verhältnismäßigkeit sowie dem Gleichheitssatz gemeinsam der Begriff der Angemessenheit als Ausdruck bestimmter Gerechtigkeitsvorstellungen zugrundezulegen. Der Gleichheitssatz umfasse damit den Grundsatz der Verhältnismäßigkeit, mit anderen Worten: Der Grundsatz sei nichts anderes als ein Prinzip, "das einem besonderen Aspekt der den Art. 3 I GG beherrschenden Gerechtigkeitsvorstellung Konturenschärfe verleiht, als ein Maßstab für die Sachgerechtigkeit bei einer besonderen Form der Differenzierung"[77].

Zunächst ist zu bemerken: Der gemeinsame materielle Charakter - die Gerechtigkeitsbezogenheit von Gleichheitssatz und Verhältnismäßigkeitsprinzip - kann kein Argument für eine Einordnung des Grundsatzes der Verhältnismäßigkeit unter Art. 3 I GG sein. Gerechtigkeit ist zu vielschichtig, als daß sie ein konkretes Bindeglied zwischen den beiden darstellen könnte. Auch andere normative Grundsätze aus den verschiedenen Rechtsgebieten könnten sonst unter Gerechtigkeit subsumiert werden[78], weil Gerechtigkeit im weiteren Sinne ein Sammelbegriff jedes Richtigen darstellt[79]. Gerechtigkeit ist nämlich nicht ein Zustand, der fertig vor uns steht, sondern etwas, was von den Menschen in der konkreten geschichtlichen Rechtsordnung angestrebt, verwirklicht und verbessert werden soll (Geschichtlichkeit des Gerechtigkeitsprinzips)[80, 81].

---

77) Wittig, Standort, S. 822.

78) S. das "nulla poena sine lege"-Beispiel bei Llompart, Gerechtigkeit als geschichtliches Rechtsprinzip, S. 46 f.

79) Vgl. Llompart, ebenda, S. 44, 59.

80) Llompart, ebenda, S. 58-60.

81) Die formalistischen Gerechtigkeitstheorien, die die materielle Seite und damit das Geschichtlichkeitselement ausklammern, sind nach Llompart (ebenda, S. 47) "nicht nur unbrauchbar für die Praxis, sondern trotz ihres Aufwandes an Rationalität sind sie nicht so rational, daß sie rein theoretisch alle Probleme lösen können".

Das Mißverständnis rührt wohl daher: Sowohl der Gleichheitsgrundsatz als auch das Verhältnismäßigkeitsprinzip sind sog. Relationsbegriffe, d.h. die Prädikate "gleich" und "verhältnismäßig" setzen voraus, daß mindestens zwei Objekte verglichen bzw.abgewogen werden müssen; zwischen den beiden Objekten soll eine bestimmte Relation ("gleiche", "verhältnismäßige") bestehen. Bei dem Grundsatz der Verhältnismäßigkeit kommen als Relationspaar der von einer Maßnahme beabsichtigte Zweck und die dafür eingesetzten Mittel in einem Fall in Betracht; bei dem Gleichheitssatz wird dagegen ein anderer Fall oder Sachverhalt herangezogen, um über die Gleichheit mit dem vorgelegten Fall zu befinden[82]. Beide Grundsätze sind zwar äußerst fall- und sachverhaltsbezogen, aber einmal wird ein einziger, das andere Mal werden mehrere Sachverhalte einer rechtlichen Bewertung unterworfen[83].

Dieser Auffassung hält Wittig entgegen[84], daß bei der Verhältnismäßigkeitsvorstellung ein Vergleichspaar zwar nicht tatsächlich gegeben sein müsse, aber sich rein theoretisch konstruieren lasse. Für die Verhältnismäßigkeitsprüfung werde regelmäßig ein wirkliches Vergleichspaar zu finden sein.

Wittig stellt sich hier m.E. den sog. Typenvergleich als eine Methode der Rechtsfortbildung[85] vor. Es ist zwar nicht zu widerlegen, daß man sich für die Verhältnismäßigkeitsprüfung eines Falles der Typenvergleichs-

---

82) Podlech, Gehalt und Funktionen, S. 30; Lerche, Übermaß, S. 30.

83) Wellhöfer, Übermaßverbot, S. 46.

84) Wittig, Standort, S. 822.

85) Ausführlich hierzu Zippelius, Einführung, S. 84-93.

methode bedienen kann. Sie ist aber kein wesensmäßiges Strukturelement des Verhältnismäßigkeitsprinzips, sondern nur eines von mehreren möglichen Prüfungsverfahren der Verhältnismäßigkeit.

Ein alltagstheoretisch, pauschal und naiv verstandenes gemeinsames Ziel der beiden Grundsätze, sozusagen die "Herstellung eines gerechten Verhältnisses" läßt sich ebenso hinsichtlich des Meßwerts (tertium comparationis), mit dessen Hilfe der Prüfende das Urteil "gleich" oder "verhältnismäßig" fällt[86], auseinanderhalten. Der Gleichheitssatz versteht sich als ein Gebot, tatsächlich Gleiches rechtlich auch gleich zu behandeln, Ungleiches dagegen ungleich, d.h. je nach der Eigenart seines Tatbestandes[87]. Art. 3 II, III GG stellen hierfür einige Merkmale auf, die einer unterschiedlichen Behandlung nicht zugrundegelegt werden dürfen: Männer und Frauen sind gleichberechtigt; niemand darf wegen seines Geschlechts, seiner Abstammung, seiner Rasse, seiner Sprache, seiner Heimat und Herkunft, seines Glaubens, seiner religiösen oder politischen Anschauungen benachteiligt oder bevorzugt werden.

Die hier angesprochenen zahlreichen Merkmale der Differenzierungsverbote geben nur eine unvollständige Lösung des Gleichheitsproblems an, unvollständig deswegen, weil sie nicht etwa ein Gebot rechtlicher Gleichsetzung in jeder Hinsicht bedeuten. Vielmehr können in diesem Bereich auch "sachgerechte Differenzierungen"

---

86) Die beiden Grundsätze weisen insofern Strukturähnlichkeit auf, als sie "dreistellige Relationen" (Podlech, Gehalt und Funktionen, S. 46) enthalten. Zur Dreiecksbeziehung des Verhältnismäßigkeitsprinzips s. unten S. 45 ff.

87) Maunz/Zippelius, Staatsrecht, S. 197.

vorgenommen werden[88]. Außerdem bleibt offen, daß der Prüfende die Merkmale der Sachverhalte, mit deren Hilfe ihre Gleichheit geprüft werden soll, willkürlich auswählen kann[89].

Bei dem Grundsatz der Verhältnismäßigkeit gibt es dagegen nur einen Meßwert, der das Zweck-Mittel-Verhältnis auf das verhältnismäßige Maß berichtigen soll, und zwar die von staatlichen Maßnahmen tangierte individuelle Freiheit des Bürgers. Sollte der Eingriff dem einzelnen mehr aufbürden, als unerläßlich, angemessen ist, oder anders: sollte das Gewicht der aufzuopfernden Freiheit des Maßnahmenempfängers den Zweck in Frage stellen, muß auf die Zweckverfolgung selbst verzichtet werden. Hier kann also eine unterschiedliche Eingriffsschwere Folgen für die Verhältnismäßigkeitsprüfung haben; dem Gleichheitssatz fehlt dagegen die Dynamik dieses "In-Beziehung-Setzens" mehrer variabler Mittel zu dem einen oder anderen Zweck[90].

Damit ist angezeigt, daß beide Grundsätze von anderswertigen Maßstäben beherrscht werden, deren Anwendung zu unterschiedlichen Ergebnissen führen kann. Es ist erkennbar, daß die vom Art. 3 II, III GG als Beispiele genannten Merkmale der Differenzierungsverbote grundsätzlich weiter und umfassender sind als der Meßwert der Verhältnismäßigkeit. Die Gleichheit reicht also weiter als die Angemessenheit[91]. Abschließend: Die beiden stehen nebeneinander, ohne daß dem einen oder dem anderen Grundsatz der Vorrang eingeräumt werden könnte.

---

88) Maunz/Zippelius, Staatsrecht, S. 197; vgl. etwa Art. 12 a I, IV 2 GG.

89) Holzlöhner, Grundsätze, S. 108.

90) Lerche, Übermaß, S. 30; Witt, Verhältnismäßigkeitsgrundsatz, S. 46.

91) Wellhöfer, Übermaßverbot, S. 46; ebenso Gentz, Verhältnismäßigkeit, S. 1606.

2.2 Begründung aus der Menschenwürde (Art. 1 I GG)

Unter Bezugnahme auf die Auffassung des BGH[92] stellt Dürig eine Verbindung des Grundsatzes der Verhältnismäßigkeit zur Menschenwürdeklausel des GG her[93]. Dabei faßt er zwar Art. 19 II GG als Übermaßverbot auf, begründet jenen jedoch aus Art. 1 I GG.

Wörtlich führt Dürig[94] aus: "Es ist eine Degradierung des Menschen zum Objekt, wenn man ihn mit härteren Mitteln belegt, als sie vom zu erreichenden Gemeinwohlzweck gefordert werden. Jedes Mehr an staatlichen Mitteln entpersönlicht im gleichen Umfang den Menschen selbst zum Mittel staatlicher Zwecke".

Diese Herleitung des Grundsatzes der Verhältnismäßigkeit aus Art. 1 I GG kann nicht überzeugen. Warum ein "Mehr an staatlichen Mitteln", "als sie vom zu erreichenden Gemeinwohlzweck gefordert werden", immer auch die Menschenwürde verletzen soll, ist nicht zu erklären. Ein Verstoß gegen den Grundsatz der Verhältnismäßigkeit bedeutet nicht notwendig zugleich einen Verstoß gegen die Menschenwürde, auch wenn dies in besonders qualifizierten Einzelfällen zusammenfallen kann. Lerche weist deshalb mit Recht darauf hin, daß man auf diese Weise nahezu jeden Rechtsverstoß bei Art. 1 I GG ansiedeln könnte[95]. Dieser Standort ist zu allgemein, um eine spezi-

---

92) Gutachten des Bundesgerichtshofs vom 25.1.1953, DVBl. 1953, 37O: VerwRspr. 5, 642: DÖV 1953, 343. Diese auf Intensität, Zweck und Grund des Eingriffs abstellende BGH-Definition kann man auf die These verkürzen: Art. 19 II als Übermaßverbot (Grundsatz der Verhältnismäßigkeit). S. Dürig, Menschenwürde, S. 135.

93) Dürig, Menschenwürde, S. 146-149.

94) Ebenda, S. 146.

95) Lerche, Übermaß, S. 4O.

fische Eigenart des Grundsatzes der Verhältnismäßigkeit zu erklären. Das Bundesverfassungsgericht sieht auch - trotz gegenteiliger Andeutungen[96] - die Menschenwürdeklausel des Art. 1 I GG nicht als verfassungsrechtliche Grundlage des Grundsatzes der Verhältnismäßigkeit an[97].

2.3 Begründung aus der Wesensgehaltsgarantie (Art. 19 II GG)

Ein anderer Legitimationsversuch findet sich mit Bezug auf die Wesensgehaltsgarantie des Art. 19 II GG. Nach Art. 19 II GG darf "in keinem Falle ... ein Grundrecht in seinem Wesensgehalt angetastet werden".

Was den äußerst umstrittenen Begriff des Wesensgehalts angeht[98], lassen sich im wesentlichen zwei Theorien auseinanderhalten.
Nach der sog. relativen Theorie ist der Wesensgehalt eines Grundrechts nur dann verletzt, "wenn durch den Eingriff in die wesensmäßige Geltung und Entfaltung des Grundrechts stärker eingeschränkt würde, als dies der sachliche Anlaß und Grund, der zu dem Eingriff geführt hat, unbedingt und zwingend gebietet"[99]. Es muß also durch Güterabwägung der im Einzelfall miteinander konkurrierenden Interessen oder Werte der unantastbare Wesensgehalt ermittelt werden. Nach dieser Meinung ist die Wesensgehaltsgarantie nichts anderes als der ohne-

---

96) BVerfGE 6, 389 (439) zitiert BVerfGE 1, 332 (348).

97) BVerfGE 22, 21 (28).

98) Dazu vor allem Häberle, Wesensgehaltsgarantie, S. 234 ff; Lerche, Übermaß, S. 34 ff.

99) Maunz, in: Maunz/Dürig/Herzog/Scholz, Grundgesetz, Art. 19 II Rdn. 4; ders., Staatsrecht, S. 152 f; weitere Nachweise bei v. Mangoldt/Klein, Grundgesetz, Art. 19 Anm. V 4.

hin geltende Grundsatz der Verhältnismäßigkeit[100], und nicht selten wird Art. 19 II GG als verfassungsrechtliche Grundlage dieses Grundsatzes betrachtet[101].

Die sog. absolute Theorie begreift demgegenüber den Wesensgehalt eines Grundrechts als feststehenden Kern, d.h. der Wesensgehalt stellt jene Eigenschaften eines Grundrechts dar, welche seine "Natur", "Grundsubstanz" oder seinen "absoluten Mindestbestand" bzw. sein "substantielles Minimum" ausmachen[102]. Anders ausgedrückt, sie will den Wesensgehalt des Grundrechts absolut schützen und geht davon aus, daß der Kern des Grundrechts in keinem Fall angetastet werden darf. Es wird also eine absolute Grenze vorausgesetzt, so daß der Wesensgehalt nicht von Zweck und Intensität einer Grundrechtsbeschränkung abhängt. Die Frage, ob der Wesensgehalt des Grundrechts verletzt ist, entscheidet sich ausschließlich danach, was von dem Grundrecht nach der Einschränkung noch übrig bleibt[103].

Dieser absoluten Theorie ist zuzustimmen. Daß die relative Theorie nur nicht erforderliche Einschränkungen ausschließen will, muß abgelehnt werden, weil sie den Wesensgehalt relativiert und damit den deutlichen Zweck der Vorschrift, einen letzten Schutz gegenüber dem Vor-

---

100) Vgl. BVerfGE 27, 344 (352).

101) Dürig, Menschenwürde, S. 146; Zippelius, Wertungsprobleme, S. 18; ders., Verbot, S. 354.

102) Stein, Staatsrecht, S. 259 ff; Maunz/Zippelius, Staatsrecht, S. 132; v.Mangoldt/Klein, Grundgesetz, Art. 19 Anm. V 4 a, d; Hendrichs, in: v. Münch (Hrsg.), Grundgesetz, Kommentar, Art. 19 Rdn. 25; Hotz, Notwendigkeit, S. 54.

103) Vgl. BVerwG NJW 1955, S. 763; BVerfGE 35, 35 (39); 34, 238 (245).

behaltsgesetzgeber zu bieten, verfehlt. Anders ausgedrückt: Der Zweck des Art. 19 II GG sollte darin bestehen, letzte Schranke der Grundrechtsbeschränkungen - also noch gewichtiger als die allgemeine Schranke des Verhältnismäßigkeitsprinzips - zu sein. Wenn Art. 19 II GG - wie es die relative Ansicht annimmt - gerade nichts mehr als der Grundsatz der Verhältnismäßigkeit bedeuten würde, liefe dieser Artikel völlig leer. Es kann jedoch dem Verfassungsgeber nicht unterstellt werden, daß er etwas ohnehin Selbstverständliches noch einmal ausdrücklich normiert hat[104]. Die Wendung des Art. 19 II GG, "in keinem Falle" macht andererseits schon deutlich, daß der Verfassungsgeber gerade nicht auf die konkreten Umstände eines Einzelfalls abstellen wollte. Das Bundesverfassungsgericht hat ebenso die relative Wesensgehaltstheorie an markanter Stelle abgelehnt[105].

Soweit die absolute Wesensgehaltstheorie überzeugend ist, läßt sich eine Projizierung des Grundsatzes der Verhältnismäßigkeit in den Wesensgehalt des Art. 19 II GG ausscheiden. Herbert Krüger[106)] verdeutlicht die Grundverschiedenheit der beiden Grundsätze auf folgende Weise:

"Zunächst ist das Verbot der Antastung absolut, das Gebot der Verhältnismäßigkeit relativ. Ferner bezieht sich das erste auf den Gegenstand der Staatstätigkeit, das zweite hat es mit den Mitteln derselben zu tun. Drittens muß das Mittel immer in einem vernünftigen Verhältnis zum Zweck stehen, und zwar selbstverständlich auch dann, wenn von einer Bedrohung des Wesensgehaltes überhaupt noch keine Rede sein kann. Entscheidend aber gegen eine Identifizierung beider Institute spricht, daß es der Sinn der Unantastbarkeit ist, gegebenenfalls auch die Anwendbarkeit des Grundsatzes der Verhältnismäßigkeit auszuschließen. Denn dieser Grundsatz verbietet die Ver-

104) Stein, Staatsrecht, S. 259.

105) BVerfGE 7, 377 (411); vgl. auch BVerfGE 16, 194 (201).

106) Krüger, Wesensgehalt, S. 598.

folgung keines Zieles, vorausgesetzt lediglich, daß es ökonomisch verfolgt wird, während die Unantastbarkeit des Wesensgehaltes besagt, daß selbst das nützlichste Ziel und das sparsamste Mittel einen staatlichen Eingriff in die bürgerliche Freiheitssphäre nicht rechtfertigen können, wenn diese dadurch der Grundlagen für ihre verfassungsmäßige Aufgabe beraubt werden würde."

2.4 Begründung aus dem Rechtsstaatsprinzip

Der bisherige Überblick über die verschiedenartigen Begründungsversuche des Grundsatzes der Verhältnismäßigkeit hat gezeigt, daß sie nicht überzeugend, weil entweder zu allgemein oder zu einseitig, sind. Daraus ergibt sich, daß Wesen und Standort des Grundsatzes der Verhältnismäßigkeit einer weiteren Erklärung bedürfen, die mit einzelnen Anwendungsfällen des Grundsatzes verknüpft werden kann. Es kommt dabei das in Art. 20 und Art. 28 I GG zum Ausdruck gebrachte Rechtsstaatsprinzip in Betracht. Auf den ersten Blick fällt es mit dem Grundsatz der Verhältnismäßigkeit insofern zusammen, als beide auf die Begrenzung staatlicher Macht abzielen.

Der Begriff "Rechtsstaat" wird in zweifacher Weise verstanden: Bezugspunkt sind einerseits Ideen von der Herrschaft des Rechts oder der Gesetze, der Mäßigung und Kontrolle der Staatsgewalt sowie der Sicherung individueller Freiheit, andererseits Vorstellungen über die Realisierung materieller Gerechtigkeit. Hierin liegt ein Spannungsverhältnis, dessen Pole allgemein mit den Begriffen "formeller" und "materieller" Rechtsstaat bezeichnet werden[107].

---

107) Ein Überblick hierzu bei Denninger, Stichwort "Rechtsstaat", S. 344 f; Stern, Staatsrecht, S. 772-774 und S. 781.

Das formelle Rechtsstaatsprinzip verlangt dabei im wesentlichen die Begrenzung staatlicher Machtausübung[108] "als ein System von Garantien der bürgerlichen Freiheit und der Relativierung der Macht"[109]. Dies folgt aus der genauen Bestimmung und unverbrüchlichen Sicherung der Freiheitssphäre des Bürgers gegenüber staatlicher Macht. Jede staatliche Tätigkeit muß deshalb gesetzmäßig sein. Damit werden Vorhersehbarkeit und Meßbarkeit staatlichen Handelns gesichert, dessen Kontrolle durch die unabhängigen Gerichte sowie Rechtssicherheit gewährleistet.

Diese Forderung nach formeller Gesetzlichkeit, nach Bindung allen staatlichen Handelns an allgemeine Gesetze gilt in besonderem Maße für die staatliche Strafgewalt, die unmittelbar in die Freiheitssphäre des Bürgers eingreift. Für den Bereich der Strafrechtspflege führte diese Einsicht zur gesetzlichen Absicherung von rechtsstaatlich gebotenen Freiheitsrechten im Strafverfahren, die schon auf das Gedankengut der Aufklärungszeit zurückgehen, aber erst seit den Bemühungen der liberalen Reformbewegung des 19. Jahrhunderts nach und nach durchgesetzt werden konnten[110].

---

108) Hesse, Grundzüge, S. 74 (Rdn. 191): "Der Rechtsstaat ist im Verfassungsgefüge des Grundgesetzes endlich 'Form der Begrenzung staatlicher Macht'"; ebenso deutlich H. Simon, Fragen der Verfassungspolitik, S. 100.

109) Denninger, Staatsrecht I, S. 107.

110) Oben, S. 12 ff; ebenso Hassemer, in: Hassemer/Steinert/Treiber, Soziale Reaktion, S. 57: "Die normativen Grundsätze sind Errungenschaft eines liberalen Staatsverständnisses".

Daß jedoch die Gesetzlichkeit noch keinen "Rechts"-Staat im materiellen Sinne ausmacht, belegt die Geschichte mit Beispielen aus der Zeit des Nationalsozialismus: Alle Bemühungen um eine formale Sicherung der bürgerlichen Freiheitsrechte müssen leerlaufen, wenn der Gesetzgeber formal einwandfreie, jedoch inhaltlich freiheitsfeindliche Gesetze erläßt. Aus dieser Erfahrung heraus entstand die Forderung, das formelle Rechtsstaatsprinzip um das materielle Prinzip als Maßstab für die Gesetzgebung wie jedes staatliche Handeln zu ergänzen[111].

Mit Recht trat man für den materiellen Rechtsstaat ein, dessen Ziel die Erlangung und Erhaltung der materiellen Gerechtigkeit in aller staatlichen Tätigkeit ist[112]. Das Bundesverfassungsgericht versteht "Rechtsstaat" als materielles Verfassungsprinzip, das mit der Idee der Gerechtigkeit verknüpft ist[113]. Das Rechtsstaatsprinzip zielt also nicht bloß auf den formalrechtlich korrekt geäußerten Geltungswillen eines Gesetzes ab, sondern strebt bei jeder neu formulierten Rechtsnorm die Schaffung einer materiell gerechten Ordnung an. An diesen materiellen Gehalt des Rechtsstaatsprinzips sollen alle staatlichen Organe gebunden werden, so daß ihre Hoheitsausübung inhaltlich rechtsstaatlicher Kontrolle zu unterziehen ist[114].

---

111) Vgl. Gössel, Die Stellung des Verteidigers, S. 18; Wellhöfer, Übermaßverbot, S. 71.

112) Denninger, Stichwort "Rechtsstaat", S. 347; Maunz/Zippelius, Staatsrecht, S. 81; Schnapp, in: v. Münch (Hrsg.), Grundgesetz, Kommentar, Art. 20 Rdn. 22: Der materielle Rechtsstaat ist der auf die "Idee der Gerechtigkeit" bezogene Staat.; vgl. auch Fürst/Günter, Grundgesetz, S. 39; Herzog, in: Maunz/Dürig/Herzog/Scholz, Grundgesetz, Art. 20 (VII. Art. 20 und die Frage der Rechtsstaatlichkeit) Rdn. 57 f; Schmidt-Bleibtreu/Klein, Grundgesetz, Art. 20 Rdn. 10 und 10a.

113) S. BVerfGE 7, 89 (92); 7, 194 (196); 11, 150 (163); 20, 323 (331); 21, 378 (388); 37, 58 (65); 38, 105 (115).

114) So Maunz/Zippelius, Staatsrecht, S. 81; Stern, Staatsrecht, S. 781 ff.

Hier stellt sich aber die Frage, was der Inhalt des materiellen Rechtsstaates im geschilderten Sinne ist. Ist der Begriff "materieller Rechtsstaat" bzw. der der "materiellen Gerechtigkeit" möglicherweise unbrauchbar, weil "Gerechtigkeit kein möglicher Erkenntnisgegenstand der (Rechts-)Wissenschaft"[115] ist? Es muß wohl zugegeben werden, daß Vorstellungen über die materiellen Gehalte der Gerechtigkeit viel zu divergierend und vage sind, als daß ein inhaltlicher Konsens über materiell rechtsstaatliche Gehalte des Grundgesetzes erzielt werden könnte. Fragt man jedoch nicht nach dem Inhalt der "objektiven, allgemein verbindlichen Gerechtigkeit"[116], sondern danach, was die "verbindlichen Leitgesichtspunkte"[117] des Grundgesetzes sind, in denen die Gerechtigkeitsvorstellungen der Verfassungsväter zum Ausdruck kommen, so eröffnet sich eine Möglichkeit, "Wege der Gerechtigkeit"[118] zu finden und somit der Gerechtigkeit näher zu kommen.

In diesem Zusammenhang kommt vor allem der Grundrechtskatalog des Grundgesetzes als Positivierung naturrechtlicher Postulate in Betracht[119]. Aus der vernunftlichen Entdeckung des Menschen als Einzelperson und Inhaber natürlicher Rechte auf Leben, Freiheit und Eigentum bildeten sich allgemeine Menschenrechte her-

115) Schnapp, ebenda (Fn. 112).

116) S. Hassemer, in: Tagungsbericht über die Strafrechtslehrertagung 1981 in Bielefeld von Thomas Weigend, ZStW 94 (1982), S. 50: Es sei eine "rechtsphilosophische Erkenntnis, daß man nicht von einer objektiven, allgemein verbindlichen Wahrheit und Gerechtigkeit sprechen kann".

117) Böckenförde, Verfassungsinterpretation, S. 2098.

118) Hassemer, ebenda (Fn. 116).

119) Schachtschneider, Rechtsstaatsprinzip, S. 186; Hans-Peter Schneider, Eigenart und Funktion, S. 13; Bleckmann, Grundrechtslehren, S. 37-39.

aus[120]. So fängt das Grundgesetz, nicht zufällig, mit dem Bekenntnis zur Unantastbarkeit der Menschenwürde (Art. 1 I GG) und zu den "unverletzlichen und unveräußerlichen Menschenrechten als Grundlage jeder menschlichen Gemeinschaft, des Friedens und der Gerechtigkeit in der Welt" (Art. 1 II GG) an. Als Wille der Verfassungsväter dürfte also bekundet sein, daß das Grundgesetz von der Existenz vorstaatlicher, im Naturrecht wurzelnder Grundrechte auszugehen habe,und damit, daß die Grundrechte grundsätzlich der gesamten Organisation des Staates übergeordnet sind (etwa Art. 1 III GG).

Die Verfassung selbst wollte im Grundrechtsteil par excellence die materielle Seite der Rechtsstaatlichkeit (materielle Gerechtigkeit) positivieren, weil die hinter uns liegende Rechtsgeschichte unter Beweis gestellt hatte, daß die Grundrechte auch durch den Gesetzgeber ausgehöhlt werden konnten - mit Berufung auf Volksvertretung und eigenartig verstandene Gerechtigkeitsvorstellungen. Im Regelungsbereich der Grundrechte ist damit über die Maßstäbe materieller Gerechtigkeit entschieden, ohne daß aus irgend einem philosophischen, verfassungsrechtlichen Prinzip erweiternde oder einschränkende Folgerungen gezogen werden könnten[121]. Denn die Grundrechte des Grundgesetzes besitzen positive, stärker konkretisierte Maßstäbe für die Gerechtigkeit als eine metaphysische Gerechtigkeitslehre.

Der Gesetzgeber hat also im Bereich der Grundrechte nur insoweit eine Regelungsmöglichkeit, als sie ihm ausdrücklich von der Verfassung eingeräumt wird[122].

---

120) Hans-Peter Schneider, ebenda (Fn. 119).

121) Nach Art. 79 III GG ist die Änderung des GG, durch welche die in den Artikeln 1 und 20 niedergelegten Grundsätze berührt werden, unzulässig.

122) So Maunz/Zippelius, Staatsrecht, S. 151.

Von allen Grundrechten besitzt im Bonner Grundrechtskatalog insbesondere die "Freiheit des einzelnen" einen außerordentlich hohen Stellenwert. Dies wird allenthalben deutlich ausgesprochen: v. Mangoldt/Klein sagen in ihrer Kommentierung zu Art. 2 GG[123]: "Der in Abs. 1 angesprochene Freiheitsgedanke steht im Bonner System der Grundrechte durchaus im Vordergrund, wie seine nähere Ausgestaltung in mehreren nachfolgenden Artikeln beweist" und verweisen auf Hans Peters, der feststellt, daß die freie Entfaltung der Persönlichkeit der erste und wichtigste Ausfluß der Menschenwürde ist, da sie "an der Spitze der weiterhin positiv geregelten einzelnen Freiheitsrechte als ein diesen übergeordneter Grundgedanke"[124] steht. Ebenso stellt Dürig[125] fest: "Im Wertsystem der Grundrechte macht Art. 2 I GG unbezweifelbar, worin inhaltlich (materiell) die Würde des Menschen (Art. 1 I GG) vornehmlich besteht: - in der 'freien Entfaltung seiner Persönlichkeit'". Nipperdey[126] beginnt seinen Beitrag über die "freie Entfaltung der Persönlichkeit" mit den Worten: "Das Grundrecht der Würde des Menschen und das Recht auf die freie Entfaltung seiner Persönlichkeit sind die entscheidenden Grundnormen in der deutschen Verfassung ... Art. 2 I GG macht deutlich, daß im dynamischen Bereich des Menschen seine Würde in der freien Entfaltung seiner Persönlichkeit liegt".

Dieser letzten Endes aus der Menschenwürde des Art. 1 I GG resultierende Gedanke der Freiheit des Art. 2 I GG, jeder habe das Recht der Handlungsfreiheit, d.h. das Recht, zu tun und zu lassen, was er will, soweit er nicht die Freiheit anderer verletzt, führt unmittel-

---

123) Anm. III 2.

124) Hans Peters, Entfaltung, S. 678, 672; v. Mangoldt/ Klein, Grundgesetz, Art. 2 Anm. 2.

125) Dürig, in: Maunz/Dürig/Herzog/Scholz, Grundgesetz, Art. 2 Rdn. 1.

126) Nipperdey, Entfaltung, S. 742.

bar - wie wir oben schon festgestellt haben -[127] auf die idealistische Erkenntnistheorie und die Aufklärungsphilosophie zurück[128]:

"Die Natur hat gewollt: daß der Mensch alles, was über die mechanische Anordnung seines tierischen Daseins geht, gänzlich aus sich selbst hervorbringe, und keiner anderen Glückseligkeit, oder Vollkommenheit, teilhaftig werde, als die er sich selbst, frei von Instinkt, durch eigene Vernunft verschafft hat"[129].

"Aufklärung ist der Ausgang des Menschen aus seiner selbst verschuldeten Unmündigkeit. Unmündigkeit ist das Unvermögen, sich seines Verstandes ohne Leitung eines anderen zu bedienen. Selbstverschuldet ist diese Unmündigkeit, wenn die Ursache derselben nicht am Mangel des Verstandes, sondern der Entschließung und des Mutes liegt, sich seiner ohne Leitung eines andern zu bedienen. Sapere aude! Habe Mut dich deines eigenen Verstandes zu bedienen!, ist also der Wahlspruch der Aufklärung"[130].

Der Mensch, der als vernünftiges, mündiges Wesen "erkannt" ist, trägt in sich selbst seinen eigenen Wert. Die Freiheit des Menschen, der aus seiner Natur als empirisches Individuum verstanden wird[131], ist prinzipiell ohne Grenzen; die staatlichen Maßnahmen sind dagegen prinzipiell begrenzt und meßbar, weil der Gesellschafts- oder Vereinigungsvertrag, durch den sich ursprünglich freie und gleiche Individuen in einem Staat zusammenschließen, geschlossen wird, gerade um die Freiheit des Menschen zu maximieren, anders formuliert,

---

127) S. 7-12.

128) Ausführlich hierzu s. Hassemer, Theorie, S. 27-34; Zippelius, Rechtsphilosophie, S. 181-183; Rüping, Grundriß, S. 54-76; Michael Marx, Rechtsgut, S. 40 ff (bes. S. 44 ff).

129) Kant, Werkausgabe Bd. XI, S. 36.

130) Kant, Werkausgabe Bd. XI, S. 53.

131) Rüping, Grundriß, S. 54; Michael Marx, Rechtsgut, S. 40 ff; Zippelius, Rechtsphilosophie, S. 182.

um allen den Genuß gleicher Freiheit zu sichern[132]. Der Staat sei um des Menschen willen da, nicht der Mensch um des Staates willen[133].

Dieses "Freiheitsprinzip"[134] bildet einen Ausgangspunkt für die Interpretation der Grundrechte im Grundgesetz[135, 136]. Die Aktualisierung der Grundrechte im Grundgesetz, und zwar die eindeutige Anerkennung der personalen, individuellen Freiheit bzw. die möglichst umfassenden Verwirklichung dieser Freiheit stellt die Konkretisierung der materiellen Gerechtig-

---

132) Svarez, Vorträge, S. 7-9; Maunz/Zippelius, Staatsrecht, S. 131; vgl. Hassemer, Theorie, S. 30; Rüping, Grundriß, S. 57; Böckenförde, Staat, S. 224.

133) Svarez, Vorträge, S. 493 und S. 9 hieß es, die Staatsverbindung sei das Mittel; Maunz, Staatsrecht, S. 103; ebenso schließt Michel Marx, Rechtsgut, S.25 ff aus dem Zweck des Staates den Zweck des Rechts und kommt zu dem Ergebnis: "Der Zweck des Rechts ist der Mensch; ihm zu dienen ist die Aufgabe des Rechts" (S. 40); genauso Müller-Dietz, Strafe und Staat, S. 57; Maihofer, Rechtsstaat, S. 44; Calliess, Theorie der Strafe, S. 198 ff.

134) Schachtschneider, Rechtsstaatsprinzip, S. 187.

135) Vgl. Böckenförde, Staat, S. 243.

136) Das Bundesverfassungsgericht sieht im Grundrechtsteil des Grundgesetzes eine "objektive Wertordnung" repräsentiert, in der "die freie menschliche Persönlichkeit und ihre Würde als höchster Rechtswert erscheinen" (BVerfGE 12, 53; auch schon BVerfGE 2, 12 und seitdem ständige Rechtsprechung, vgl. etwa BVerfGE 35, 114; 39, 41). Der Begriff "objektive Wertordnung" ist aber nicht überzeugend, soweit das "Wertsystem" des Grundgesetzes ungeklärt bleibt. Sie bedeutet - praktisch gesehen - eine Verhüllungsformel für richterlichen bzw. interpretatorischen Dezisionismus (Böckenförde, Staat, S. 235). Dazu näher vgl. auch Kröger, Grundrechtstheorie, S. 42.

keit und zugleich den ersten unaufgebbaren Schritt zur Gerechtigkeit dar[137]; erst dann ist eine freie politische Teilhabe an der Mitgestaltung der politischen Ordnung als Inbegriff öffentlicher Freiheit möglich[138]. Mit diesem Konzept der "verbindlichen Leitgesichtspunkte"[139] oder des "Eigengewichts der Grundrechte"[140], an denen sich alle Staatsorgane orientieren müssen, setzte sich das materielle Rechtsstaatsprinzip durch.

Kurz gesagt also: Ein an das Eigengewicht der individuellen Freiheit gebundener Gerechtigkeitsgedanke liegt dem System des Grundgesetzes zugrunde, dessen Aktualisierung die Aufgabe des freiheitlichen Rechtsstaates ist; hier stehen freiheitlicher Grundrechts- und Gerechtigkeitsgedanke in enger Verbindung.

Aus dieser Grundentscheidung der Verfassung ergibt sich, daß die Freiheitsräume des Bürgers von der staatlichen Bevormundung möglichst freigehalten werden müssen[141] und staatliche Eingriffe, wenn überhaupt, nur als Ausnahme in Kauf genommen werden können[142]. Das Postulat

---

137) Denninger, Stichwort "Rechtsstaat", S. 347; Schachtschneider, Rechtsstaatsprinzip, S. 188; Klein, Grundrechte, S. 30, spricht von der "Primärfunktion der Gewährleistung persönlicher Freiheit".

138) Kröger, Grundrechtstheorie, S. 42.

139) Böckenförde, Verfassungsinterpretation, S. 2098.

140) Kröger, Grundrechtstheorie, S. 34 f; ähnlich Michael Marx, Rechtsgut, S. 41: "Eigenwert jedes Individuums".

141) Nachdrücklich Svarez, Vorträge, S. 15, s. auch S. 486 f, 494, 634 f; ebenso Michael Marx, Rechtsgut, S. 55 f; Hassemer, Theorie, S. 96 m.w.N.; Herzog, in: Maunz/Dürig/Herzog/Scholz, Grundgesetz, Art. 20 (VII. Art. 20 und die Frage der Rechtsstaatlichkeit) Rdn. 52.

142) Svarez, Vorträge, S. 15; Lerche, Übermaß, S. 32; Michael Marx, Rechtsgut, S. 48 f; Schachtschneider, Rechtsstaatsprinzip, S. 187.

des Grundsatzes der Verhältnismäßigkeit, daß bei Eingriffen der staatlichen Gewalt unnötige Belastungen der Freiheit des Bürgers vermieden bzw. auf ein Mindestmaß begrenzt werden müssen, ist demnach sowohl eine Folge des verfassungsrechtlichen Freiheitsprinzips als auch ein erster Schritt zur Gerechtigkeit, die zusammen schließlich in das materielle Rechtsstaatsprinzip einmünden.

Der Grundsatz der Verhältnismäßigkeit ist schließlich auch aus dem anderen Gesichtspunkt der materiellen Gerechtigkeit zu begründen. Gerechtigkeit bestimmt zwar nicht den "erschöpfenden Leitgedanken für die Ableitung des Rechtsinhalts", sie bestimmt jedoch "das Verhältnis"[143], und zwar ein gerechtes Verhältnis zwischen Tatbestand und Rechtsfolge[144]. Coing postuliert unter dem Aspekt der Gerechtigkeit, daß "verfolgter Zweck und angewendetes Mittel im richtigen Verhältnis stehen müssen"[145].

Es war schon Dante, der die Formel der Gerechtigkeit als Verhältnis gefunden hat: hominis ad hominem proportio. Im Anschluß daran sagt Legaz y Lacambra[146], jedes subjektive Gerechtigkeitsideal sei die Suche nach einer Proportionalen. Die positive Gerechtigkeit verwirkliche

---

143) Radbruch, Rechtsphilosophie, S. 164.

144) Zu diesem Kontext sind auch die Verhältnisse zwischen Sachverhalt und Entscheidung, Zweck und Mittel, Aktion und Reaktion, Angriff und Abwehr, Gefahr und Abhilfe, Gewinn und Opfer, Tat und Strafe, Verdienst und Lohn, Ware und Preis, Leistung und Entlohnung zu zählen. Über diesen Relationsbegriff ausführlich Wieacker, Geschichtliche Wurzeln, S. 871 und Kelsen, Reine Rechtslehre, S. 379 ff.

145) Coing, Rechtsphilosophie, S. 213.

146) Legaz y Lacambra, Rechtsphilosophie, S. 324.

sich aber im positiven Recht. Jedes positive Recht setze ein bestimmtes Verhältnis zwischen dem Sachverhalt und den Rechtsfolgen fest, also "zwischen dem, was man gibt, und dem, was man bekommt oder zwischen dem, was man fordert, und dem, was man leistet"[147].

Zum Beispiel ist "Auge um Auge, Zahn um Zahn" gerade der Ausdruck eines "Verhältnisses" der primitiven Gesellschaftsnorm; es besteht ein Verhältnis in der Bestrafung der Verbrecher, in den Verträgen, in der Verteilung der Rechte und der entsprechenden Pflichten usw.

Welchen Bereich des Rechts man untersucht, überall findet man ein Verhältnis, ohne das Recht nicht vorhanden wäre[148].

Dieses Verhältnis - allgemein, allerdings nicht opportunistisch - gerecht zu regeln, ist gerade das Gebot des Rechts und zugleich des Grundsatzes der Verhältnismäßigkeit. In dem Sinne faßt man den Grundsatz der Verhältnismäßigkeit als das "logische Element der Gerechtigkeit"[149] bzw. den "Kern der Gerechtigkeitsidee"[150] auf. Mit anderen Worten: Der Grundsatz der Verhältnismäßigkeit ist die "Konkretisierung der Gerechtigkeit", die die "materielle Auffüllung der allgemeinen Formeln" bedeutet[151].

In diesem Zusammenhang, in dem die Gerechtigkeit als ein Verhältnis eine jeweils bestimmbare Proportion zwischen Sachverhalt und Rechtsfolge, Tat und Strafe, Zweck und Mittel verlangt[152], kann ebenso die Begrün-

---

147) Legaz y Lacambra, Rechtsphilosophie, S. 324.

148) Ebenda.

149) Ebenda, S. 323.

150) Wieacker, Geschichtliche Wurzeln, S. 873.

151) Engisch, Gerechtigkeit, S. 162.

152) So auch Krüger, Wesensgehalt, S. 387: "Das Recht sichert die Freiheit, indem es einerseits Tatbestände wie Rechtsfolge begrenzt, andererseits beide Größen in ein angemessenes Verhältnis zueinander setzt".

dung des Grundsatzes der Verhältnismäßigkeit gefunden werden[153].

Das Ergebnis dieser Untersuchung zur Möglichkeit der Begründung des Grundsatzes der Verhältnismäßigkeit aus dem Rechtsstaatsprinzip läßt sich wie folgt zusammenfassen: Der Grundsatz der Verhältnismäßigkeit läßt sich aus dem Rechtsstaatsgedanken, und zwar aus dem materiellen Rechtsstaatsprinzip begründen. Der Rechtsstaatsgedanke hat die Aufgabe, die Freiheit des einzelnen wirksam zu schützen, d.h. die "Opfergrenze"[154] mit Hilfe seiner formellen sowie materiellen Komponente zu ziehen.

Beide Komponenten beziehen sich im wesentlichen auf die Beschränkung der staatlichen Machtausübung; dieses Ergebnis folgt aus dem Eigengewicht der Grundrechte bzw. dem Eigenwert individueller Freiheit im Grundgesetz. Das ist der klare Ausgangspunkt der Verfassungsrechtsordnung des Bonner Grundgesetzes (Art. 1 I, Art. 19 II und Art. 79 III GG).

Darüberhinaus hängt der materielle Rechtsstaatsgedanke mit dem Gerechtigkeitspostulat - als dem Postulat gerechter Entscheidung schlechthin - zusammen, das "Verhältnis"-Gerechtigkeit verlangt.
Mit diesen Überlegungen ist der erste Schritt zur Konkretisierung des Grundsatzes der Verhältnismäßigkeit getan: Der Grundsatz der Verhältnismäßigkeit zielt seinem Wesen nach darauf ab, die Freiheitssphäre des Individuums gegenüber übermäßigen staatlichen Eingriffen zu schützen. Diesem verfassungsrechtlichen Gebot unterstehen alle staatlichen Gewalten: Gesetzgebung, vollziehende Gewalt und Rechtsprechung.

---

153) Vgl. Gribbohm, Grundsatz, S. 353.

154) S. dazu unten S. 47.

3. Allgemeine Definition des Begriffs des Grundsatzes der Verhältnismäßigkeit im Verfassungsrecht

3.1 Die begriffliche Struktur des Grundsatzes der Verhältnismäßigkeit: Drei Merkmale des Definiendums

Präziser und konkreter formuliert lautet der Grundsatz der Verhältnismäßigkeit: Eine bestimmte staatliche Maßnahme, die in die Freiheitsrechte des einzelnen eingreift, darf nicht außer Verhältnis zu dem von der Behörde beabsichtigten Erfolg stehen[155].
Es ergeben sich daraus drei Merkmale des Verhältnismäßigkeitsbegriffs, die zueinander in Beziehung gesetzt werden: (1) eine bestimmte staatliche Maßnahme, (2) der von der Behörde beabsichtigte Erfolg und (3) die Beeinträchtigung der Freiheitsrechte des einzelnen.

Zunächst ist zwischen dem beabsichtigten Erfolg und der zur Verwirklichung dieses Zwecks eingesetzten Maßnahme eine Beziehung herzustellen. Dabei wird gefordert, daß das eingesetzte Mittel zur Verwirklichung des Zwecks geeignet bzw. tauglich sein muß. Man bezeichnet dieses erste Gebot als den "Grundsatz der Geeignetheit". Dieser Grundsatz mag zwar auf den ersten Blick akademisch klingen. Es ist aber unschwer zu erkennen, daß in aller Regel mehrere Mittel sich als zwecktauglich anbieten werden[156].

---

155) Ein gesetzliches Beispiel bietet § 73 II SHLVwG: "Die Maßnahme darf nicht zu einer Beeinträchtigung des einzelnen oder der Allgemeinheit führen, die zu dem beabsichtigten Erfolg in einem offenbaren Mißverhältnis steht".

156) So hat der nationalsozialistische Gesetzgeber z.B. die Entmannung für ein geeignetes Mittel gehalten, um die Allgemeinheit vor den "gefährlichen Sittlichkeitsverbrechern" zu schützen (s. RGBl. 1933 I, S. 996 f).

Die Aufgabe des Grundsatzes der Geeignetheit im Rahmen des Grundsatzes der Verhältnismäßigkeit i.w.S. liegt deshalb eigentlich nur darin, daß er Extremfälle einer Mittelverfehlung ausschließt[157].

Zum anderen müssen Mittel und hierdurch tangierte Freiheitsrechte des einzelnen gegeneinander abgewogen werden. Von mehreren gleichermaßen zwecktauglichen Mitteln ist dasjenige auszuwählen, das in die Freiheitssphäre des Betroffenen am schonendsten, am geringsten, am mildesten eingreift. Das ist das erforderliche bzw. notwendige Mittel. Diese Forderung nennt man den "Grundsatz der Erforderlichkeit".

Die dritte Forderung, der Grundsatz der Verhältnismäßigkeit i.e.S., verlangt noch eine umfassende Prüfung, die Zweck, Mittel und Freiheitsrechte des einzelnen einer Gesamtabwägung unterzieht. Dies bedeutet: Eine staatliche Maßnahme, die zwar geeignet und erforderlich sein würde, aber trotzdem einen so schweren Eingriff in die Freiheitsrechte des Betroffenen darstellte, daß ein Mißverhältnis zwischen der Schwere des Eingriffs und dem Wert des realisierbaren Erfolgs bestünde, muß nach diesem Grundsatz unterbleiben.
Hier wird also geprüft, ob die von einer Maßnahme zu erwartenden Vorteile außer Verhältnis zu den mit ihr verbundenen Nachteilen stehen[158], mit anderen Worten, ob das durch die geplante Eingriffsmaßnahme abverlangte Individual-Freiheitsopfer außer Verhältnis zu dem erstrebten Zweck steht[159]. Diese Prüfung erfolgt nicht

---

157) Hirschberg, Grundsatz, S. 56.

158) So Stern, Staatsrecht I, S. 866; Zimmerli, Grundsatz, S. 16; Walter Schmidt, Einführung, S. 54-56.

159) Denzel, Übermaßverbot, S. 3; Pohl, Gesetzgeber, S. 21 f.

primär aus der objektiven Sicht des Verhältnisses von Zweck und Mittel, wie bei den Grundsätzen der Geeignetheit und Erforderlichkeit, sondern in erster Linie aus dem Freiheitsinteresse des Betroffenen heraus und stellt im Rahmen einer Güterabwägung die Legitimität des Zwecks in Frage. Das heißt: Bei dieser Prüfung des Grundsatzes der Verhältnismäßigkeit i.e.S. bedarf das schlichte Verhältnis "Zweck-Mittel" eines Maßstabes, der es umfaßt. Erst dieser Zweck und Mittel gemeinsam umspannende Maßstab macht den Grundsatz der Verhältnismäßigkeit zu einer rechtlich verwertbaren Größe; er ist die fundamentale Handlungsfreiheit des einzelnen Bürgers (Art. 2 I GG), nämlich das Freiheitsrecht des Betroffenen auf seine Selbstentfaltung. Dies wirkt als "Opfergrenze"[160] desjenigen, der sich in staatliche Verfolgungsinteressen verwickelt findet. Weniger bildhaft: Der Mensch kann dem Staat trotz aller ihm verfassungsrechtlich zustehenden Freiheit als Eingriffsobjekt und selbst als "Opfer" ausgeliefert werden, wenn der Staat unter Berufung auf die Handlungsfreiheit anderer in die Freiheit des einzelnen eingreifen will. Dabei wird von der Staatsgewalt gefordert, zwischen den beiden Freiheiten eine möglichst klare "Grenze" zu ziehen, weil ansonsten alle individuellen Freiheiten für die schwer faßbare, manchmal propagandistisch formulierte, völlig inhaltsleere "Freiheit des Ganzen" geopfert werden könnten[161]. Ein belastender staatlicher Eingriff ist mithin unzulässig, wenn er von dem einzelnen mehr verlangt als das für die Freiheit des anderen unbedingt notwendige Freiheitsopfer[162].

---

160) Dazu Hassemer, Einführung, S. 142; Rödig, Erkenntnisverfahren, S. 160-162.

161) Ein historisches Beispiel: "Du bist nichts, dein Volk ist alles".

162) Ebenso v. Krauss, Grundsatz, S. 18.

Angesichts dieser drei Vergleichsmerkmale des Grundsatzes der Verhältnismäßigkeit ist er als Dreiecksbeziehung oder anders ausgedrückt, als ein Verhältnis zweier Größen zur Opfergrenze zu bestimmen[163].
Auf die Relation Zweck-Mittel wirkt die Opfergrenze konstruktiv ein. Konstruktiv heißt: Die Opfergrenze, die sich aus der verfassungsrechtlichen Gewährleistung der individuellen Freiheit ergibt, bildet in dieser Dreiecksbeziehung die eigentliche Konstante und wird zum beherrschenden Faktor (tertium comparationis)[164]; deswegen, weil die Zweckverfolgung und die dafür einzusetzenden Mittel letzten Endes durch die Opfergrenze qualifiziert werden müssen. Es gibt nämlich keinen staatlichen Zweck, der jede Freiheitsbeschränkung des Individuums legitimieren könnte. Der Zweck heiligt nicht schlechthin die Mittel, vielmehr steht die Zweckmittel-Relation unter Vorbehalt. Das bedeutet: Der Zweck selbst kann in Frage gestellt und nur dann gerechtfertigt werden, wenn ein der Opfergrenze entsprechendes Verhältnis zwischen Zweck und Mittel besteht[165].

Diese Feststellung bietet uns jedoch keine konkreten Kriterien für den zulässigen staatlichen Eingriff.
Sie ist nur eine Spezifikation des allgemein-normativen Postulats. Die Opfergrenze und die anderen beiden Komponenten des Grundsatzes der Verhältnismäßigkeit sind inhaltlich erst bei der Normierung eines bestimmten Sachbereichs und in der konkreten Rechtsanwendung zu

---

163) Vgl. Lerche, Übermaß, S. 19; v. Krauss, Grundsatz, S. 14; Oberle, Grundsatz, S. 26 ff.

164) Schüler-Springorum (Sachverständiger, S. 308) nennt ebenso "die Interessen des Betroffenen an größtmöglicher Schonung seiner Persönlichkeit" als tertium comparationis für das Zweck-Mittel-Verhältnis.

165) Vgl. oben die Vorgeschichte des Grundsatzes der Verhältnismäßigkeit, etwa S. 12-19.

bestimmen. Erst damit gewinnen die drei Kriterien inhaltliche Fülle und verfeinern sich zu anwendbaren empfindlichen Instrumenten. So könnte es sein, daß selbst innerhalb einer Rechtsordnung dem Grundsatz der Verhältnismäßigkeit differente Maßstabsinhalte eigen sind[166].

3.2 Die vagen Vorstellungen vom Grundsatz der Verhältnismäßigkeit im Verfassungsrecht und dessen Konkretisierungsbedürftigkeit

3.2.1 Unterschiedliche Reichweite des Grundsatzes der Verhältnismäßigkeit

Der Grundsatz der Verhältnismäßigkeit erstreckt sich auf Entscheidungen einer Verwaltungsbehörde, Urteile eines Richters und auch auf Gesetzgebungsakte[167].

Die Frage ist nun, ob der Grundsatz in diesen verschiedenen Sachbereichen des staatlichen Handelns gleichermaßen zum Zuge kommen kann. Theoretisch läßt sich leicht sagen, daß alle staatliche Tätigkeit - sei es normsetzende oder normanwendende - den einzelnen Bürger nicht übermäßig belasten darf. Blickt man aber auf die unterschiedlichen Sachbereiche, so ist zunächst einmal festzustellen, daß die Mittelauswahlmöglichkeit des Gesetzgebers wesentlich umfangreicher als die des Richters ist. Außerdem ist der Gesetzgeber, an den sich das Verfassungsrecht vorzugsweise wendet, weitgehend frei in der Auswahl der Gesetzesziele[168], wäh-

---

166) Vgl. Oberle, Grundsatz, S. 32; Jost, Polizeibegriff, S. 87.

167) v. Münch, Grundgesetz, Kommentar, vor Art. 1-19 Rdn. 15.

168) Herzog, in: Maunz/Dürig/Herzog/Scholz, Grundgesetz, Art. 20 (VII. Art. 20 und die Frage der Rechtsstaatlichkeit) Rdn. 51; Hans Schneider, Verhältnismäßigkeitskontrolle, S. 396; vgl. auch Grabitz, Grundsatz, S. 600 ff; BVerfGE 30, 263; 37, 21.

rend bei der Gesetzesanwendung die Handlungsziele vom Gesetz vorgegeben oder mindestens von ihm ableitbar sind, auch wenn das Gesetz auf die eindeutige Zielbestimmung verzichtet hat.

Wie oben bei der begrifflichen Struktur des Grundsatzes der Verhältnismäßigkeit festgestellt wurde, handelt es sich um ein In-Beziehung-Setzen der drei Komponenten. Die Wirkung des Grundsatzes der Verhältnismäßigkeit hängt deshalb von den Inhalten dieser drei Komponenten ab. Wenn z.B. der Zweck in der Verhältnismäßigkeitsprüfung mit hochabstrakten Leerformeln wie "Schutz der Allgemeinheit", "Schutz der Menschenwürde", "Gemeinwohl", "Schutz der freiheitlichen demokratischen Grundordnung" usw. aufgefüllt wird, dann sind daraus nur dieselben leerformelhaften Prüfungskonsequenzen zu ziehen. Denn aus Begriffen größter Reichweite sind keine konkreten Kriterien für die Entscheidung singulärer Fragen abzuleiten[169]. Je ungenauer die drei Elemente des Grundsatzes der Verhältnismäßigkeit bestimmt sind, desto größer sind die Gruppen der als verhältnismäßig zu betrachtenden staatlichen Maßnahmen und desto weniger besteht die Möglichkeit zu differenzierter Behandlung; je genauer die Elemente des Grundsatzes der Verhältnismäßigkeit konkret ausdifferenziert sind, desto kleiner sind die Gruppen der als verhältnismäßig zu betrachtenden staatlichen Maßnahmen und desto größer ist die Möglichkeit zu unterschiedlicher Behandlung. Wollte - beispielsweise - ein Gericht staatliche Eingriffe in die Freiheit des einzelnen bestätigen, könnte es hierfür durch abstrakte, inhaltsarme Fassung der Verhältnismäßigkeitskriterien den gewünschten Nachweis erbringen[170].

---

169) Bender, Zielverwirklichungstechnik, S. 477.

170) Ebenda.

Daher sollen die unterschiedlichen Gehalte der Kriterien der Verhältnismäßigkeit beim Gesetzgebungsakt, der von den verfassungsrechtlichen Gesetzgebungsvorbehalten ermächtigt wird, und beim einzelnen Rechtsanwendungsakt, der vorzugsweise auf das einfache Recht Bezug nimmt, gezeigt werden, um damit die Konkretisierungstheorie des Grundsatzes der Verhältnismäßigkeit zu präzisieren.

3.2.2 Die Zweckgebundenheit der grundrechtseinschränkenden Gesetzgebung

Die meisten Grundrechte können zwar aufgrund des Gesetzesvorbehalts (z.B. Art. 2 II 2, 4 III 2, 5 II, 8 II, 12 I GG) eingeschränkt werden, jedoch nicht grenzenlos; wie weit diese Einschränkbarkeit geht, ergibt sich zunächst einmal aus der näheren Ausgestaltung des Gesetzesvorbehalts. Zum anderen gilt für alle grundrechtseinschränkenden Gesetze der Grundsatz der Verhältnismäßigkeit[171]: Die grundrechtseinschränkenden Maßnahmen dürfen nicht prinzipiell unbegrenzt und unbegründet sein, sondern müssen ihre Rechtfertigung in einem benennbaren Zweck haben, weil die Freiheit des einzelnen nur durch die Freiheit des anderen beschränkt werden kann[172]. Und sie müssen an diesem Zweck hinsichtlich ihres Ausmaßes auch gemessen werden. Erst wenn ein solcher Zweck konkret bestimmt werden kann, ist eine Prüfung an den Maßstäben des Grundsatzes der Verhältnismäßigkeit überhaupt möglich. Im zweckfreien Raum kann demnach alles Mögliche verhältnismäßig sein[173].

---

171) Hesse, Grundzüge, S. 127 (Rdn. 318); v. Münch, Grundgesetz, Kommentar, vor Art. 1-19 Rdn. 55.

172) Art. 2 I GG; Herzog, in: Maunz/Dürig/Herzog/Scholz, Grundgesetz, Art. 20 (VII. Art. 20 und die Frage der Rechtsstaatlichkeit) Rdn. 51 u. 71; Hassemer, Theorie, S. 34; ähnlich Hesse, Grundzüge, S. 127 (Rdn. 317).

173) Herzog, ebenda, Rdn. 51; Hassemer, Kostentragungspflicht, S. 669; Müller-Dietz, Strafzwecke, S. 11.

3.2.3 Legislatorische Zwecksetzungskompetenz des Gesetzgebers

3.2.3.1 Die Unbestimmtheit der Verfassungsnormen

Das Grundgesetz enthält aber keine konkreten Zielangaben für die staatliche Gesellschaftspolitik. Besser gesagt: Die Zielvorstellungen des Grundgesetzes sind zu vieldeutig und unbestimmt, als daß sie auf die Zielkontrolle gegenüber Gesetzgeber und Regierung hinreichenden Einfluß ausüben könnten. Als Beispiele sind die folgenden grundlegenden Bestimmungen des Grundgesetzes zu nennen: Die Bundesrepublik Deutschland ist ein demokratischer und sozialer Rechtsstaat (Art. 20 I, 28 I GG); dieser Staat ist verpflichtet, die Würde des Menschen zu wahren (Art. 1 I GG).
Hiermit wird zwar der staatlichen Politik eine gewisse Zielrichtung gegeben, aber die Frage nach dem Inhalt und der Bedeutung dieser grundsätzlichen Festlegungen hat eine sichere Antwort noch nicht gefunden[174]. Die Zerlegung dieser umfassenden Ziele in relativ konkrete Ziele, wie z.B. Wahrung der Grundrechte, Grundsatz der Gesetzmäßigkeit der Verwaltung und der Gewaltenteilung sowie Sozialpflichtigkeit der Glieder und des Gemeinwesens, wirft ähnliche Probleme auf. Denn auch hier ist eine divergierende Auslegung denkbar. Diese Ziele bedürfen wiederum der Konkretisierung und Realisierung durch die einfache Gesetzgebung, häufig auch durch administrative Tätigkeit[175].

Dasselbe gilt auch für die Menschenwürdeklausel: Ob sie bei der Vielzahl der Lebenssachverhalte hinreichend

---

174) Hesse, Grundzüge, S. 72 (Rdn. 183).

175) Hesse, ebenda, S. 82 (Rdn. 213).

konkrete und nachprüfbare Kriterien abgeben kann, ist sehr zweifelhaft. Der Konkretisierungsversuch, der an die Kantische Philosophie anknüpft[176] und erklärt, daß Art. 1 GG gebiete, den Menschen als Selbstzweck zu behandeln, und verbiete, ihn zum bloßen Mittel für fremde Zwecke herabzuwürdigen, läßt offen, was im Einzelfall zur menschlichen Würde zu zählen ist[177, 178].

Ein gutes Beispiel hierfür bietet die bekannte Entscheidung des Oberlandesgerichts Hamm[179], derzufolge die Unterbringung von vier Untersuchungshäftlingen in einer Zelle gegen die Menschenwürde verstößt. Gleichwohl stellt sich das weitere Bedenken ein, wieso dies bei drei Häftlingen nicht ebenso ist[180].

Die inhaltlichen Ausgestaltungen solcher verfassungsrechtlichen Zielbestimmungen sind also weitgehend offen[181]. Sie können nur "eine Tendenz zur Begrenzung, zur Zurücknahme und zur ständigen Überprüfung der staatlichen Maßnahmen rechtfertigen"[182] und daher lediglich die Richtung andeuten, in der Fälle der Verletzung solcher Prinzipien gefunden werden können[183]. Die unbestimmten Begriffe verlieren zwar nicht notwendig ihre Legitimationsfunktion; in keinem Fall jedoch geben sie dem einfachen Gesetzgeber die "Tendenz" bzw. die Rich-

176) Z.B. Radbruch, Menschlichkeit, Sp. 132.

177) Ingo Müller, Rechtsstaat, S. 37 f.

178) Vgl. ebenso BVerfGE 27, 1 (6); 45, 187 (228); 50, 205 (215); Maunz, in: Maunz/Dürig/Herzog/Scholz, Grundgesetz, Art. 1 Rdn. 28; Schmidt-Bleibtreu/Klein, Grundgesetz, Art. 1 Rdn. 2.

179) OLG Hamm Beschl. v. 23.6.1967, NJW 1967, 2024ff mit Anm. Eberhard Schmidt; vgl. auch Anm. von Thomas Würtenberger, JZ 1969, 239 ff.

180) Bender, Zielverwirklichungstechnik, S. 477.

181) Über die allgemeine Vieldeutigkeit und Unbestimmtheit der Verfassungsnormen s. Böckenförde, Verfassungsinterpretation, S. 2069 ff.

182) Naucke, Einführung, S. 99.

183) Vgl. BVerfGE 30, 25 ff.

tung vollständig an, vielmehr bleiben sie ausfüllungsbedürftig.
Diese Ausfüllung des Inhalts dieser unbestimmten verfassungsrechtlichen Tendenz durch den einfachen Gesetzgeber bezeichnet man als die "gesetzgeberische Gestaltungsfreiheit"[184].

In Anerkennung dieser gesetzgeberischen Gestaltungsfreiheit fühlt sich das Bundesverfassungsgericht verpflichtet, die Frage nach der Zwecktauglichkeit nur zurückhaltend zu prüfen:

"Für die verfassungsrechtliche Beurteilung der Tauglichkeit einer Maßnahme ist entscheidend, ob der Gesetzgeber aus seiner Sicht davon ausgehen durfte, daß mit der ergriffenen Maßnahme seine Vorstellungen verwirklicht werden könnten ... Deshalb wird ... die Verfassungswidrigkeit einer gesetzlichen Maßnahme aus dem Gesichtspunkt der objektiven Zweckuntauglichkeit nur sehr selten und in ganz besonders gelagerten Fällen festgestellt werden können" [185].

Wiederum:

"Bei dieser verfassungsrechtlichen Prüfung ... ist zu beachten, daß dem Gesetzgeber ... ein weiter Gestaltungsbereich zusteht. Nur wenn sich eindeutig feststellen läßt, daß andere weniger einschneidende Mittel zur Verfügung stehen, kann die gesetzliche Regelung ... verfassungswidrig sein" [186].

Demnach sind bei Erlaß eines Gesetzes die Zielsetzung und die Bestimmung des zur Erreichung geeigneten Mittels grundsätzlich Sache des Gesetzgebers[187].

---

184) Hans Schneider, Verhältnismäßigkeitskontrolle, S. 396; Grabitz, Grundsatz, S. 600 ff.

185) BVerfGE 39, 210 (230 f).

186) BVerfGE 37, 1 (21).

187) Hans Schneider, Verhältnismäßigkeitskontrolle, S. 397 ff; an ihn angelehnt Huber, Grundsatz, S. 26.

Die Abschwächung oder Umkehrung verfassungsrechtlicher Ziele wäre daher zwar sachlich falsch, aber nur in Extremfällen grundgesetzwidrig[188].

3.2.3.2 Die Anforderungen hinsichtlich der Allgemeinheit der Gesetze

Die gesetzgeberische Gestaltungsfreiheit ist nicht nur aus der Unbestimmtheit der Verfassungsnormen, sondern auch aus anderen Gründen zu erklären. Der Gesetzgeber muß bei Schaffung eines Gesetzes zwei gegensätzliche Anforderungen erfüllen: Die gesetzgeberische Absicht sollte einerseits möglichst genau zum Ausdruck gebracht werden, damit die Erreichung des rechtspolitischen Zwecks und die Bindung des Richters an das Gesetz garantiert werden[189].

Zum anderen sollte ein Gesetz als Rechtsnorm generell-abstrakt sein, weil es nicht nur für den Einzelfall gelten darf (Art. 19 I GG). Es muß vielmehr einer unbestimmten Zahl von Personen und Fällen, sozusagen den unübersehbar vielfältigen Lebensverhältnissen gerecht werden. Dies bedeutet, daß "im Tatbestand der Rechtsnorm von der konkreten Merkmalsfülle der Einzelfälle abstrahiert und die gruppenmäßig übereinstimmenden Merkmale in die Form abstrakter Begriffe gebracht werden" müssen[190].

Die generell-abstrakten Normen sollen also eine Offenheit und Elastizität der Rechtsordnung bewirken, die ihrer Entwicklungsfähigkeit zugute kommt; sie machen die Rechtsordnung für neue Inhalte zugänglich und steigern damit die Reaktionsfähigkeit auf sich verändernde Bedingungen[191].

---

188) S. Naucke, Einführung, S. 99.

189) Noll, Gesetzgebungslehre, S. 245 ff; Hassemer, Einführung, S. 161.

190) Henkel, Rechtsphilosophie, S. 432; vgl. auch v. Münch, Grundgesetz, Kommentar, Art. 3 Rdn. 21.

191) Robbers, Gerechtigkeit, S. 164.

Daraus erhellt, daß die Wertungen des Gesetzgebers nur generell und abstrakt sein können. Die Forderung an den Gesetzgeber, den Grundsatz der Verhältnismäßigkeit jedesmal bereits individuell-konkret zu gewährleisten, würde zu weit gehen. Der Grundsatz der Verhältnismäßigkeit büßt somit in der Gesetzgebung naturgemäß entscheidend an bindender Kraft ein[192].

Als Fazit dieser Analyse läßt sich folgendes feststellen: Der Grundsatz der Verhältnismäßigkeit hat im Rahmen des Verfassungsrechts eine andere Qualität als im einfachen Recht, auch wenn er denselben Namen trägt[193], weil die Verfassungswirklichkeit, auf die der Verhältnismäßigkeitsgrundsatz Rücksicht nehmen muß, wesentlich komplexer ist (z.B. die Gesetzgebung und die umfassende Normenkontrolle der Gesetze). Um den Grundsatz der Verhältnismäßigkeit im Maßregelrecht des StGB als Normprogramm[194] zu praktizieren, müßte man den Norminhalt des Grundsatzes sowie dessen Wirklichkeit gerade im Bereich des Maßregelrechts konstruieren.

---

192) Herzog, in: Maunz/Dürig/Herzog/Scholz, Grundgesetz, Art. 20 (VII. Art. 20 und die Frage der Rechtsstaatlichkeit) Rdn. 51.

193) Diese Feststellung ist insofern hilfreich, als die Kritik gegen den Grundsatz der Verhältnismäßigkeit bisher unterschiedslos, manchmal nur den verfassungsrechtlich unbestimmten Funktionsumfang der Verhältnismäßigkeit aufnehmend, nämlich ohne besondere Bemühungen um dessen Konkretisierung auf einfachrechtlicher Ebene, geübt wurde. Dazu s. Hirschberg, Grundsatz, S. 211 f.

194) Zu dieser Terminologie s. Friedrich Müller, Methodik, S. 117-119.

4. Abgrenzung von verwandten Rechtsprinzipien

Neben dem Grundsatz der Verhältnismäßigkeit werden eine Reihe von anderen Rechtsprinzipien als Begrenzungsmaßstäbe für staatliche Eingriffe verwendet, ohne daß ihr Verhältnis untereinander klar wäre. Als solche Prinzipien gelten z.B. der Gedanke des Übermaßverbots, das Subsidiaritätsprinzip, die Zumutbarkeit und die Zweckmäßigkeit. Inwiefern diese sich von dem Grundsatz der Verhältnismäßigkeit unterscheiden oder sich mit ihm überschneiden, soll im folgenden untersucht werden.

4.1 Übermaßverbot

Der Begriff "Übermaß" oder "Übermaßverbot" hat seine wissenschaftliche Prägung durch Lerches Habilitationsschrift "Übermaß und Verfassungsrecht" erhalten[195]. Lerche benutzt den Ausdruck Übermaßverbot als Oberbezeichnung für die Grundsätze der Notwendigkeit (Erforderlichkeit) und der Verhältnismäßigkeit i.e.S.[196].

Die Frage ist nun, worin der Unterschied zwischen Übermaßverbot und Grundsatz der Verhältnismäßigkeit liegt. Übermaßverbot ist nichts anderes als "Verbot des Übermaßes" bzw. "Verbot der Unverhältnismäßigkeit"[197], d.h. die negative Fassung des Verhältnismäßigkeitsgrundsatzes in unserem Sinne. Wenn der Grundsatz der Verhältnismäßigkeit eine negative Fassung erhält, derzufolge eine Maßnahme nicht außer Verhältnis zu dem Zweck stehen dürfe, so zielt die Abwägung offensichtlich

---

195) Den Begriff "Übermaß" hat aber Jellinek eingeführt. Jellinek, Gesetzesanwendung, S. 289; ders., Verwaltungsrecht, S. 439.

196) Lerche, Übermaß, S. 21; ebenso Wittig, Standort, S. 817.

197) Diese Terminologie benutzt Metzner, Verbot, S. 18 ff.

nicht auf die positive Feststellung ab, daß ein "vernünftiges Verhältnis" zwischen Anlaß und Zweck bestehen müsse[198].

Die positive Fassung des Grundsatzes der Verhältnismäßigkeit konstituiert das Gebot, staatlichen Eingriffen ein subtiles Abwägen von allem Für und Wider, eine bis in die letzten Einzelheiten gehende Abwägung zwischen Mittel und Erfolg, vorangehen zu lassen. Die negative Fassung gibt sich dagegen mit einer Feststellung der krassen, offenbaren Mißverhältnisse zufrieden[199]; in ihr liegt also eine erhebliche Restriktion der materiellen Auswirkungen des Grundsatzes der Verhältnismäßigkeit. Mit anderen Worten, bei einer negativen Fassung sind "die Grenzen zwischen der Unzulässigkeit der Mittel und deren Zulässigkeit bei Anwendung des Grundsatzes der Verhältnismäßigkeit viel weiter als bei einer Positivfassung"[200].

Das läßt sich auch durch einen Vergleich mit dem Prinzip "praktischer Konkordanz"[201] verdeutlichen. Dieses zielt auf ein Herstellen einer ausgleichenden Optimierung verfassungsrechtlicher Kollisionsgüter ab[202]. Praktische Konkordanz begnügt sich also nicht mit der Negativprüfung einer Geeignetheit, Erforderlichkeit und Verhältnismäßigkeit i.e.S., sondern verlangt positive optimale Verhältnismäßigkeit. Denn die Feststellung, daß Zweck und Mittel nicht außer Verhältnis zueinander stehen, enthält noch kein Urteil darüber, ob dieses Verhältnis auch optimal ist.

---

198) BVerfGE 10, 98 (109); 15, 234.

199) BVerwG Beschl. v. 30.3.1966 DVBl. 1966, 694-697 (696 f); auch Witt, Verhältnismäßigkeitsgrundsatz, S. 34.

200) Prot. IV, S. 816.

201) S. dazu Hesse, Grundzüge, S. 27 (Rdn. 72).

202) Ebenda.

Hier stellt sich noch ein weiteres Bedenken ein: Warum ist der Grundsatz der Verhältnismäßigkeit im Bereich der einfachen Gesetze meistens in der Negativfassung verankert[203]?
Bei dem Grundsatz der Verhältnismäßigkeit kommt es auf einen Vergleich zwischen dem Zweck, dem Mittel und der Opfergrenze an, die in ihrer Bedeutung gegeneinander abzuwägen sind. Im Maßregelrecht sind beispielsweise der Zweck der Maßregel (i.e.S.) und die zu seiner Erreichung in Aussicht genommene Maßregel (deren Art und Weise: Eingriffsintensität und Dauer) einerseits und der Eingriff in die grundrechtlich geschützte Freiheitssphäre des Täters, nämlich die Opfergrenze andererseits gegeneinander abzuwägen.
Bei dieser Abwägung handelt es sich um Faktoren, die zur Zeit der Abwägung häufig erst in ganz groben Umrissen erkennbar sind und sich nur schwer konkret feststellen lassen, z.B. die für die Prognose zu ermittelnden Merkmale "schwere Persönlichkeitsstörung" (§ 65 StGB) und "Hang zu erheblichen rechtswidrigen Taten" (§ 66 I 3 StGB). Im Hinblick auf diese erhebliche Unbestimmtheit der Tatbestandsmerkmale und die Unsicherheit der künftigen Entwicklung der kriminellen Persönlichkeit des Täters wäre eine positive Gestaltung der Verhältnismäßigkeit bei § 62 StGB nicht justiziabel[204] (Gewißheitsforderung der Strafjustiz). Aber was unverhältnismäßig (übermäßig), ungeeignet und nicht erforderlich im Einzelfall ist, könnte aufgrund einer Güterabwägung und eines Vergleichs mit anderen Typen einigermaßen sicher beurteilt werden[205]. Die Konsequenz daraus ist, daß der Grundsatz der Verhältnismäßigkeit sich vom Übermaßverbot unterscheidet[206].

---

203) Vor allem im StGB §§ 62, 74b I; in der StPO §§ 112 I, 120, 127, 81 II.

204) So treffend Larenz, Richtiges Recht, S. 129 f.

205) Ebenda.

206) So auch Oberle, Grundsatz, S. 14-20; Witt, Verhältnismäßigkeitsgrundsatz, S. 34 f.

Dieses betrifft nur die justiziable Form des Grundsatzes der Verhältnismäßigkeit, aber nicht den Grundsatz selbst; das Übermaßverbot stellt die Falsifikation als Überprüfungsprinzip[207] des Grundsatzes der Verhältnismäßigkeit dar[208].
Er enthält jedoch als verfassungsrechtlicher Grundsatz eine Doppelfunktion, und zwar nicht nur die Pflicht, Maß zu halten, nicht nur Übermaßverbot (Schranke, Begrenzung staatlichen Handelns), sondern auch eine (positive) Verpflichtung, das Angemessene zu tun (z.B. gegenüber der Exekutive, Legislative), vor allem dann, wenn es um den Schutz der schwächeren Partei und um den Ausgleich bestehender Ungleichheit geht. Daß die positive Verpflichtung der Verhältnismäßigkeit gelegentlich schwieriger als die negative Schranke (Übermaßverbot) zu erfüllen ist, dürfte gleichwohl kein zwingender Grund dafür sein, die Geltung des Verhältnismäßigkeitsprinzips von vornherein zu reduzieren.

Ferner ist der Hinweis Hirschbergs darauf, daß die unterschiedlichen Formulierungen als Beweislastregeln aufzufassen seien, nämlich so, daß die positive Fassung dem Handelnden die materielle Beweislast auferlegen würde, und die negative dem Betroffenen[209], auch nicht überzeugend. Eine formelle Beweislastverteilung

---

207) Dazu Prim/Tilmann, Wissenschaftstheorie, S. 85 ff.

208) Ähnlich Hirschberg, Grundsatz, S. 96: Der Unterschied zwischen den beiden Ausdrucksweisen würde nicht in einem unterschiedlichen Wertverhältnis liege, sondern in dem Umfang der Nachprüfungskompetenz des Gerichts. Nach der Ansicht Hirschbergs ist aber die Unterschiedlichkeit der Formulierungen eher unerheblich, weil die gegenteilige Annahme auf einer Überschätzung der Leistungsfähigkeit unserer Sprache beruht (S. 97).

209) Hirschberg, Grundsatz, S. 96, unter Verweis auf Gentz, Verhältnismäßigkeit, S. 1606 und Kleinknecht/Meyer, StPO, § 112 Rdn. 9/10.

im Sinne des Zivilprozesses gibt es im Strafprozeßrecht nicht, weil der Ausgangspunkt, das Vorhandensein von Parteien, nicht gegeben ist.
Das Gericht hat nur zu prüfen, ob die von Amts wegen erfolgte Aufklärung des Sachverhalts (§§ 160, 163, 244 II StPO) zur Feststellung oder zur Nichtfeststellung der Schuld führt. Weder die Staatsanwaltschaft hat die Schuld des Angeklagten, noch der Angeklagte seine Unschuld zu beweisen[210].

4.2 Zumutbarkeit

Häufig wird der Grundsatz der Verhältnismäßigkeit mit dem Grundsatz der Zumutbarkeit verwechselt. So sieht man etwa den Grundsatz der Verhältnismäßigkeit nur dann als gewahrt an, wenn eine Maßnahme den Betroffenen "nicht übermäßig belastet *und* für ihn nicht unzumutbar" ist[211].
Nach Erichsen[212] ist "ein vernünftiges Verhältnis nur dann gegeben, wenn sich die mit dem Eingriff dem Bürger auferlegte Belastung in zumutbaren Grenzen hält".

In den Entscheidungen des Bundesverfassungsgerichts werden demgegenüber die Grundsätze der Zumutbarkeit und der Verhältnismäßigkeit (i.e.S.) nebeneinander stehend aufgeführt[213], so daß der Schluß naheliegt, daß hier eine Unterscheidung vorgenommen wird. So heißt es im

---

210) Karl Peters, Strafprozeß, S. 285 f.

211) Grabitz, Vertrauensschutz, S. 683 (Hervorhebung von mir); vgl. auch v. Münch, Grundgesetz, Kommentar, Art. vor 1-19 Rdn. 55: Er verwendet die Grundsätze der Zumutbarkeit und der Verhältnismäßigkeit i.e.S. synonym.

212) Erichsen, Baudispens, S. 270.

213) BVerfGE 7, 377 (406); 13, 97 (113); 33, 171 (187 f); 36, 47 (59); BVerwG JZ 1974, S. 675.

Beschluß vom 16.3.1971 über das Gesetz über Mindestvorräte an Erdölerzeugnissen vom 9. September 1965[214], der Grundsatz der Verhältnismäßigkeit verlange, daß "das vom Gesetzgeber eingesetzte Mittel geeignet und erforderlich sein muß, um den angestrebten Zweck zu erreichen" und daß "die Grenze der Zumutbarkeit bei einer Güterabwägung zwischen der Schwere des Eingriffs und dem Gewicht und der Dringlichkeit der ihn rechtfertigenden Gründe noch gewahrt sein muß"[215].

Die Entscheidungen und die oben zitierte Literatur scheinen darauf hinzudeuten, daß der Grundsatz der Zumutbarkeit entweder mit dem Grundsatz der Verhältnismäßigkeit i.e.S. gleichgesetzt oder doch zumindest mit ihm vermengt wird; das nimmt nicht wunder, denn sowohl der Grundsatz der Verhältnismäßigkeit i.e.S. als auch der der Zumutbarkeit ist im Sinne der individuellen Gerechtigkeit zu verstehen, die ihrerseits Element des Rechtsstaatsprinzips ist[216].
Beide Grundsätze verlangen eine Berücksichtigung von Umständen des Einzelfalles, die Gegenüberstellung beteiligter Interessen und schließlich eine Folgenabwägung.

Dennoch unterscheiden sich der Grundsatz der Verhältnismäßigkeit i.e.S. und der der Zumutbarkeit voneinander.

Der Grundsatz der Verhältnismäßigkeit i.e.S. besteht aus drei Komponenten (Zweck, Mittel und Opfergrenze). Anders verhält es sich bei der Zumutbarkeit. Sie bringt nicht drei Größen in eine Relation; insbesondere stellt

---

214) BGBl. I, S. 1217.

215) BVerfGE 30, 292 (316 f); vgl. auch BVerfGE 36, 47 (59).

216) Lücke, (Un-)Zumutbarkeit, S. 87 ff.

sie nicht ein Verhältnis von Zweck und Mittel her. Vielmehr setzt sie - ohne selbst zu einer verhältnismäßigen Größe zu werden - als Wertungsmaßstab eine Beziehung bereits voraus, die sich zudem noch von der zwischen Mittel und Zweck unterscheidet[217]; die Zumutbarkeit erfordert nämlich, eine Beziehung herzustellen zwischen einem Verlangen und einer Person, von der etwas verlangt wird. Es kommt also auf die Tragbarkeit dieses Verlangens für den Pflichtigen an[218]; die Tragbarkeit bestimmt sich naturgemäß subjektiv, wenn auch unter Heranziehung objektiver Merkmale[219]. So können die subjektiven Merkmale, z.B. Ehrvorstellungen, Scham- oder Angstgefühle usw. allenfalls im Rahmen der Zumutbarkeit berücksichtigt werden, nicht aber im Rahmen der Verhältnismäßigkeit i.e.S. Denn der Grundsatz der Verhältnismäßigkeit i.e.S. zielt auf rein objektive Maßstäbe ab.

4.3 Subsidiaritätsprinzip

Das Subsidiaritätsprinzip gilt in erster Linie als eine Zuständigkeitsregel der gesellschaftlichen Ordnung[220]. Für die Zuständigkeit des Staates bestimmt es, daß das Eingreifen einer größeren oder höheren organisatorischen Einheit nur dann zulässig ist, wenn die untergeordnete Einheit eine bestimmte Aufgabe nicht mehr zu leisten vermag[221]. Es zeigt sich demnach eine gewisse Verwandtschaft des Subsidiaritätsprinzips mit dem Grund-

---

217) Lücke, (Un-)Zumutbarkeit, S. 56.

218) Ebenda, S. 40 f.

219) So sagt Tipke, Betriebsprüfung, S. 100, die Unzumutbarkeit sei "eine Überforderung, eine Überanstrengung, die allein aus der Sphäre des Betroffenen kommt".

220) Arthur Kaufmann, Subsidiaritätsprinzip, S. 89.

221) Maunz/Zippelius, Staatsrecht, S. 65.

satz der Verhältnismäßigkeit, und zwar in dem Sinne, daß beide als Regulativ der staatlichen Maßnahme Grenzen stecken und daher ein Maß-nehmen bzw. Maß-halten verlangen[222]. Es bestehen dennoch zwischen den beiden Grundsätzen wesentliche Unterschiede.

Der formelle Unterschied: Die verfassungsrechtliche Geltung des Subsidiaritätsprinzips ist umstritten. Die Meinungen reichen von der Anerkennung des Prinzips als eines unmittelbar anwendbaren Verfassungsgrundsatzes[223] bis zur Ablehnung jeder verfassungsrechtlichen Bedeutung[224]. Die umfassende Untersuchung von Isensee kommt zu dem Ergebnis, daß die Verfassung zwar das Subsidiaritätsprinzip als ungeschriebenen Rechtsgrundsatz anerkannt habe, es aber der rechtssatzmäßigen Konkretisierung im Bereich konkreter grundrechtlicher Verbürgungen bedürfe[225]. Das Bundesverfassungsgericht hat in einer Entscheidung dieses Prinzip einmal erwähnt, dort aber seine Geltung offengelassen[226]; in anderen Entscheidungen hat das Gericht eine allgemeine Geltung des Subsidiaritätsprinzips entschieden abgelehnt[227].

Im Gegensatz zur - in Schrifttum wie in Rechtsprechung - unbestrittenen verfassungsrechtlichen Anerkennung des Grundsatzes der Verhältnismäßigkeit kann jedenfalls

---

222) Dürig, Wohlfahrtsstaat, S. 199; Isensee, Subsidiaritätsprinzip, S. 88.

223) Dürig, Wohlfahrtsstaat, S. 198; ders., Entscheidungssystem, S. 525 Fn. 16; Hoffmann, Verstaatlichung, S. 459; v. Münch, Subsidiaritätsprinzip, S. 305; Arthur Kaufmann, Subsidiaritätsprinzip, S. 100.

224) Herzog, Subsidiaritätsprinzip, S. 411 ff; Lerche, Wirtschaftliche Agenda, S. 842 f.

225) Isensee, Subsidiaritätsprinzip, S. 270 ff, 313 f.

226) BVerfGE 10, 59 (83 f).

227) BVerfGE 23, 304 (306); 39, 329 (338).

von einer gesicherten Geltung des Subsidiaritätsprinzips keine Rede sein.

Der inhaltliche Unterschied: Nach Dürig handelt es sich bei dem Grundsatz der Verhältnismäßigkeit um die Frage des "Wie" staatlichen Handelns und bei dem Subsidiaritätsprinzip um die Frage des "Ob"[228]; beide Grundsätze entsprängen demselben Prinzip einer Gemeinwohlverwirklichung unter Schonung vorhandener außerstaatlicher Substanz. Es kann aber nicht geleugnet werden, daß sich jedenfalls das Subsidiaritätsprinzip auf beide Fragestellungen bezieht[229]. Dies gilt, wie wir wissen, auch für den Grundsatz der Verhältnismäßigkeit. Deshalb vertritt Isensee die Auffassung, daß das Subsidiaritätsprinzip primär auf der Ebene der Zwecke wirkt, während der Grundsatz der Verhältnismäßigkeit die Mittel staatlichen Handelns an einem vorgegebenen Zweck mißt und die Legitimität dieses Zwecks selbst dahingestellt sein läßt[230]. Dieses Unterscheidungskriterium kann aber höchstens für den Grundsatz der Geeignetheit und den Grundsatz der Erforderlichkeit Geltung haben, nicht jedoch für den Grundsatz der Verhältnismäßigkeit i.e.S., weil die Verhältnismäßigkeitsprüfung mit verfassungsrechtlich unlegitimierbaren Zwecken letzten Endes ad absurdum geführt würde.

Denn der Staat ist keinswegs zu jeder Tätigkeit berechtigt; er muß innerhalb der Grenze der Grundrechte

---

228) Dürig, Wohlfahrtsstaat, S. 199.

229) "Es darf nicht so geschehen" könne auch ein "Es darf überhaupt nicht geschehen" werden, falls ein anderes "so geschehen" nicht zur Verfügung stehe. Lerche, Übermaß, S. 201 Fn. 157.

230) Isensee, Subsidiaritätsprinzip, S. 91 und S. 314.

(Art. 1 III GG) die Ziele seines Handelns aufstellen und zugleich die Mittel für ihre Ausübung an den Grundrechten messen. Außerdem ist es keine zwingende Beschränkung der rechtlichen Reflexion, wenn man sie ausschließlich auf das im Einzelfall tatsächlich angewandte Mittel ausrichtet, das dahinterstehende Ziel aber aus der Betrachtung ausschließt.
Plausibler erscheint Lerches Unterscheidungskriterium: Der Grundsatz der Verhältnismäßigkeit äußert sich "in punktuellem Widerstand gegen pauschalisierenden Vorstoß", hat deshalb "isolierend-individualisierenden Charakter". Das Subsidiaritätsprinzip blickt dagegen auf "gewachsene oder wachsensollende Lebenskreise"[231]. Im ersteren Fall geht es also um die Absicherung individueller Stützpunkte, im letzteren um Gemeinschaft und Gemeinschaften. Das Subsidiaritätsprinzip schützt demnach vor allem untergeordnete soziale Einheiten vor dem Übergriff von höheren sozialen Einheiten (Dualismus von Staat und sozialer Einheit) und nur mittelbar die einzelnen Glieder der Einheit[232]. Der Grundsatz der Verhältnismäßigkeit will dagegen mehr aus der Sicht des einzelnen die staatlichen Eingriffe auf das verhältnismäßige Maß begrenzen[233] (Dualismus von Staat und Individuum). Ein Gebot zu normativer Individualisierung ist dem Subsidiaritätsprinzip jedenfalls nicht zu entnehmen[234].
Der mangelnde individual-normative Charakter des Subsidiaritätsprinzips kann auch dadurch erklärt werden:

231) Lerche, Übermaß, S. 201 f.

232) Isensee, Subsidiaritätsprinzip, S. 91; vgl. Maunz/Zippelius, Staatsrecht, S. 65.

233) Vgl. Schüler-Springorum, Sachverständiger, S. 308.

234) Isensee, Subsidiaritätsprinzip, S. 91.

Selbst wenn man dem Subsidiaritätsprinzip eine verfassungsrechtliche Bedeutung zuerkennt, ist es zumeist zu unbestimmt formuliert, als daß es Gegenstand einer positiven Verfassungsentscheidung sein könnte.

Eine direkte Verbindung mit einem bestimmten "Menschenbild"[235] oder die Aussage, es sei die höchste Verantwortung des Staates, unter der "größtmöglichen Schonung gesellschaftlicher Substanz" das Gemeinwohl zu fördern[236], ist schwer materiell zu erfassen. Daraus ergibt sich die Forderung nach einer Konkretisierung des Subsidiaritätsprinzips durch eine Norm, die eine Brücke zur Lösung von Einzelfällen schafft; erst wenn dieses Prinzip in solcher Form konkretisiert worden ist, wäre es rechtstechnisch vollziehbar[237]. Durch diese Konkretisierungsversuche übernimmt es dann aber eine dem Grundsatz der Verhältnismäßigkeit ähnliche Funktion. Als ein Beispiel dafür ist die Entscheidung des Bundesverfassungsgerichts zum Bundessozialhilfegesetz[238] zu nennen, in der die Antragsteller die Anwendung des Subsidiaritätsprinzips ausdrücklich gefordert hatten; das Bundesverfassungsgericht hat jedoch nicht das Subsidiaritätsprinzip, sondern den Grundsatz der Verhältnismäßigkeit angeführt[239].

---

235) v. Münch, Subsidiaritätsprinzip, S. 305.

236) Isensee, Subsidiaritätsprinzip, S. 72; vgl. auch Arthur Kaufmann, Subsidiaritätsprinzip, S. 93; bei dem Subsidiaritätsprinzip gehe es um "die rechte Ausgewogenheit von Freiheit des Menschen zu seiner Entfaltung einerseits und von staatlicher Sicherung und Unterstützung dieser Freiheit andererseits".

237) Isensee, Subsidiaritätsprinzip, S. 313.

238) BVerfGE 22, 180 (190 f, 200-202).

239) Ein anderes Beispiel bietet die Entscheidung über die sog. "Fristenlösung" des Fünften Strafrechtsreformgesetzes (BVerfGE 39, 1 ff); das Bundesverfassungsgericht hat zwar die Subsidiarität des strafrechtlichen Eingriffs inhaltlich angedeutet,

Dies ist darauf zurückzuführen, daß das Gebot subsidiärer Zweckverwirklichung in der Wirklichkeit (z.B. Fallentscheidung) nur durch den Grundsatz der Verhältnismäßigkeit - der Grundsatz der Erforderlichkeit würde genügen, da er auch unter einem vorgegebenen Zweck auf die geringstmöglichen Eingriffe in die Freiheit des einzelnen (also konkreter als etwa die größtmögliche Schonung einer sozialen Einheit) abzielt - normativ effizient werden kann. Das Subsidiaritätsprinzip ermöglicht nämlich der Abstraktheit seiner Merkmale wegen nicht den unmittelbaren Subsumtionsschluß[240].

---

aber kein einziges Wort zum Subsidiaritätsprinzip gesagt, sondern vielmehr zum Grundsatz der Verhältnismäßigkeit ausgeführt: "Im äußersten Falle, wenn nämlich der von der Verfassung gebotene Schutz auf keine andere Weise zu erreichen ist, kann der Gesetzgeber verpflichtet sein, zum Schutze des sich entwickelnden Lebens das Mittel des Strafrechts einzusetzen. Die Strafnorm stellt gewissermaßen die 'ultima ratio' im Instrumentarium des Gesetzgebers dar. Nach dem ... Prinzip der Verhältnismäßigkeit darf er von diesem Mittel nur behutsam und zurückhaltend Gebrauch machen" (ebenda, S. 46 f).

240) Es ist durchaus richtig, daß die "Entstehung des Strafrechts schon eine Bestätigung des Subsidiaritätsprinzips" ist (Arthur Kaufmann, Subsidiaritätsprinzip, S. 100). Diese Erkenntnis trägt jedoch zur Fallentscheidung - sei es ein Gesetzgebungsakt oder sei es ein Richterspruch - nicht viel bei, weil es "als Leitprinzip nur eine Orientierungshilfe" ist (Arthur Kaufmann, ebenda). Mit anderen Worten, es kann keinen gerichtlich erzwingbaren Rechtsschutz gegen "Hypertrophie" der staatlichen Gewalt gewähren. Trotzdem handele es sich dabei auf keinen Fall - so sagt Kaufmann - um eine bloße "Leerformel", "wie ja auch ein Wegweiser nicht deshalb nutzlos ist, weil er niemand nötigt, den angezeigten Weg zu gehen" (ebenda).

4.4 Zweckmäßigkeit

Der Begriff "Zweckmäßigkeit" wird ebenfalls in Verbindung mit dem Grundsatz der Verhältnismäßigkeit gebracht. Von W. Jellinek werden Zweckmäßigkeit und Erforderlichkeit (Notwendigkeit) synonym verwendet[241].
Pohl faßt Zweckmäßigkeit als Zweckgemäßheit, nämlich Zwecktauglichkeit bzw. Zweckgeeignetheit auf[242].
Nach Ansicht Henkels[243] wird der Zusammenhang zwischen den beiden noch komplizierter: Zweckmäßig sei das Recht, wenn es den ihm vorgegebenen und ihm aufgegebenen Zwecken mit angemessenen Mitteln gerecht werde. Zweckmäßigkeit des Rechts erfordere deshalb, ein angemessenes Zweck-Mittel-Verhältnis durch das Recht und im Recht herzustellen. Insoweit liegt bei Henkel die Vermutung nahe, daß die Zweckmäßigkeit den Grundsatz der Verhältnismäßigkeit i.e.S. einschließt. Er nimmt dann aber der Zweckmäßigkeit ihren materiellen Charakter und schreibt die normative Aufgabe der Zweckmäßigkeit dem "Prinzip der Verhältnismäßigkeit" zu:

"Es mag in einem gegebenen Fall faktisch zweckmäßig sein, zur Erfüllung eines gesetztes Zweckes auch unverhältnismäßige Mittel einzusetzen und damit den erstrebten Erfolg zu erzielen. Beispielsweise den Zweck, sich vor dem gefährlichen Rechtsbrecher zu schützen, könnte die Gesellschaft am sichersten dadurch erreichen, daß sie ihn total vernichtet.
Der Gedanke der Rechts-Zweckmäßigkeit tritt dem jedoch entgegen, indem er zwar auch faktische Wirksamkeit erstrebt, die einzusetzenden Mittel aber dem Erfordernis der rechtlichen Angemessenheit unterwirft, demgemäß nur verhältnismäßige Mittel zuläßt und deren Übermaß verbietet. - Das Prinzip der Verhältnismäßigkeit beherrscht das gesamte Recht" [244].

241) Jellinek, Gesetzesanwendung, S. 8 ff, 76 ff, 289 ff.
242) Pohl, Gesetzgeber, S. 18 und dort Fn. 1.
243) Rechtsphilosophie, S. 427.
244) Henkel, Rechtsphilosophie, S. 430.

Henkel unterscheidet also zwischen Zweckmäßigkeit und Rechts-Zweckmäßigkeit oder zwischen Angemessenheit und rechtlicher Angemessenheit. Rechts-Zweckmäßigkeit ist eben mit dem Grundsatz der Verhältnismäßigkeit i.e.S. gleichbedeutend und Zweckmäßigkeit mit der Zwecktauglichkeit bzw. Zweckgeeignetheit.
Für v. Liszt ist der Grundsatz der Erforderlichkeit seinem "Zweckgedanken" immanent: "*Die richtige, d.h. die gerechte Strafe ist die notwendige Strafe.* Gerechtigkeit im Strafrecht ist die Einhaltung des durch den Zweckgedanken erforderten Strafmaßes"[245].
Noch deutlicher: "Die Strafe ist uns Mittel zum Zweck. Der Zweckgedanke aber verlangt Anpassung des Mittels an den Zweck und möglichste Sparsamkeit in seiner Verwendung"[246]. Die Zwecksetzung führt hier sowohl zur Begründung als auch zur Begrenzung von Strafe.

Das Bundesverfassungsgericht versteht unter dem Begriff der Zweckmäßigkeit sozusagen einen objektiven Zweckbegriff im Kelsen'schen Sinne, der "verwirklicht werden *soll*, das heißt: durch eine als objektiv gültig angesehene Norm statuiert ist"[247]:

"Es ist nicht Sache eines Gerichts, auch nicht des Bundesverfassungsgerichts, die vom Gesetzgeber gewählte Lösung auf ihre Zweckmäßigkeit zu prüfen oder

---

245) v. Liszt, Zweckgedanke, S. 31. Hervorhebung im Original.

246) Ebenda.

247) Kelsen, Reine Rechtslehre, S. 23. Hervorhebung im Original. Nach Kelsen ist ein subjektiver Zweck der, den sich ein Mensch selbst setzt und den er zu verwirklichen wünscht , ebenda.

zu untersuchen, ob sie vom Standpunkt einer beteiligten Interessengruppe aus die 'gerechteste' denkbare Lösung darstelle"[248].

Zweckmäßig ist ein Mittel, mit dem sich ein bestimmter Zweck verfolgen läßt. Mittel unterschiedlicher Eignungsgrade sind aus dieser Sicht gleichzeitig unterschiedlich zweckmäßige Mittel, weil der Grundsatz der Erforderlichkeit nur bei der Auswahl unter gleich geeigneten, funktional äquivalenten Mitteln zum Zuge kommt. Bei der Prüfung der Erforderlichkeit muß demnach der Richter stets kontrollieren, ob das Austauschmittel tatsächlich (mindestens) gleich geeignet ist.
Diese Prüfung führt ihn unausweichlich in eigentliche "Zweckmäßigkeitserwägungen"[249].
Eine so verstandene Zweckmäßigkeit ist nur mittelbar relevant für die Erforderlichkeitsprüfung und nichts anderes als der Grundsatz der Geeignetheit in unserem Sinne. Zweckmäßigkeit als Kriterium des "objektiven Werturteils" im Zweck-Mittel-Verhältnis[250] dürfte daher von vornherein zum Grundsatz der Verhältnismäßigkeit i.e.S. zu rechnen sein[251].

---

248) BVerfGE 3, 58 (135 f); vgl. auch BVerfGE 14, 221 (238); 48, 281 (288); 50, 57 (77); 52, 277 (280 f); ebenso vgl. Maunz, Staatsrecht, S. 306.

249) Vgl. Pohl, Gesetzgeber, S. 104 ff.

250) Kelsen, Reine Rechtslehre, S. 24.

251) Ähnlich Koch/Rüßmann, Begründungslehre, S. 243.

II. Der Grundsatz der Verhältnismäßigkeit und das Maßregelrecht - Die Tragweite des Grundsatzes der Verhältnismäßigkeit in § 62 StGB

1. Die Aufgabe des Strafrechts

1.1 Strafrechtstheorie, Straftheorie und Maßregeltheorie

Wie wir oben festgestellt haben[1], hängt die Konkretisierung des Grundsatzes der Verhältnismäßigkeit davon ab, wie die Elemente des Grundsatzes, d.h. Zweck, Mittel und Opfergrenze möglichst präzise zu beschreiben und abzugrenzen sind.
Der Dreh- und Angelpunkt liegt in der Zweckbestimmung, weil Grad und Umfang dieser Zweckbestimmung über den Grad und Umfang der Anwendbarkeit des Grundsatzes der Verhältnismäßigkeit entscheiden[2].

Nun ist allerdings sehr umstritten, welchen Zweck das Strafrecht haben soll und welche Aufgabe es sich stellen darf oder muß. Denn das Grundgesetz und das Strafrecht enthalten im allgemeinen gar keine, in Ausnahmefällen vage formulierte Zweck- oder Aufgabenbestimmungen[3]. Bei der Aufgabendiskussion des Strafrechts gerät man zusätzlich noch dadurch in Schwierigkeiten, daß zwischen "Strafrechtstheorie", "Straftheorie" und "Maßregeltheorie" nicht genau unterschieden wird. Manche Autoren gebrauchen gar die Begriffe Strafrechtstheorie

---

1) Oben S. 50 f.

2) Grabitz, Freiheit, S. 96; ebenso ausdrücklich Walter Schmidt, Abschied vom "unbestimmten Rechtsbegriff", S. 1756, ders., Einführung, S. 55; Frisch, Prognoseentscheidungen, S. 94 f; vgl. Schüler-Springorum, Sachverständiger, S. 308.

3) Vgl. oben, S.52-55 ; Bull, Staatsaufgaben, S. 3; Noll, Gesetzgebungslehre, S. 11o; E 1962, S. 96.

und Straftheorie synonym[4]. Ferner wird regelmäßig die Maßregeltheorie als sekundär behandelt, obwohl die Maßregeln der Besserung und Sicherung im Sanktionssystem die zweite Spur von Reaktionen neben der Strafe darstellen und häufig nicht weniger einschneidend wirken als Strafen[5].

Es ist zwar einzuräumen, daß Straf- und Maßregeltheorie zentrale Bestandteile einer Grundlegung des Strafrechts sind. Strafrechtstheorie muß jedoch hiervon getrennt werden. Denn Straf- und Maßregeltheorie bewegen sich in der Regel "auf der Grundlage des positiven Rechts, nicht aber im Rahmen einer allgemeinen Theorie des positiven Rechts"[6]. Diese zu leisten gehört zu den Aufgaben strafrechtstheoretischer Reflexion. Eine Strafrechtstheorie muß also, als allgemeine Wissenschaftslehre des Strafrechts, Theorie strafrechtlicher Dogmatik sein, während Straf- und Maßregeltheorie Zweck und Rechtfertigung der Sanktionspolitik zum Gegenstand haben. Sie bilden nicht das Ganze des Strafrechts, sondern nur einen Ausschnitt des Gegenstandes der Betrachtung[7], und münden letztlich in eine Strafrechts-

---

4) Baumann, AT, S. 10 ff; Jescheck, AT, S. 54 ff; Maurach/Zipf, AT I, S. 65 ff; Roxin, Sinn und Grenzen, S. 377; a.A. Schmidhäuser, AT 1982, S. 14 f; vgl. auch ders., AT 1975, S. 46 f; weiterer Nachweis sei Calliess, Theorie der Strafe, S. 27 Fn. 13.

5) So besteht etwa zwischen dem Vollzug der Sicherungsverwahrung und der Freiheitsstrafe in der Regel kein Unterschied. Dazu neuerdings Wiertz, Strafen - Bessern - Heilen?, S. 130 ff, 140 ff; Baumann, AT, S. 55 und 740; Hassemer, Einführung, S. 224; vgl. auch ders., Resozialisierung, S. 161 ff; nach Hellmuth Mayer, (AT 1967, S. 30) ist die Sicherungsverwahrung sogar "die härteste Freiheitsstrafe".

6) Calliess, Theorie der Strafe, S. 28; vgl. Hassemer, Berücksichtigung von Folgen, S. 522.

7) Calliess, ebenda, S. 30.

theorie ein, welche die Ziele und die Aufgaben des Strafrechts insgesamt beschreibt[8].
Auf der Suche nach einer Theorie der Maßregel muß also vom Boden einer Strafrechtstheorie ausgegangen werden[9].

1.2 Das Strafrecht als Teilbereich sozialer Kontrolle

Nach der Aufgabe des Strafrechts zu fragen, bedeutet zunächst nichts anderes, als die Frage nach der Aufgabe jeden Rechts zu stellen. Denn das Strafrecht ist nur ein Teilbereich der gesamten Rechtsordnung, der zwar mit spezifischen Mitteln, aber gemeinsam mit anderen Rechtsgebieten die Aufgabe allen Rechts fördert. Das Strafrecht hat demgemäß eine Aufgabe im Bereich des sozialen Zusammenlebens, nämlich die Aufgabe, menschliches Leben zu ordnen und zu kontrollieren[10].

Das Strafrecht stellt sich damit zugleich als ein Teilbereich von sozialer Kontrolle dar. Die soziale Ordnungsfunktion wird nicht nur durch Rechtsnormen, sondern auch durch extralegale Normen, durch Sozialnormen, beispielsweise aus Religion, Politik, Moral, Ethik und Sitte, geleistet[11], die mit je spezifischen Sanktionen eng und unauflöslich verknüpft sind. Im Unterschied zu diesen Normen sind Rechtsnormen diejenigen Normen, über deren Einhaltung institutionalisierte Sanktionsinstanzen wachen, die bei Abweichungen befugt sind,

8) So Hassemer, Einführung, S. 262; Schmidhäuser, AT 1975, S. 46 f.

9) In diesem Sinne stellen Straf- und Maßregeltheorie Subsysteme von Strafrechtstheorie dar. Vgl. Luhmann, Zweckbegriff, S. 266 ff.

10) Stratenwerth, AT I, S. 14; Jescheck, AT, S. 1 f; Hassemer, Einführung, S. 293 f; ders., in: Hassemer/Steinert/Treiber, Soziale Reaktion, S. 45 ff.

11) Sonnen, Kriminalität, S. 19; vgl. auch Hassemer, Einführung, S. 293.

weitreichende Sanktionen zu verhängen[12]. Unter den Rechtsnormen wiederum verfügt das Strafrecht über die härtesten Mittel sozialer Sanktionierung: Strafe gilt als die schwerste staatliche Sanktion. Das Strafrecht hat somit innerhalb des Gesamtsystems sozialer Kontrolle einen hervorgehobenen Standort und innerhalb des Rechts einen besonderen Standort als "ultima ratio"[13].

Begreift man das Strafrecht als Teilbereich sozialer Kontrolle, bedarf es der Einbeziehung der soziologischen bzw. der sozialpsychologischen Dimension. Sie ermöglicht die Erweiterung der Problemsicht, d.h. "eine neue Qualität der Strafrechtsbegründung bzw. Strafrechtstheorie"[14]. Es wird damit einmal die Aufmerksamkeit auf andere Systeme sozialer Kontrolle neben dem Strafrecht gelenkt und die Reaktion der Strafjustiz auf spezielle Formen abweichenden Verhaltens als Sonderfall des allgemeinen Phänomens sozialer Kontrolle erkannt[15]. Die Wirklichkeit des Strafrechts wird nicht isoliert, sondern in einem sozialen Kontext ihm vergleichbarer Instrumente und Institutionen verstanden[16]. Zum anderen tritt anstelle des Täters die Reaktion der Gesellschaft auf die Straftat in den Vordergrund[17].

---

12) Vgl. Hirsch, Das Recht im sozialen Ordnungsgefüge, S. 35.

13) Naucke, Einführung, S. 57 f; Jescheck, AT, S. 3; BVerfGE 39, 1 (47).

14) Hassemer, in: Hassemer/Steinert/Treiber, Soziale Reaktion, S. 47.

15) Neumann/Schroth, Neuere Theorien, S. 88, 94.

16) Hassemer, ebenda (Fn. 14), S. 52.

17) Neumann/Schroth, Neuere Theorien, S. 94.

1.2.1 Die strafrechtliche Sozialkontrolle als Aufgabe des Strafrechts: Rechtsgüterschutz

Das Verständnis des Strafrechts als Teilbereich sozialer Kontrolle und der darauf begründete ultima ratio-Gedanke der Strafe implizieren, daß das Strafrecht wirklich auf die wichtigsten gesellschaftlich anerkannten Interessen beschränkt werden muß. Die strafrechtliche Sozialkontrolle setzt typischerweise dann ein, "wenn andere Mechanismen (Abmahnung, Kündigung eines Arbeitsverhältnisses, Schadensersatzleistung) den Konflikt nicht oder nicht gänzlich verarbeiten können"[18]. Die wichtigsten gesellschaftlich anerkannten Interessen, die mit strafrechtlichem Schutz zu versehen sind, werden als "Rechtsgüter" (genau gesagt "Strafrechtsgüter") bezeichnet, und damit wird die Aufgabe des Strafrechts als Rechtsgüterschutz mit härtesten Sanktionen sozialer Kontrolle bestimmt[19].

Die Rechtsgutlehre, die auf Gedanken der Aufklärung Bezug nimmt[20], verbietet es, einen Verstoß gegen eine göttliche oder sittliche Norm zu kriminalisieren. Erst der Nachweis, daß ein Verhalten tatsächliche Interessen anderer Menschen, eben "Rechtsgüter", verletze, legitimiert den strafrechtlichen Zugriff. Für die Begründung der Strafwürdigkeit menschlichen Verhaltens muß der Gesetzgeber dementsprechend ein Opfer dieses Verhaltens vorweisen und an diesem die Verletzung von Gütern, von Interessen, zeigen[21].

---

18) Hassemer, Strafziele, S. 62; Baumann, AT, S. 27; Naucke, Einführung, S. 57 f; Sonnen, Kriminalität, S. 28; Müller-Dietz, Grundlagen, S. 38.

19) Naucke, Einführung, S. 208; Stratenwerth, AT I, S. 35 ff; Maurach/Zipf, AT I, S. 251 ff; Schmidhäuser, AT 1982, S. 29, 81 f.

20) Hassemer, Einführung, S. 24; ders., Theorie, S. 34 ff.

21) Hassemer, Einführung, ebenda.

Im Alternativ-Entwurf heißt es somit ohne weiteres: "Strafe und Maßregeln dienen dem Schutz der Rechtsgüter und der Wiedereingliederung des Täters in die Rechtsgemeinschaft" (§ 2 I AE).

Neben der Rechtsgüterschutz-Aufgabe des Strafrechts wird in der Dogmatik eine sozialethische Aufgabe betont: Nach Welzel ist es die Hauptaufgabe des Strafrechts, die "elementaren, sozialethischen Gesinnungs-(Handlungs-)werte" und erst darin eingeschlossen die einzelnen Rechtsgüter zu schützen[22].
Schwierigkeiten bereitet schon die Frage, wie die sozialethischen Gesinnungswerte inhaltlich zu beschreiben sind. Vor allem aber stellt sich zunächst die rechtstheoretische Frage, ob dem Strafrecht innerhalb des Gesamtsystems sozialer Kontrolle eine solche Aufgabe überhaupt zusteht, und weiterhin die rechtssoziologische Frage, ob das Strafrecht mit seinen Mitteln eine solche Aufgabe tatsächlich erfüllen könnte[23].

Beide Fragen sind zu bezweifeln: Die Mittel des Strafrechts als ultima ratio im Instrumentarium des Gesetzgebers müssen sich auf eine formalisierte Intervention in Ausnahmefällen beschränken. Eine Konzeption von Strafrecht als Schutzrecht sozialethischer Gesinnungswerte verträgt sich nicht mit diesem Leitgedanken[24].
Ob das Strafrecht für die tatsächliche Erfüllung der sozialethischen Aufgabe geeignet sein kann, ist noch ungewiß: Angesichts der vielfältigen strafrechtlichen Reaktionsmittel ist schwer anzunehmen, daß alle Arten

---

22) Welzel, Strafrecht, S. 3-6 (4); jetzt vorsichtig, Stratenwerth, AT I, S. 34; vgl. Jescheck, AT, S. 5 f; Baumann, AT, S. 18 f; Arthur Kaufmann, Subsidiaritätsprinzip, S. 101 f; vollständige Kritik hierzu Hassemer, Theorie, S. 88 ff (bes. S. 94 f); Sonnen, Kriminalität, S. 27 unter Verweis auf Hassemer, ebenda; vgl. auch Naucke, Einführung, S. 106.

23) Hassemer, Theorie, S. 94.

24) Hierzu näher s. den nächsten Abschn. 1.2.2 des 2. Kap.

strafrechtlicher Mittel zur Sicherung der sozialethischen Gesinnungswerte - sei es gleich gut oder sei es gleich schlecht - geeignet sind. Sollte sich dabei ungleiche (Un- oder) Geeignetheit herausstellen, so muß der Mittelkatalog des Strafrechts verändert werden[25].

1.2.2 Die Formalisierung der strafrechtlichen Sozialkontrolle als rechtsstaatliche Aufgabe des Strafrechts

Nach Hassemer[26] unterscheidet sich die strafrechtliche Sozialkontrolle von sonstigen Formen sozialer Kontrolle darin, daß sie in hohem Maße formalisiert ist. Strafrechtskontrolle ist daher weitgehend voraussehbar und kontrollierbar; sie erfolgt nicht spontan, sondern als vorprogrammierte Antwort auf die Normverletzung:

"Das Strafrechtssystem als Teil der sozialen Kontrolle informiert über die Art und Weise, wie es menschliches Verhalten als Delinquenz bewertet und wie es auf Delinquenz bestimmten Grades reagieren wird. Strafrechtliche Konfliktverarbeitung ist somit ihrer Qualität nach in einem hohen Maße prognostizierbar. Die strafrechtliche Reaktion auf Abweichung erfolgt nicht als Einbruch instinktiver Abwehr, sondern sie erscheint als überlegte und vorhergesagte Antwort" [27].

Dies ist bereits daraus ablesbar, daß "es Gesetzgebung gibt und daß die Gesetzgebung richterliches Handeln bindet"[28].

---

25) Hassemer, Theorie, S. 95 und dort Fn. 214.

26) Hassemer, in: Hassemer/Steinert/Treiber, Soziale Reaktion, S. 54-62; ders., Theorie, S. 196; Einführung, S. 294 ff, 301 f; ders., Strafziele, S. 63-66.

27) Hassemer, Theorie, S. 196.

28) Hassemer, in: Hassemer/Steinert/Treiber, Soziale Reaktion, S. 55.

Die Formalisierung durch die Gesetzgebung ist allerdings keine spezifische Eigenschaft der strafrechtlichen Sozialkontrolle, sondern die Eigenschaft aller rechtlichen Kontrollen.
Die Erreichung von Vorhersehbarkeit und Bindung des Richters an das Strafgesetz ist freilich nur in Grenzen garantiert, weil die semantischen Spielräume des Gesetzes den kontrollierenden Instanzen einen Definitionsspielraum eröffnen. Die Spezifika der Formalisierung von strafrechtlicher Sozialkontrolle liegen vielmehr darin, daß sie durch normative Grundsätze, wie etwa die Grundsätze der Verhältnismäßigkeit, der Schuldstrafe, in dubio pro liberate usw.[29] durchgeführt wird.

Diese normativen Grundsätze der Formalisierung im Strafrecht sind eine Wiederspiegelung von Kontrollbedürfnissen gegenüber der Strafgewalt. Nach Hassemer gibt es dafür zwei Gründe: einen historischen und einen systematischen.

"Der historische kann beim Kampf des liberalen, von der Aufklärung her konzipierten, Strafrechts um bürgerlichen Freiheiten gegenüber dem strafenden Staat ansetzen und darstellen, daß die normativen Grundsätze der Formalisierung Ergebnisse politischer Auseinandersetzungen und Errungenschaft eines liberalen Staatsverständnisses sind" [30].

Der systematische Grund bezieht sich - so Hassemer[31] - auf die "Wirksamkeit oder Effektivität sozialer Kon-

---

29) Vgl. Hassemer, in: Hassemer/Steinert/Treiber, Soziale Reaktion, S. 59.

30) Ebenda, S. 57.

31) Ebenda, S. 58.

trolle"; die normativen Grundsätze haben dort eine wichtige Rolle zu spielen, wo die Ziele des Strafrechts sich empirischer Überprüfbarkeit entziehen. Empirische Plausibilität stelle zwar nicht das einzige Kriterium für eine Legitimation der strafrechtlichen Reaktionsmittel dar; einer Maßnahme aber, die tatsächlich erfolglos bleibt, müsse entgegengehalten werden können, daß unerreichbare Ziele nur scheinbar zur Legitimation taugen.

Die Formalisierung der strafrechtlichen Sozialkontrolle durch normative Grundsätze ist demnach - neben dem Rechtsgüterschutz - eine ebenso unverzichtbare Aufgabe des Strafrechts. Aus der Erkenntnis der Aufklärungsphilosophie[32], der Mensch sei als mündige Einzelperson Zweck an sich selbst[33], ergibt sich, daß dem Recht die Aufgabe zugewiesen ist, die freie Selbstentfaltung des einzelnen Bürgers zu ermöglichen und dessen Freiheitsräume von staatlicher Bevormundung möglichst freizuhalten[34]. Die strafrechtlichen Normen, die die Handlungsfreiheit des Bürgers am stärksten einschränken, können nur durch die Handlungsfreiheit des anderen begründet, über den Rahmen einer solchen Einschränkungsnotwendigkeit hinaus dagegen nicht legitimiert werden[35].

Das Strafrecht wird demnach erstens durch seine Rechtsgüterschutzfunktion begründet und zweitens dadurch le-

---

32) Oben, S. 7-19. S. 39 f.

33) Vgl. auch Michael Marx, Rechtsgut, S. 41; Maihofer, Vom Sinn menschlicher Ordnung, S. 72.

34) Vgl. oben S. 18 u. S. 41 f und dort Fn. 141 m.w.N.; vgl. auch Schmidhäuser, AT 1982, S. 28.

35) Hassemer, Theorie, S. 96.

gitimiert, daß es diese erste Funktion "formalisiert" vollzieht; formalisiert heißt aber nichts anderes als ein Maß zu halten oder in notwendigem Maße zu begrenzen. Es sichert also die Handlungsfreiheit aller vor den Übergriffen des einzelnen, ebenso aber den einzelnen vor unbeschränkter Freiheit aller Menschen[36].

2. Das rechtsstaatliche Formalisierungsprinzip und soziale Zweckverfolgungsinteressen - § 62 StGB

§ 62 StGB, der Grundsatz der Verhältnismäßigkeit für Maßregeln der Besserung und Sicherung, ist durch das 1. StrRG[37] in das StGB eingefügt worden und auch nach Inkrafttreten des 2. StrRG[38] am 1.10.1973 unverändert bestehen geblieben. Mit dieser ausdrücklichen Positivierung hat der Gesetzgeber allerdings kein neues Recht geschaffen, weil der Grundsatz als allgemein anerkanntes Rechtsstaatsprinzip schon vor der Kodifikation für das Maßregelrecht gegolten hat[39]. Er gilt für den gesamten Bereich des Rechts, damit also auch für das Strafrecht im allgemeinen und das Maßregelrecht im besonderen. Anders ausgedrückt: § 62 StGB erfüllt lediglich die rechtsstaatliche Formalisierungsaufgabe des Strafrechts im Maßregelrecht. Er bezweckt, Maßregeln, die grundsätzlich auf Prävention abzielen, auf ein rechtsstaatlich erträgliches Maß zu begrenzen[40].

---

36) Hassemer, Einführung, S. 182: "Schutz vor Übermaß, Garantie für Gleichmaß und Kontrolle"; Roxin, v. Liszt, S. 58; v. Liszt, Zweckgedanke, S. 31; ders., Einfluß, S. 80.

37) 30.6.1969, BGBl. I, S. 645 ff.

38) 10.7.1969, BGBl. I, S. 717 ff.

39) Hanack, LK § 62 Rdn. 1 m.w.N.

40) Vgl. Zipf, Rechtsfolgen, S. 278; ders., Einführung, S. 103.

Im folgenden soll zunächst die dem Maßregelrecht zugewiesene erste Aufgabe, der Rechtsgüterschutz, der die maßregelrechtliche Reaktion begründet, und sodann der Zusammenhang zur Formalisierungsaufgabe des Maßregelrechts hergestellt werden.

2.1 Die Maßregeln als soziale Zweckmaßnahmen

Im strafrechtlichen Sanktionssystem wird die Strafe durch die Maßregel ergänzt. Das StGB folgt damit dem sog. Prinzip der Zweispurigkeit.

Sinn und Zweck der Strafe sind bekanntlich seit jeher umstritten[41]. Jedenfalls steht aber für das geltende Recht fest, daß die Strafe Schuld voraussetzt und nicht unbegrenzt über das schuldangemessene Maß irgendeinen strafrechtlich für relevant gehaltenen Zweck verfolgen darf. Die Schuld des Täters bildet demgemäß die Grundlage für die Strafzumessung (§ 46 StGB).

Daraus folgt, daß die Strafe der vorbeugenden Aufgabe des Strafrechts gegenüber künftigen Taten (Rechtsgüterschutz durch Verbrechensverhütung) nicht immer gerecht werden kann; z.B. scheidet die Strafe bei schuldunfähigen Tätern aus, und nur höchst unvollkommen kann sie allen sozialen Bedürfnissen nach Sicherung vor dem gefährlichen Täter und nach pädagogischer oder therapeutischer Behandlung des kranken Täters Rechnung tragen[42], ohne daß der erhöhten Gefährlichkeit jedoch eine erhöhte Schuld entspräche. Die Strafe bedarf da-

---

41) S. hierzu nur Hassemer, Strafziele, S. 39 ff.

42) Stree, in: Schönke/Schröder, StGB, vor § 61 Rdn. 1; Jescheck, AT, S. 66; Naucke, Einführung, S. 116-118; Bockelmann, AT, S. 8.

her einer Ergänzung durch schuldunabhängige Maßregeln, die ausschließlich an die Gefährlichkeit des Täters anknüpfen.
Dieser utilitarische Gedanke der Verbrechensverhütung wurde bereits im 18. Jahrhundert erörtert[43] und fand nach lange andauernden Auseinandersetzungen um das Wesen und die Rechtfertigung der Strafe, dem sog. "Schulenstreit", Eingang in die Gesetzgebung des Jahres 1933. Die Geschichte der Gesetzgebung von Maßregeln der Besserung und Sicherung ist so gesehen als ein Nebenprodukt straftheoretischer Erörterungen zu begreifen[44]. Das Prinzip der Zweispurigkeit stellt dabei einen Kompromiß der widerstreitenden Auffassungen dar: Einerseits erachtet das Gesetz die Strafe als notwendiges Mittel zur Verbrechensbekämpfung mit mehr oder weniger vergeltendem und präventivem Charakter. Andererseits trägt das Gesetz aber der kriminalpolitischen Erkenntnis Rechnung, daß für bestimmte Tätergruppen die Strafe sowohl in rechtlicher wie auch in ihrer tatsächlichen Wirkung als Sanktion ungeeignet ist[45].

Die Maßregeln der Besserung und Sicherung sind dabei ausschließlich spezialpräventiv orientierte Zweckmaßnahmen.

---

43) Z.B. Beccaria, Über Verbrechen und Strafe, S. 74 (§ XII), S. 148-150 (§ XL) und S. 155 f (§ XLV); Svarez, Vorträge, S. 23; vgl. Eb. Schmidt, Geschichte, S. 161 ff, 219 ff.

44) Naucke, Einführung, S. 116; vgl. Baumann, AT, S. 55; auch Seidl, Strafzweck, S. 54-58, 82 ff, 132 ff (159 ff).

45) Marquardt, Aspekte, S. 21; Seidl, ebenda, S. 159-164.

2.2 Der Grundsatz der Verhältnismäßigkeit (§ 62 StGB) als unverzichtbares Formalisierungsprinzip im Maßregelrecht

Die Legitimation der Maßregeln ist allerdings dadurch noch nicht gewonnen, daß sie sich durch den Zweckgedanken begründen läßt. Die Bedürfnisse nach maßregelrechtlichen Eingriffen können nur einen Teil der Legitimation der Maßregeln bilden, da es bei Zweckmäßigkeitsüberlegungen an der limitierenden Wirkung mangelt. Führte man den Zweckmäßigkeitsgedanken schlechthin durch, so könnte man auch eine Liquidation oder die Entmannung um ihrer kriminalpolitischen Zweckmäßigkeit willen angeblich rechtfertigen, indem man auf ein bloßes Durchsetzungsinteresse abstellt.

Die Formalisierung der Maßregeln fängt einen vulgären Utilitarismus auf und verhindert eine menschenverachtende Ausuferung der Maßregeln. Zusammen konstituiert sich eine Einheit für die Legitimation der Maßregeln[46], die untrennbar ist: Einerseits, selbst eine dringende Notwendigkeit des maßregelrechtlichen Eingriffs für den Rechtsgüterschutz muß formalisiert verfolgt werden. Ohne Formalisierung ist ein solcher Eingriff schlechthin illegitim, weil der Mensch zum bloßen Objekt erniedrigt wird. Andererseits, auch wenn sich die Maßregel formalisiert vollzieht, scheitert sie dann, wenn keine legitime Notwendigkeit der maßregelrechtlichen Kontrolle dargelegt werden kann. Damit ist zwangsläufig einerseits die Dringlichkeit des maßregelrechtlichen Eingriffs (ultima ratio) vorausgesetzt, andererseits die Verfolgung eines mit der Verfassungsordnung

---

46) Man findet auch bei Grünwald, Sicherungsverwahrung, S. 633 ff, den einheitlichen Legitimationsversuch der Maßregeln.

in Einklang zu bringenden Zwecks[47].
§ 62 StGB, der Grundsatz der Verhältnismäßigkeit des Maßregelrechts, benennt die Formalisierungsaufgabe als eine Legitimationskomponente des Strafrechts: "Eine Maßregel der Besserung und Sicherung darf nicht angeordnet werden, wenn sie zur Bedeutung der vom Täter begangenen und zu erwartenden Taten sowie zu dem Grad der von ihm ausgehenden Gefahr außer Verhältnis steht".

Hiernach stellen nicht nur die Notwendigkeit des Rechtsgüterschutzes, d.h. die künftige Gefährlichkeit des Täters und die Rückfallwahrscheinlichkeit, sondern auch die Schwere der begangenen Taten Bezugspunkte der Verhältnismäßigkeit für die Anordnung der Maßregeln dar. Die Verhältnismäßigkeit richtet sich also nicht allein nach Größe und Grad der Gefahr, die der Allgemeinheit vom Täter droht. Dies bestätigt die These, daß das Maßregelrecht zugleich dem Schutz des Täters vor unbeschränkten Gemeinwohlabwägungen dienen soll.

2.3 Die Bedeutung der Positivierung des Grundsatzes der Verhältnismäßigkeit in § 62 StGB

Theoretisch sollte der Grundsatz der Verhältnismäßigkeit diese Wirkung auch hervorbringen, wenn er nicht im Maßregelrecht positiviert wäre. Denn er ist ein allgemein anerkannter, alle staatliche Gewalt bindender, rechtsstaatlicher Grundsatz. Die gesetzliche Fixierung im Maßregelrecht erschien dem Gesetzgeber dessen ungeachtet als notwendig, weil in der Vergangenheit

---

47) In diesem Sinne sind die rechtsethischen Begründungsversuche der Maßregeln (ausführlicher Hanack, LK, vor § 61 Rdn. 28; Bernd Müller, Anordnung und Aussetzung, S. 31) von Welzel (Strafrecht, S. 244 f)

manchmal gegen Personen eine Maßregel verhängt worden war, die zum Schutz der Rechtsgüter als entbehrlich angesehen werden mußte[48].
Im Maßregelrecht wird sich allerdings kaum eine so eindeutige Umschreibung der Typusmerkmale verwirklichen lassen wie etwa bei den Voraussetzungen der Strafe. Denn die Maßregeln verfolgen spezialpräventive Zwecke: hier geht es vor allem um die Frage, ob der Täter aufgrund seiner kriminellen Persönlichkeit für die Zukunft auch erhöht gefährlich ist, also von ihm mit Wahrscheinlichkeit weitere Straftaten zu erwarten sind. Für die Anwendung der Maßregel geben damit weitgehend die Beschreibung der kriminellen Persönlichkeit und Prognosen über das künftige Verhalten des Täters[49] den Ausschlag, die nicht nach gesetzlichen Merkmalen festlegbar sind. Die Schilderungen der Maßregeltatbestände und die Beschreibungen ihrer exemplifizierenden Tatbestandsmerkmale sind daher "lang und ungenau" und "schwierig anzuwenden"[50].

---

und Bockelmann (Täterstrafrecht, S. 41; ders., Schuld und Sühne, S. 21) nicht überzeugend. Denn sie haben die Begründung der Maßregeln mit deren Legitimation verwechselt; auch demjenigen, der die innere, von Selbstbestimmung gelenkte Freiheit nicht besitzt, darf man das Recht auf Einhaltung der Opfergrenze nicht entziehen, das innerhalb zweckmäßigen und formalisierten Umfangs der betreffenden Maßregeln behandelt werden kann. Die auf das Prinzip des überwiegenden Interesses gestützten Legitimationsversuche der Maßregeln (Nowakowski, Rechtsstaatlichkeit, S. 103 ff; ders., Freiheit, S. 11; Stratenwerth, Rechtsstaatlichkeit, S. 346; ders., AT I, S. 27 ff) sind insoweit ebenso mißverständlich, als sie die "Rechtfertigung" und "Begrenzung" (Nowakowski, Rechtsstaatlichkeit, S. 105) der Maßregeln voneinander getrennt betrachten. Ohne Begrenzung können keine überwiegenden Interessen den maßregelrechtlichen Eingriff rechtfertigen.

48) So BT-Drs. V/4094, S. 17; vgl. Hanack, LK § 62 Rdn. 4.

49) Zur Prognose s. ausführlich unten S. 123-131; 171-178.

50) Naucke, Einführung, S. 129.

So scheinen alle Versuche, eine einigermaßen präzise Abgrenzung der Tatbestandsmerkmale des Maßregelrechts zu erzielen, ins Leere zu laufen. Im Gesetzgebungsprozeß wurde sogar gesagt: "Wir wollten möglichst eine unpräzise Formel verwenden, da sie am besten zu handhaben sein wird"[51].
Diese vage Formulierung der Maßregeln muß durch eine verstärkte Hinwendung zum normativen Formalisierungsgrundsatz ausgeglichen werden, der eine Begrenzung der kriminalpolitischen Zweckverfolgungsinteressen auf das rechtsstaatlich erträgliche Maß bewirkt (Polarität von Vagheit und Formalisierungsgrundsatz).

2.3.1 Der Geltungsmodus des § 62 StGB: Norm

Im vorhergehenden wurde immer wieder der Ausdruck "Grundsatz" der Verhältnismäßigkeit gebraucht. § 62 StGB ist auch entsprechend überschrieben. An dieser Stelle drängt sich die Frage auf, ob der Grundsatz in § 62 StGB mit dem Grundsatz, den wir im 1. Kapitel dieser Arbeit behandelt haben, d.h. mit dem des "allgemein anerkannten verfassungsrechtlichen Rechtsstaatsprinzips", gleichbedeutend ist.

Der Grundsatz in § 62 StGB stellt eine geschriebene Strafrechtsnorm dar; im Maßregelrecht gilt er also - genau gesagt - nicht als "Grundsatz", sondern als "Norm". Er gilt somit in der Weise, in der positives Recht gilt; sein Geltungsgrund führt unmittelbar auf Setzung, Autorität des Gesetzgebers zurück[52]. Darüber hinaus gilt er generell und zwangsläufig; bei allen

51) Unter Verweis auf den Psychiater Horstkotte, Prot. V, S. 2251.

52) Larenz, Richtiges Recht, S. 174.

Entscheidungen über die Anordnung, Aussetzung sowie den weiteren Vollzug von Maßregeln muß der Richter den Grundsatz der Verhältnismäßigkeit berücksichtigen[53]. Stellt er fest, daß der Grundsatz der Verhältnismäßigkeit durch die Anordnung nicht gewahrt würde, dann scheidet ein Maßregeleingriff aus, auch wenn alle sonstigen formellen Voraussetzungen hierfür vorliegen[54].

Als allgemeiner (aber nicht normierter) Rechtsgrundsatz - wir haben es bereits im 1. Kapitel gründlich untersucht[55] - hat der Grundsatz der Verhältnismäßigkeit einen anderen Geltungsgrund, der unter Umständen die Verfassungsnorm selbst begründet[56]. Hans Huber[57] führt aus: Der Grundsatz der Verhältnismäßigkeit als allgemeiner Rechtsgrundsatz gelte "von Haus aus", seine Geltung sei der Rechtsnorm eigentümlich und gehe auf seine geistige Überzeugungskraft zurück.

Dennoch stellt es sich als andere Frage dar, wie der Grundsatz der Verhältnismäßigkeit - nicht als "Idee" des Rechts, sondern als Entscheidungskriterium - aus der geltenden Verfassung, dem Grundgesetz selbst, begründet werden kann[58], wenn er im Grundgesetz nicht

---

53) BT-Drs. V/4094, S. 17; Horn, SK § 62 Rdn. 2; Stree, in: Schönke/Schröder, StGB, § 62 Rdn. 3; Hanack, LK § 62 Rdn. 7.

54) Grünwald, Sicherungsverwahrung, S. 634; Lang-Hinrichsen, Gutachten, S. 42 ff.

55) Etwa S. 7 ff.

56) Ähnlich - aber zu weit - sagt Hirschberg, Grundsatz, S. 215: "Für die Geltung von (an sich anerkannten) Rechtsgrundsätzen ist nicht nur eine weitere Begründung entbehrlich, sondern diese Geltung darf auch nicht aus konkreten Normen heraus begründet werden. Denn dies würde die besondere Geltungsweise des Grundsatzes als Grundsatz gefährden".

57) Huber, Grundsatz, S. 19.

58) Oben, S. 24 ff.

ausdrücklich hervorgehoben ist. Die Verfassung ist die einzige höchste Rechtsquelle, die bei der Entscheidung eines Falles herangezogen werden kann. Metaphysik kann keine rechtlich konkreten Entscheidungskriterien liefern.

Daraus ergibt sich: Der bezüglich der Geltungsweise von Grundsätzen auftauchende Streit darüber, ob der Grundsatz der Verhältnismäßigkeit ein "normatives"[59] bzw. ein "rechtssatzförmiges"[60] oder aber ein "informatives"[61] bzw. "offenes"[62] Prinzip sei[63], trifft wenigstens für den gesetzlich normierten Grundsatz der Verhältnismäßigkeit in § 62 StGB nicht zu.

2.3.2 Konkretisierung des verfassungsrechtlichen Rechtsstaatsprinzips - § 62 StGB

In welchem Verhältnis aber stehen die beiden gleichnamigen Grundsätze, und zwar einerseits der Grundsatz der Verhältnismäßigkeit als allgemeiner Rechtsgrundsatz, andererseits die positivierte Norm des § 62 StGB zueinander?

Allgemeine Rechtsgrundsätze sind nichts anderes als der "leitende Gedanke" einer Regelung[64] und stellen

---

59) Esser, Grundsatz, S. 69, 73.

60) Larenz, Methodenlehre, S. 463-466.

61) Esser, Grundsatz, S. 75.

62) Larenz, Methodenlehre, ebenda.

63) Vgl. auch Grabitz, Grundsatz, S. 581 ff; Pahlen, Grundsatz, S. 57 ff; Hotz, Notwendigkeit, S. 75 f.

64) Larenz, Richtiges Recht, S. 23.

nicht selbst "Weisungen", sondern "Grund, Kriterium und Rechtfertigung" der Weisungen dar[65]. Sie sind daher keine Rechtsnormen im rechtstechnischen Sinne, die eine verbindliche Weisung unmittelbarer Art für einen bestimmten Fragenbereich enthalten, vielmehr verlangen sie erst eine judizielle oder legislative Ausprägung.

Allgemeine Rechtsgrundsätze können also lediglich die Richtung angeben, in der die zu findende Regel bzw. die Entscheidung des Falles liegt. Sie sind meist zu unbestimmt, als daß sie - wie eine Rechtsnorm - einen näher umrissenen "Tatbestand" mit einer bestimmten "Rechtsfolge" verknüpfen könnten[66]. Deswegen bedürfen sie einer "Konkretisierung", um zu Normen oder Einzelentscheidungen verdichtet zu werden. Die Konkretisierung der Rechtsgrundsätze vollzieht sich in zweifacher Weise: Sie müssen durch den Gesetzgeber den einschlägigen Regelungen zugrundegelegt oder durch den Richter im Wege der Rechtsfortbildung in der Rechtspraxis rezipiert werden[67].

Auf das Maßregelrecht übertragen heißt das: Die Bindung des Strafgesetzgebers an den verfassungsrechtlich anerkannten Grundsatz der Verhältnismäßigkeit[68] impliziert, daß der Gesetzgeber bei seiner Normsetzung in den formellen Voraussetzungen der Maßregeln (§ 63 - § 72 StGB) eine generelle Abwägung zwischen dem Freiheitsrecht der einzelnen und den Bedürfnissen des

---

65) Esser, Grundsatz, S. 51 f.

66) Larenz, Methodenlehre, S. 232 ff, 458 ff; ders., Richtiges Recht, S. 23.

67) Larenz, Richtiges Recht, S. 24 ff; Esser, Grundsatz, S. 14 ff; jetzt deutlich in: Untersuchungshaft, S. 49.

68) S. oben den Abschnitt 2.4 des 1. Kap.

Schutzes der Allgemeinheit vorgenommen hat[69]. Auf der Grundlage dieses ersten Schrittes der Konkretisierung des Grundsatzes der Verhältnismäßigkeit ist er noch einmal zu konkretisieren. Dies nimmt § 62 StGB auf.

Verglichen mit der ersteren Konkretisierung des Grundsatzes, die sich mit Hilfe des allgemein-verfassungsrechtlichen Verhältnismäßigkeitsgrundsatzes vollzieht, weist § 62 StGB präzisere Kriterien für den Bereich des Maßregelrechts auf[70]. Der allgemeine, verfassungsrechtliche Grundsatz der Verhältnismäßigkeit gibt § 62 StGB nur einen "Mindestgehalt"[71]; die beiden decken sich also nicht völlig.

Bezüglich der konkretisierten Kriterien des § 62 StGB (auch § 74 b I StGB) hat sich inzwischen scharfe Kritik gegen den allgemeinen Grundsatz der Verhältnismäßigkeit erhoben: Nach Hirschberg entzieht sich das Kriterium "Bedeutung der vom Täter begangenen Tat" (§§ 62 und 74 b I StGB) einer Zweck-Mittel-Beurteilung, weil es gänzlich auf die Vergangenheit - nämlich die Tatschuld - bezogen ist[72]. Bei § 62 StGB werden damit - so führt Hirschberg weiter aus - die Berücksichtigung der Tatschuld und das Bedürfnis der Spezialprävention als Abwägungsmomente auf der dem "Mittel"

---

69) Vgl. Naucke, Einführung, S. 123 f; Zipf, Rechtsfolgen, S. 278; ders., Einführung, S. 103; Larenz, Richtiges Recht, S. 26; Stree, Deliktsfolgen, S. 6; Pätzold, Eingriffsvoraussetzungen, S. 17; Hanack, LK § 62 Rdn. 4; ebenso BVerfGE 45, 187 (260): "Ein gegen das verfassungsrechtliche Prinzip der Verhältnismäßigkeit verstoßendes Strafgesetz könnte nicht Bestandteil der verfassungsmäßigen Ordnung sein (E 6, 389 (439))".

70) Vgl. Stratenwerth, AT I, S. 28.

71) Larenz, Richtiges Recht, S. 30 und 182.

72) Hirschberg, Grundsatz, S. 45 f.

gegenüberliegenden Waagschale kombiniert; diese ungewöhnliche Zusammensetzung der Abwägungskriterien liege daran, daß mit der Erweiterung des Anwendungsfeldes des Grundsatzes indessen auch die Voraussetzung eines Zweck-Mittel-Verhältnisses für den Grundsatz der Verhältnismäßigkeit entfallen ist[73].

In Auseinandersetzungen mit Ellscheid und Hassemer[74] kommen ebenso Jakobs und Stratenwerth zu ähnlichen Ergebnissen.

Jakobs[75]: "Eine Verhältnismäßigkeit zur Tat aber, also eine Verhältnismäßigkeit mit zurückgewendetem Blick, verweist, wenn sie nicht bei den objektiven Tatmomenten stehen bleiben will, auf die Momente, um die es auch bei der Schuld geht, und schon eine flüchtige Analyse der Momente zeigt, ..."

Stratenwerth[76]: "Der Grundsatz der Verhältnismäßigkeit kann sich in seiner allgemeinen Form nur am Erfordernis des Rechtsgüterschutzes orientieren, das heißt an der Größe der von einem Täter ausgehenden Gefahr, dem Rang der etwa bedrohten Rechtsgüter und der Wahrscheinlichkeit ihrer Verletzung ... Das Prinzip der Verhältnismäßigkeit erhält seinen konkreten Inhalt bei der Strafe allein durch den Maßstab der Schuld".

Wieder Stratenwerth[77]: "Der Grundsatz der Verhältnismäßigkeit kann das Schuldprinzip nicht entbehrlich machen: Ohne Rekurs auf die Momente, die über die Zurechnung zur Schuld entscheiden, bliebe er leer".

Hier soll nicht der Ort sein, die umstrittene Auseinandersetzung um die strafrechtliche Schuld und ihren

---

73) Hirschberg, Grundsatz, S. 45.

74) Strafe ohne Vorwurf, S. 266 f.

75) Schuld und Prävention, S. 7.

76) Tatschuld, S. 27.

77) Zukunft, S. 41.

Bezug zum Grundsatz der Verhältnismäßigkeit weiterzuführen. Stattdessen soll nur das, den drei oben zitierten Argumenten gemeinsam zugrundeliegende, Mißverständnis über den Zweckbegriff aufgezeigt werden.

Es ist zwar durchaus richtig, daß der Zweck im Zweck-Mittel-Verhältnis eine zukunftsorientierte Dimension aufweist[78]. Hier kommt es aber nicht auf eine allgemeine Zweckvorstellung an, welche ihrer üblichen Bedeutung nach außerordentlich umfangreich ist, sondern nur auf einen "strafrechtlichen Zweck"[79], der in einem Schutz von wichtigen Interessen (Rechtsgüter) sowohl der Gesamtheit, als auch des Täters zu sehen ist[80]. Das Kriterium der "Bedeutung der vom Täter zu erwartenden Taten sowie des Grades der von ihm ausgehenden Gefahr" (§ 62 StGB) ist dabei auf den Rechtsgüterschutz der Allgemeinheit zu beziehen, nämlich das mögliche Opfer-Werden; die "Bedeutung der vom Täter begangenen Taten" (§§ 62, 74 b I StGB) verweist auf den betroffenen Täter und seine Rechte aus der Opfergrenze[81]. Der Täter hat das Recht, nur aufgrund und innerhalb der Intensität seiner Rechtsgutverletzung bestraft und behandelt zu werden[82].

---

78) Auch Luhmann versteht den Zweck als "zu bewirkende Wirkung". Ders., Zweckbegriff, S. 10, 12; aber zutreffend Schüler-Springorum, Sachverständiger, S. 308.

79) Hirschbergs (Grundsatz, S. 46) Begriff vom "Zweck im Sinne einer Bewirkung für wertvoll gehaltener Wirkungen" ist freilich zu unbestimmt, so daß er fast alle Vorstellungen in sich einschließen kann. Dies zeigt, wie schwierig es ist, ein fachübergreifendes Lösungsmodell zum Grundsatz der Verhältnismäßigkeit zu konzipieren.

80) S. hierzu ausführlich oben S.15 f u. S.76-81.

81) Insofern ist die Auffassung von Haag, Rationale Strafzumessung, S. 38, nicht überzeugend. Er will die "Schwere der begangenen Tat" aus dem Verhältnismäßigkeitsgrundsatz der Maßregeln völlig streichen.

82) So Hassemer, Resozialisierung, S. 164; vgl. Müller-Dietz, Grundfragen, S. 73.

Die Anlaßtatbezogenheit als Kriterium der Verhältnismäßigkeit dürfte deshalb weder eine "flüchtige Analyse der Momente" der Schuld noch ein unmittelbares Anführen des Maßstabs der Schuld sein und also durchaus kompatibel mit dem Grundsatz der Verhältnismäßigkeit im Maßregelrecht, weil sowohl der Schutz der Allgemeinheit, wie auch der Schutz des Täters vor dem übermäßigen staatlichen Eingriff zu den "Zweck"-Mittel-Erwägungen des Strafrechts gehören.

2.3.3 Doppelte Zulässigkeitsprüfung bei der Maßregelanordnung

Mit der eben erwähnten gesetzlichen Geltung der Verhältnismäßigkeit (§ 62 StGB) soll vor Anordnung eines maßregelrechtlichen Eingriffs in Freiheitsrechte des Täters eine doppelte Zulässigkeitsprüfung vorgenommen werden: Zunächst ist zu prüfen, ob überhaupt die formellen Voraussetzungen der anzuordnenden Maßregel erfüllt sind, und sodann, ob diese Maßregel im Hinblick auf die Opfergrenze im ganzen geeignet, erforderlich ist und ob sie zur Bedeutung der vom Täter begangenen und der zu erwartenden Taten sowie zu dem Grad der von ihm ausgehenden Gefahr außer Verhältnis steht. Nur dann, wenn die Zulässigkeit auf beiden Stufen der Prüfung bejaht werden kann, soll der maßregelrechtliche Eingriff rechtmäßig sein[83].
Die einzige Ausnahme von dieser doppelten Zulässigkeitsprüfung ist die Entziehung der Fahrerlaubnis. Eine Prüfung der Verhältnismäßigkeit im Sinne des § 62 StGB ist nach der ausdrücklichen Anordnung des

---

83) Vgl. Baumann, AT, S. 742; Hanack, LK § 62 Rdn. 1 und 7; BT-Drs. V/4094, S. 17; Horn, SK § 62 Rdn. 2; kritisch hierzu Hans Schneider, Verhältnismäßigkeitskontrolle, S. 403 f; jetzt deutlich in: Untersuchungshaft, S. 49.

§ 69 I 2 StGB nicht vorgesehen.
Der Grund dafür sei, daß nach Überzeugung des Gesetzgebers die Entziehung der Fahrerlaubnis gegenüber anderen Maßregeln der Besserung und Sicherung einen wesentlich geringeren Eingriff darstellt und aufgrund der aufgestellten Voraussetzungen der Grundsatz der Verhältnismäßigkeit bereits als ohne weiteres gewahrt angesehen wird[84]. Liegen also die Voraussetzungen des § 69 StGB vor, so ist die Entziehung der Fahrerlaubnis anzuordnen, ohne daß es einer weiteren Prüfung nach § 62 StGB bedarf.
Dies ist jedoch eine "bedenkliche Ausnahme" vom Grundsatz der Verhältnismäßigkeit[85], weil die Entziehung der Fahrerlaubnis in zahlreichen Berufen (z.B. Berufsfahrer) die Existenzgrundlage vernichten kann. Die Gefahr der schlichten Ausnahmeklausel ist noch deutlicher, wenn man die weitere Regelung des § 69 StGB vor Augen hat, die dem Richter eine genaue Prognose - im Gegensatz zu allen anderen Maßregeln - erspart, nämlich so, daß die Eignungsprüfung isoliert und ohne Berücksichtigung ihrer Auswirkung zu beantworten ist: Nach § 69 II StGB kann die Entziehung der Fahrerlaubnis bei der Begehung bestimmter Verkehrstaten "in der Regel" verhängt werden.

---

84) BT-Drs. V/4094, S. 24; Dreher/Tröndle, StGB, § 69 Rdn. 15; Stree, in: Schönke/Schröder, StGB, § 62 Rdn. 1.

85) Baumann, AT, S. 743, 760; aber Zipf, in: Einführung, S. 103: "nur eine scheinbare Ausnahme".

3. Operationalisierung im Hinblick auf das rechtsstaatliche Formalisierungsprinzip und die Prüfungsmethode in § 62 StGB

3.1 Voraussetzung der Verhältnismäßigkeitsprüfung

Es ist bereits bei der Untersuchung der begrifflichen Struktur des Grundsatzes der Verhältnismäßigkeit ausgeführt worden, daß der Grundsatz aus drei Merkmalen, nämlich Zweck, Mittel und Opfergrenze besteht[86] und daß seine Konkretisierung davon abhängt, wie diese Elemente des Grundsatzes möglichst präzise zu beschreiben und abzugrenzen sind[87]. Der Grundsatz impliziert daher, daß einerseits jeder staatliche Eingriff in die Freiheit des einzelnen einen Zweck haben muß[88]; andererseits darf der Staat die Freiheit des einzelnen nur für einen Zweck einschränken, den die Verfassung ihm zu verfolgen erlaubt[89].

3.1.1 Der Zweck der Maßregeln

Die einzelnen Maßregeln beziehen sich auf verschiedene Voraussetzungen und scheinen unterschiedliche kriminalpolitische Interessen zu verfolgen. Z.B. steht bei §§ 64, 65 StGB die Besserung des Täters und bei § 66 StGB ausschließlich die Sicherung des potentiellen Opfers vor dem gefährlichen Täter im Vordergrund.

---

86) Oben, S. 45 ff.

87) Oben, S. 50 f.

88) S. oben S. 51 ; ebenso Gentz, Verhältnismäßigkeit, S. 1601; Langheineken, Grundsatz, S. 4.

89) Gentz, ebenda, S. 1602; Langheineken, ebenda.

Trotz der unterschiedlichen Akzentuierung der Besserung oder der Sicherung in den einzelnen Vorschriften liegt dem Maßregelrecht ein genereller Zweck zugrunde: Die Maßregeln sind schuldunabhängige soziale Zweckmaßnahmen, die die Lücken der schuldabhängigen Strafe ausfüllen sollen. Deren gemeinsamer Zweck ist demnach Rechtsgüterschutz durch Vorbeugung gegenüber zukünftigen Straftaten[90], was sich letzten Endes aus der "Strafrechtstheorie" ergibt[91]. Der vom Gesetzgeber vorausgesetzte Zweck der Maßregeln der Besserung und Sicherung ist also aus dieser Sichtweise zu interpretieren.
Das Wesen des Strafrechts als eines Teilbereichs sozialer Kontrolle verlangt, daß das Maßregelrecht ebenso wie die anderen Strafrechtsnormen der Aufgabe des Rechtsgüterschutzes gerecht werden muß; darin erfahren die Maßregeln ihre alleinige Begründung. Diese Aufgabe können die Maßregeln sowohl durch die bessernde Einwirkung auf den Täter als auch durch seine Verwahrung erfüllen.

Die Besserung des Täters kommt aber nur insoweit in Betracht, als sie ein wirksames Mittel zur Sicherung der Rechtsgüter darstellt. Die Rechtsgüterschutzaufgabe des Maßregelrechts wird nämlich dann am ehesten gewährleistet sein, wenn es gelingt, auf Ursachen der Kriminalität Einfluß zu nehmen, also den Täter zu bessern und damit eine den Gesetzen nicht mehr zuwiderlaufende Lebensführung des Betroffenen zu erreichen.

---

90) Oben, S. 85-87.
91) Oben, S. 73 f.

Anders ausgedrückt, die Besserung des Täters interessiert das Maßregelrecht ausschließlich insoweit, als die Einwirkung auf den Täter erforderlich ist, um die Rechtsgüter latenter Opfer zu sichern[92]. Das Besserungsziel allein, ohne daß auch zugleich ein Sicherungsbedürfnis der Allgemeinheit besteht, kann die Anordnung einer Maßregel nicht rechtfertigen, weil die Besserung immer auf den Zweck des Strafrechts im allgemeinen und des Maßregelrechts im besonderen bezogen sein muß. Besserungsmaßnahmen, die in diesem Sinne nicht erforderlich sind, sind unzulässig[93]. Die Besserung stellt dabei nur den einen Weg dar, auf dem die Sicherung erreicht werden kann; diese bleibt das vordringlichste Ziel des Maßregelrechts.

Insofern ist die Voranstellung der Besserung in der Titelüberschrift des Maßregelrechts, anstatt wie früher "Sicherung und Besserung"[94], nur von einer scheinbaren Humanisierung getragen: Der durch die Betonung der "Besserung" entstandene Eindruck, als ob mit der Anordnung einer Maßregel dem Täter eine Wohltat zukomme, da sie ihm selbst hilft, sich zu bessern und zu heilen, ist lediglich eine Umhüllung eines gesellschaftlich erwünschten Effekts[95]. Es ist auch falsch verstandene

92) Zur Bedeutung des Begriffs "Sicherung" im Sinne von Schutz, s. Geppert, Sperrfrist, S. 43.

93) Hanack, LK, vor § 61 Rdn. 25; Jescheck, AT, S. 651; Bockelmann, AT, S. 278; Horn, SK, § 62 Rdn. 6/7; Pätzold, Eingriffsvoraussetzungen, S. 23 f; Bernd Müller, Anordnung und Aussetzung, S. 30; vgl. Hassemer, Resozialisierung, S. 162 ff.

94) Vgl. dazu E 1962, S. 207.

95) So ähnlich Hassemer, Resozialisierung, S. 162: "Die Losung 'Heilen statt Strafen' ist ja nicht nur eine Forderung privater Menschlichkeit; sie ist auch ein Fluchtweg aus einer staatlichen Legitimationskrise, der zu der Versicherung führt, Strafvollzug sei das, was ein vernünftiger Straftäter sich erhoffen müsse"; s. auch Hans-Joachim Schneider, Kriminologie, S. 167 ("Ersatzziele der Sicherheit").

Humanität, wenn man glaubt, daß der Täter durch eine Zwangsbehandlung zu seinem Glück gezwungen werden könnte[96]. Dies kann genau das Gegenteil bewirken, indem man bei der Abwägung zwischen dem Eingriff in die Freiheit des Täters und der Gefahr für die latenten Opfer die Zwangsbeglückung betont und so den Eingriff unterschätzt[97].
Mit der Formulierung von Grünwald:

"Die Besserung ist kein Endziel, das die Anwendung von Zwangsmitteln rechtfertigen könnte. Unsere Rechtsordnung sieht sich nicht als berufen an, mit Zwang auf jemanden mit dem Ziele einzuwirken, daß er ein besserer Mensch werde" [98].

Der Zweck der Maßregeln ist allein die Sicherung der Gesellschaft vor dem gefährlichen Täter. Aus diesen Erwägungen leitet Horn mit Recht die allgemeine Erkenntnis ab, daß der Gesetzgeber mit seiner Formulierung vom "Zweck der Maßregel" (§§ 67 b I, 67 c I und II, 67 g I, II und III StGB) nur den Sicherungszweck gemeint haben kann[99].

3.1.2 Verfassungsrechtliche Legitimation des Zwecks

Verfassungslegitimität des Zwecks ist - ebenso wie dessen Vorhandensein - eine unentbehrliche Voraussetzung für die Anwendung des Grundsatzes der Verhältnismäßigkeit. In Bezug auf den Zweck der Maßregeln,

---

96) Wiertz, Strafen - Bessern - Heilen?, S. 145.
97) Pätzold, Eingriffsvoraussetzungen, S. 23 f.
98) Grünwald, Sicherungsverwahrung, S. 635.
99) Horn, SK, § 62 Rdn. 7.

sowohl unmittelbar auf die Sicherung als auch mittelbar auf die Besserung als Mittel der Sicherung, haben sich mittlerweile eine Reihe verfassungsrechtlicher Fragen ergeben. Diese Fragen sollen im folgenden diskutiert werden.

3.1.2.1 Die Bedeutung der Besserung

Angesichts der Bedeutung der maßregelrechtlichen Besserung stellen sich normative und empirische Fragen: Was ist eigentlich die Bedeutung der Besserung im maßregelrechtlichen Sinne? Ist es überhaupt - normativ und empirisch - möglich und begründbar, einen Erwachsenen durch Zwangsbehandlung zu bessern, durch Gewalt zur Gewaltlosigkeit zu erziehen? Ist die Besserung de facto wirksam, um künftige Straftaten zu verhindern? Wenn ja, inwieweit? Und wie sieht ein "gebesserter gefährlicher Täter" aus? Sollte er nach der Behandlung "geheilt", "gesund" oder "moraltreu", "gesetzestreu" werden? Wenn ja, wie und auf welchem Stand kann man diese vagen, d.h. unbeobachtbaren Indikatoren der Besserung feststellen?
Plausible Antworten auf diese Fragen liegen bislang nicht vor[100].

In normativer Hinsicht verdient das Urteil des Bundesverfassungsgerichts vom 18.7.1976[101] besondere Beachtung, durch das auch § 73 II und III BSHG wegen Verstoßes gegen Art. 2 II GG für nichtig erklärt wurde. Diese nunmehr anullierte Vorschrift war der erste und ganz schüchterne Versuch in Richtung eines Bewahrungsgesetzes, wie es von Fürsorgefachleuten schon seit Jahrzehnten gefordert wird.

100) S. Hassemer, Resozialisierung, S. 162.
101) BVerfGE 22, 180.

Im Urteil des Bundesverfassungsgerichts heißt es: "Der Staat hat aber nicht die Aufgabe, seine Bürger zu 'bessern' und deshalb auch nicht das Recht, ihnen die Freiheit zu entziehen, nur um sie zu 'bessern', ohne daß sie sich selbst oder andere gefährdeten, wenn sie in Freiheit blieben. Da der Zweck der Besserung eines Erwachsenen als gewichtiger Grund für die Entziehung seiner persönlichen Freiheit nicht ausreichen kann, tastet § 73 Abs. 2 und 3 BSHG das Grundrecht der persönlichen Freiheit in seinem Wesensgehalt an"[102].

Der bloße Zweck der Besserung eines Erwachsenen, sozusagen ihn "zu einem geordneten Leben zu führen, an regelmäßige Arbeit zu gewöhnen"[103], reicht also als Grund für die Entziehung der persönlichen Freiheit nicht aus. Vielmehr kommt eine Freiheitsentziehung nur in Betracht, wenn diese den "Schutz der Allgemeinheit" oder den "Schutz der Betroffenen" fördert. Damit wird allen Bürgern das uneingeschränkte Recht eingeräumt, die eigene Lebensführung und -haltung "frei" zu bestimmen, solange sie dabei nicht die Handlungsfreiheit anderer verletzt (Art. 2 GG).

Es ist denkbar, daß die sozialen Erscheinungen, die § 73 BSHG a.F. erfaßte, nämlich beispielsweise Verwahrlosung und Randgruppen, gesellschaftliches Außenseitertum, mehr oder weniger potentielle Gefährdungen der Allgemeinheit darstellen, da sie Nährboden für die Entstehung kriminellen Verhaltens bieten können. Dies reicht jedoch als Anknüpfungspunkt für staatliche Eingriffe nicht aus; das "Freiheitsprinzip" des Grund-

---

102) BVerfGE 22, 180 (219 f).

103) Ebenda, S. 219.

gesetzes[104] und die sich daraus ergebende verfassungsrechtliche Forderung der "Opfergrenze" verlangen überdies einen Verstoß gegen Strafgesetze. Die Begehung einer strafbaren Handlung ist also Voraussetzung für Maßnahmen mit dem Ziel einer Besserung des Betroffenen.

Mit dem erwähnten Urteil des Bundesverfassungsgerichts hat sich Haffke[105] kritisch auseinandergesetzt. Die Entscheidungsbegründung schwankt nach seinem Dafürhalten zwischen einem absoluten und einem relativen Besserungsverbot[106].
Diese Entscheidung könne einerseits als Absage an die gesetzliche Prävalenz des Resozialisierungsgedankens im Strafvollzug aufgefaßt werden; andererseits habe sie offenbar die Möglichkeit von Besserungsmaßnahmen unter bestimmten Vorbehalten eröffnet, nämlich dann, wenn der in Freiheit befindliche Täter sich selbst oder andere gefährden würde. Die Gründe für die Reserviertheit gegenüber dem Erziehungskonzept sieht Haffke im wesentlichen darin, daß Erziehung bzw. Therapie in der Regel durch Herrschaftsinteraktion und -kommunikation geprägt wird[107]. Dieses autoritäre Erziehungsschema müsse erst einmal durch eine veränderte Erziehungspraxis, nämlich eine "emanzipierende Methode" ersetzt werden, die sich nicht für und über dem Täter, sondern mit ihm vollzieht[108]. Der Bürger brauche sich dann vor "Besserung" nicht zu fürchten, weil Therapie und Erziehung zu Stätten freier Kommunikation würden und damit die Menschenwürde respektierten[109].

---

104) Dazu bereits ausführlich oben S. 38 ff (40 f).

105) Besserungsverbot, S. 246 ff; vgl. auch ders., Widerspruch, S. 607 ff; ders., Sozialtherapie, S. 291 ff.

106) Haffke, Besserungsverbot, S. 249.

107) Ebenda, S. 252.

108) Ebenda, S. 257 f.

109) Ebenda, S. 260.

Es ist natürlich wünschenswert, daß eine solche emanzipierende Erziehungs- bzw. Therapiemethode in die Strafrechtspflege Eingang finden könnte. Dennoch gelten solche Vorstellungen - wenigstens derzeit - als ein "Wunschtraum". In Wirklichkeit gibt es nämlich keinen Unterschied zwischen Strafen und Maßregeln, weil sie vom Betroffenen wie auch der Allgemeinheit als Übelzufügung beurteilt und realisiert werden. Es kann damit kein "gutes" Strafrecht geben, und die strafrechtlichen Reaktionen können nie durch eine emanzipierende Behandlungsmethode ersetzt werden. Strafe (Behandlung) in Freiheit, in Autonomie scheint ein Widerspruch in sich selbst zu sein. Die Verwirklichung der emanzipierenden Behandlung setzt voraus, daß die strafende Gesellschaft jede Milderung des Strafrechts akzeptieren muß und daß alle Affekte und Strafbedürfnisse der Gesellschaft gemildert und zurückgedrängt werden müssen. Erst nach dieser fundamentalen Änderung in den gesellschaftlich vorherrschenden Einstellungen kann eine emanzipierende Methode überhaupt in Betracht kommen[110]. Dies ist jedoch in absehbarer Zeit kaum zu erwarten, weil man dafür nicht besseres Strafrecht, sondern etwas Besseres als Strafrecht braucht[111]. Es bleibt vielmehr zu betonen, daß die Hoffnungen auf ein emanzipierendes Behandlungskonzept die wirklichen Belastungen der Maßnahmen nicht verschleiern dürfen.

Das Konzept der Besserung bedeutet gegenwärtig für den Betroffenen - auch wenn es im wohlgemeinten Interesse verfolgt wird[112] - nichts anderes als die Ausübung

---

110) Hassemer, Einführung, S. 276; ders., Resozialisierung, S. 163.

111) Vgl. Radbruch, Rechtsphilosophie, S. 265.

112) So Stree, Deliktsfolgen, S. 218: "Fürsorge für den Kranken"; vgl. dagegen Hall, Sicherungsverwahrung, S. 54; Hellmuth Mayer, AT 1953, S. 389.

von Zwang[113], der gegen seinen Willen eingesetzt wird. Nicht der Straftäter selbst hat die Besserung für seine "Heilung" gewollt, sondern die Gesellschaft für ihre Sicherheit; geschützt werden soll die Gesellschaft vor dem Täter, nicht etwa dieser vor sich selbst[114]. In den meisten Fällen hätte er seine Zeit anders verwenden wollen als zu seiner "Heilung" durch Behandlung im strafrechtlichen Vollzug[115].

Daraus ergibt sich, daß das Recht des Betroffenen, "sich gegen aufgedrängte Fürsorge begründet wehren zu können"[116], durch ein emanzipierendes Besserungskonzept nicht Makulatur werden darf[117].
Das Bundesverfassungsgericht spricht in demselben Zusammenhang davon, daß die zwangsweise Unterbringung nur zum Zweck der Besserung eines Erwachsenen sowohl das "Grundrecht der persönlichen Freiheit in seinem Wesensgehalt" als auch schließlich den Grundsatz der Verhältnismäßigkeit verletzt[118].

Darüberhinaus ist es mißverständlich, mit Haffke in diesem Urteil ein "verfassungsrechtliches Besserungsverbot" zu sehen.
Denn das Bundesverfassungsgericht hat nicht von einem allgemeinen verfassungsrechtlichen Besserungsverbot gesprochen, sondern die staatliche Freiheitsentziehung zwecks Besserung unter bestimmte Voraussetzungen gestellt, nämlich daß der "Bürger sich selbst oder andere gefährdet"[119].

---

113) Hassemer, Resozialisierung, S. 163; Wiertz, Strafen - Bessern - Heilen?, S. 145.

114) Vgl. § 123 StVollzG; Wiertz, ebenda, S. 132.

115) Hassemer, ebenda (Fn. 113).

116) Ebenda, S. 165.

117) Vgl. ebenso Schöch, in: Kaiser/Kerner/Schöch, Strafvollzug, S. 88; Müller-Dietz, Grundlagen, S. 124.

118) BVerfGE 22, 180 (220).

119) Ebenda.

3.1.2.1.1 Empirische Grenze der Besserungsmaßnahme

Hinsichtlich der Legitimation des maßregelrechtlichen Besserungsziels erhebt sich die Frage nach dessen Wirksamkeit, weil diese eben zu dem der Maßregellegitimation gehört[120]. Das heißt: Das empirisch ausgerichtete präventive Ziel der Maßregel, die Besserung, kann nur legitimiert werden, wenn es empirisch bestätigt werden kann[121].

Bisher fehlt es weitgehend an Untersuchungen über die Wirksamkeit der bessernden Maßregeln.
Zwar haben sich 1979/80 Dünkel[122] und Rehn[123] mit der Effektivität sozialtherapeutischer Anstalten in Berlin-Tegel bzw. Hamburg beschäftigt. Beide Autoren untersuchten neben Probanden der sozialtherapeutischen Anstalten auch Probanden des Regelvollzugs und ermittelten Unterschiede zwischen den beiden Gruppen anhand eingehender statistischer Datenanalysen. Ihre wesentliche These lautet: Die Sozialtherapie ist insofern erfolgreich, als die sozialtherapeutisch Behandelten eine geringere Rückfallquote aufzuweisen haben als vergleichbare Probanden im Regelvollzug.
Bei der von Rehn untersuchten Gruppe war die Quote der Rückfälligen (nach drei Jahren in Freiheit) um 10 %[124] und bei Dünkel gar (durchschnittlich nach 4 1/2 Jahren Bewährungszeit) um 20 % geringer[125].

---

120) Grünwald, Sicherungsverwahrung, S. 633; vgl. Müller-Dietz, Grundfragen, S. 110; Hassemer, Einführung, S. 265: "Rechtfertigung über erwünschte Folgen ist ein Teil unserer Rationalität".

121) Näher Hassemer, Strafziele, S. 55.

122) Legalbewährung.

123) Behandlung; ders., Rückfall, S. 357 ff.

124) Rehn, Behandlung, S. 208; ders., Rückfall, S. 357, 364.

125) Dünkel, Legalbewährung, S. 216-220.

Damit wird aber kein Beweis für die Wirksamkeit der Vollzugstherapie erbracht, weil aus den Untersuchungen von Rehn und Dünkel nicht zu erkennen ist, ob dieser Befund auf den gleichen Ausgangsvoraussetzungen für die Untersuchungs- (die Behandelten) und die Kontrollgruppen (die Nichtbehandelten) beruht[126]. Wenn es sich bei den erfaßten Tätergruppen möglicherweise ohnehin um eine besondere Auswahl von Gefangenen handelt, dann kann man hinterher nicht mit Sicherheit sagen, daß die Sozialtherapie den Rückfall verhindert hat. Die geringere Rückfallquote ist - möglicherweise - auf die bessere Ausgangsposition zurückzuführen, die für die Auswahl der Gefangenen für die Sozialtherapie entscheidend war[127]. Trotz der ausgelesenen Gefangenen kann - nach der Auffassung von Voß[128] - der Effektivitätsnachweis nicht überzeugen; angesichts des geringen Unterschieds zwischen den Rückfallquoten von Untersuchungs- und Kontrollgruppen wiegen die methodischen Mängel schwer.

Auf jeden Fall hängt die Kriminalität nie einzig vom Zustand des Individuums ab, sondern noch von unzähligen anderen sozialen, wirtschaftlichen Umweltfaktoren, deren "Heilung" nicht in die Kompetenz von Fachleuten für Sozialtherapie fällt. Es ist gerade ein wichtiges Ergebnis von Soziologen, daß die Kriminalität ein Ergebnis eines Wechselspiels zwischen Individuum und Gesellschaft ist. Die Individualtherapie kann dabei nur auf der Seite der Person Einfluß haben, selbst wenn sie durchaus gelingen würde[129].

---

126) Kaiser, Kriminologie, S. 266 f; Göppinger, Kriminologie, S. 412.

127) Schwind, Zukunft, S. 123; Voß, Fallgruppen, S. 217.

128) Voß, ebenda.

129) Voß, Fallgruppen, S. 217.

Abgesehen von dieser von wenig Optimismus getragenen Einschätzung individualtherapeutischer Wirkungen, ist es auch allenthalben spürbar, daß die kriminalprophylaktischen Wirkungen des Behandlungsvollzugs und die bisherigen Methoden der Erfolgsmessung sehr problematisch sind[130].

Hassemer stellt übergreifend fest: "Man weiß nicht und kann nicht wissen, ob und wie weit die Lösung der Probleme über die individualpräventiven Instrumente gelingt; man kann nicht wissen, ob und wie weit die Belastungen, die das Konzept der Resozialisierung für den Betroffenen, aber auch für uns alle mit sich bringt, durch taugliche Hilfe aufgewogen werden ... Das Strafrechtssystem als ganzes aber, die Strafrechtstheorie, kann das Nichtwissen über Wirkungen nicht als letzte Antwort stehen lassen. Sie muß sich zum Problem stellen, daß das Strafrecht eingreift und belastet, ohne zeigen zu können, daß die Belastungen wirklich lohnen"[131].

---

130) Etwa Eisenberg, Kriminologie, S. 366-372; Göppinger, Kriminologie, S. 433-436; Kaiser, Kriminologie, S. 266 f; Müller-Dietz, Grundfragen, S. 120-126 und dort Fn. 49, 51 m.w.N.; Hassemer, Einführung, S. 285, 298 f; ders., Berücksichtigung von Folgen, S. 518-524; ders., Resozialisierung, S. 164 ("eine heilsame Funktion des Nichtwissens"); ders., Strafziele, S. 54-57; Plack, Plädoyer, S. 112-116; Stratenwerth, AT I, S. 21 f; Albrecht/Lamott, Sozialtherapie, S. 263 ff; ebenso in Bezug auf Maßregel Reinhard v. Hippel, Reform, S. 37-54.

131) Hassemer, Einführung, S. 285.

3.1.2.1.2 Hintergrund der Besserungskonzeption: Das Verhältnis von Kriminalität und Krankheit

Die den sog. Besserungsmaßregeln immanente Voraussetzung ist die Annahme, daß ein bestimmter Kreis von Tätern besserungsbedürftig (heilungsbedürftig) für die Sicherheit der anderen sei, weil sie "krank" sind. Mit anderen Worten: sie werden als defizitär, als gestört, krank, d.h. als jemand angesehen, der zu bessern, zu heilen, zu resozialisieren, zu verändern ist, der zu lernen hat, in irgendeiner Weise so zu werden, wie wir uns selber sehen. Diese Störungen werden in einer mehr oder weniger direkten Beziehung zu den Taten gesehen, die man den Betroffenen zwar nicht vorwerfen kann, die aber als unangepaßt, gefährlich und als Übel angesehen werden.

Als Beispiele sind folgende Bestimmungen des Maßregelrechts zu nennen: Die Unterbringung schuldunfähiger oder vermindert schuldfähiger Täter in einem psychiatrischen Krankenhaus (§ 63 StGB), die Unterbringung von Alkohol- und Suchttätern in einer Entziehungsanstalt (§ 64 StGB), die u.a. für Täter mit schweren Persönlichkeitsstörungen vorgesehene Unterbringung in einer sozialtherapeutischen Anstalt (§ 65 StGB).

Diese Täter seien mehr oder weniger geisteskrank; folglich brauchten sie nicht Bestrafung, sondern Behandlung[132]. Besserungsfähige Täter nach Möglichkeit zu resozialisieren sei, gar die Verpflichtung der staatlichen Gemeinschaft und mit dem Rechtsstaatsprinzip vereinbar[133]; die bessernde Maßregel als solche verstoße also nicht gegen die Menschenwürde der Betroffenen.

---

132) Vgl. Bockelmann, AT, S. 281, 285 f; Zipf, in: Einführung, S. 89-95.

133) Stree, in: Schönke/Schröder, StGB, vor § 61 Rdn. 2.

Eine Maßnahme, die darauf hinzielt, einen Straffälligen zu einem brauchbaren und verantwortungsbewußten Glied der Gemeinschaft zu machen, taste den Eigenwert der menschlichen Persönlichkeit nicht an, weil sie gerade die Persönlichkeit, die dem Grundgesetz als Menschenbild zugrunde liegt, schaffen wolle[134].

Die Behandlungskonzeption des Maßregelrechts, die die vergangene Straftat bzw. die weitere Gefährlichkeit des Täters stillschweigend als Symptome von geistigen Störungen auffaßt (Gleichsetzung von Kriminalität und Krankheit), bedarf allerdings im Hinblick auf die Opfergrenze des zu Behandelnden kritischer Würdigung:

Erstens stellt die Maßnahme, die auf die Besserung (Heilung) des geisteskranken Täters abzielt, im Vergleich zum Strafvollzug einen wesentlich intensiveren Eingriff in die Privatsphäre des Betroffenen dar[135]. In einem Gefängnis wird man "in Ruhe gelassen", in einer Besserungsanstalt gerade nicht. Es ist für einen Gefangenen berechenbar, wann er entlassen wird. Von einem psychiatrischen Patienten verlangt man demgegenüber eine Änderung seiner Persönlichkeit, die zeitlich kaum prognostizierbar ist[136].

Hinzu kommt die Unerbittlichkeit der "Stigmatisierung als Geisteskranker". "Geisteskrankheit" gilt heute im Alltagsleben nicht als ein gewöhnliches Leiden, wie die physische Krankheit, sondern als schädliches, sozial

---

134) Stree, Deliktsfolgen, S. 226 f.

135) Hassemer, Resozialisierung, S. 163; ders., Einführung, S. 272: "Während der Vergeltungsvollzug, streng genommen, nur auf den *Körper* des Gefangenen zugriff, ergreift das Behandlungsinteresse auch seine *Seele* " (Hervorhebung dort); vgl. Wiertz, Strafen - Bessern - Heilen?, S. 37.

136) Szasz, Psychiatrie, S. 225.

abweichendes Verhalten.
Außerdem wird der Ausdruck "Geisteskrankheit" nicht selten um seiner zweckdienlich-manipulativen Wirkung willen verwendet: Wenn jemand einmal als "geisteskrank" abgestempelt, etikettiert wird, so deutet dies in unserem Alltagsleben an: "Miß dem, was er sagt, kein Gewicht bei", oder: "Ihr braucht ihn nicht ernst zu nehmen", oder: "Man sollte ihm alle Bürgerrechte absprechen", und dergleichen mehr[137].

Das folgende Beispiel bei Christian Geißler[138] mag diese Abstempelungsfunktion der Geisteskrankheit verdeutlichen, wobei der Angeklagte auf seiner vollen Zurechnungsfähigkeit bestand:

"Ich habe einen Sohn. Es ist besser für einen Sohn, er hat einen schuldigen Vater, der seine Schuld kennt, als er hat einen nicht zurechnungsfähigen Vater. Einem Menschen, dem man die Möglichkeit abspricht, schuldig werden zu können, tut man keinen Gefallen. Es mag aussehen wie Güte und Nachsicht, aber man entwürdigt ihn. Man entzieht ihn der Gerechtigkeit, und also entzieht man ihn auch der Vergebung. Man nimmt ihm die Würde, Mensch zu sein. Es ist für einen Sohn wichtig zu wissen, daß sein Vater ein Mensch war. Es wird ihn verderben, wenn es heißt: dein Vater war ein Idiot. - Ich bitte das Gericht, den Antrag der Verteidigung auf Zuerkennung des § 51 (jetzt § 20 StGB, d. Verfasser) abzulehnen".

Außerdem: Wird ein Mensch einmal als psychisch abnorm bezeichnet, so färbt dieses negative Image auf seine übrigen Verhaltensweisen und Charakteristika ab.

---

137) Szasz, Psychiatrie, S. 34.

138) Zitiert nach Hassemer, Einführung, S. 245 Fn. 191.

Dieses Etikett ist in der Tat so wirksam, daß das normale Verhalten eines "Pseudopatienten" völlig übersehen und gründlich fehlinterpretiert wird[139, 140].

---

139) Dies läßt sich anhand des sog. "Experiments der Pseudo-Patienten" des amerikanischen Psychologen und Juristen D.L. Rosenhan verdeutlichen (On Being Sane in Insane Places, Science 1973, Vol. 179, No. 4070, S. 250-258).
Rosenhan ließt sich dabei zusammen mit sieben anderen psychisch gesunden Versuchspersonen - darunter Psychiater und Psychologen - unter Vorspiegelung psychiatrischer Symptome in verschiedenen psychiatrischen Krankenhäusern aufnehmen. Direkt nach der Aufnahme im Krankenhaus hörten die Pseudo-Patienten auf, abnorme Symptome zu simulieren. Trotz ihrer offen demonstrierten psychischen Gesundheit wurden die Versuchspersonen bis zum Schluß nicht entlarvt. Bis auf einen Fall wurden alle mit der Diagnose Schizophrenie aufgenommen und mit der Diagnose "im Abklingen begriffener schizophrener Schub" entlassen; es sei sehr wahrscheinlich, daß ein Pseudo-Patient, der einmal zum Schizophrenen gestempelt worden ist, diesen Stempel nie wieder los wird. Ausführlich hierzu s. Albrecht, Aspekte, S. 123; vgl. auch Venzlaff/ Schreiber, Maßregelvollzug, S. 197.

140) Noch ein anderes Beispiel: In der Frankfurter Rundschau vom 24. Mai 1983 (Aus aller Welt) wurde von folgendem Fall berichtet:
Ein nur seiner Muttersprache mächtiger Chinese namens David Tom mußte 31 Jahre lang hinter den Gittern eines Irrenhauses im US-Staat Illinois sitzen. Da er kein Englisch sprach, hielten ihn die Ärzte für verrückt, und zwar lautete ihre Diagnose: "geistig zurückgeblieben", "schizophren", "autistisch" und "manisch-depressiv". Erst 1977, nach 25 Jahren im Irrenhaus, habe er einen chinesischen Arzt getroffen, der einen ähnlichen Dialekt sprach wie er. Der Mediziner sei zu dem Schluß gekommen, daß David Tom "völlig normal, ja hoch intelligent" sei. Sein Anwalt Patrick Murphy sagte, "man hat David regelrecht ins Gefängnis gebracht und möglichst schnell den Schlüssel weggeworfen, ihn verrückt erklärt, ohne überhaupt mit ihm zu reden".

Es kann also festgestellt werden, daß die zu Besserungsmaßnahmen Untergebrachten - verglichen mit Strafgefangenen - "doppelt" stigmatisiert werden, und zwar einmal durch ihre psychische Krankheit, sodann dadurch, daß sie der Strafjustiz ausgeliefert werden[141].

Des weiteren besteht das Wesen der Besserungsmaßnahmen in der grundsätzlichen Unbestimmtheit ihrer Dauer. Aus einer Untersuchung von Albrecht[142] geht hervor, daß die durchschnittliche Unterbringungsdauer der von Strafrichtern eingewiesenen Untersuchungspersonen 11,8 Jahre beträgt; 60 % davon seien bereits mehr als 10 Jahre in der untersuchten Anstalt untergebracht. An einem in der Untersuchung bezeichneten Krankenhaus starben in den letzten 20 Jahren sogar knapp 6 % der Untergebrachten, teilweise nach jahrzehntelanger Verwahrung[143].

Trotz dieser schweren Eingriffe in die Freiheit der Untergebrachten wohnt den Anlaßtaten und den Vorverurteilungen in der Regel keine adäquate Allgemeingefährlichkeit inne. Albrecht[144] stellt fest: 27 % der 115 Untergebrachten erhielten wegen des zur Einweisung führenden Delikts neben der Maßregel eine Freiheitsstrafe zwischen ein und drei Jahren, nur fünf Untergebrachte wurden zu einer Freiheitsstrafe von mehr als drei Jahren verurteilt. Knapp die Hälfte der Untergebrachten (48 %) weisen überhaupt keine Vorstrafen

---

141) Eindeutig Pickl, Stigmatisierung, S. 47; vgl. Albrecht, Aspekte, S. 104, 109 ff; Lauter, Maßregelvollzug, S. 75; Venzlaff/Schreiber, Maßregelvollzug, S. 190.

142) Aspekte, S. 113.

143) Ritzel, Unterbringung, S. 185.

144) Aspekte, S. 110.

auf; 18 % haben eine Geld- oder Freiheitsstrafe bis zu einem Jahr erhalten, 20 % zwischen ein und drei Jahren, und nur 14 % sind mit einer Vorstrafe von mehr als drei Jahren belastet. Der Schwerpunkt der Vordelikte liegt mit 25 % bei Eigentums- und Vermögensdelikten, 20 % haben Sexualdelikte begangen, und 6 % waren vorher mit anderen Aggressions- oder Brandstiftungsdelikten aufgefallen. Daraus schließt Albrecht[145] mit Recht, daß eine generelle Gefährlichkeit der Untergebrachten für die Allgemeinheit weder aus ihren kriminellen Karrieren noch der Strafhöhe ableitbar ist. Selbst aus psychiatrischer Perspektive gelingt eine zutreffende Einschätzung der Allgemeingefährlichkeit eines Untergebrachten nur in einer "Gesamtwürdigung des Täters und seiner Tat" (§ 63 StGB). Die Untersuchung von Albrecht belegt, daß eine Korrelation zwischen Krankheitsarten und Unterbringungsdauer nicht besteht. In allen Krankheitsgruppen werden nahezu gleich lange Unterbringungszeiträume erreicht[146].

Da bessernde Maßnahmen in die Persönlichkeitssphäre des Betroffenen stärker als der Strafvollzug eingreifen, bedürfen sie eines zwingenden Grundes; man kann jedoch nur scheinbare Gründe sehen, vor allen Dingen fehlt der verbindliche Maßstab für die Abgrenzung von (zukünftiger) erheblicher Straftat und bloßer Belästigung sowie das Verhältnis der Unterbringungsdauer zur Anlaßtat[147].
Der Begriff "Therapie" im Zusammenhang mit Kriminalität, der sich aus der Gleichsetzung von Rechtsbrecher

145) Albrecht, Aspekte, S. 110.

146) Vgl. ebenda, S. 111-114.

147) Vgl. Schüler-Springorum, Sachverständiger, S. 309.

und psychisch Kranken ergibt, enthält per se die Gefahr, daß die Opfergrenze des Untergebrachten unbeachtet bleibt, weil das Gewicht des Staates gegenüber dem pathologisierten Individuum noch zunimmt.

Auch ist es für den Richter schwierig, die Einweisungs- und Entlassungskriterien von sich aus festzulegen. Das gilt vor allem für die Kriterien der "schweren Persönlichkeitsstörung" (§ 65 I StGB), des "Zustandes der Schuldunfähigkeit oder der verminderten Schuldfähigkeit" (§ 63 I StGB), der Zurückführbarkeit der Anlaßtat auf den Hang zu berauschenden Mitteln (§ 64 I StGB), des "Hanges zu erheblichen Straftaten" (§ 66 I 3 StGB) und für das Maßregelaussetzungskriterium des § 67 d II StGB, "verantwortet werden kann zu erproben, ob der Untergebrachte außerhalb des Maßregelvollzugs keine rechtswidrigen Taten mehr begehen wird".
Hier kann sich der Richter stets nur der Empfehlung eines Psychiaters anschließen, weil die "Sachkunde der Richter diejenige von Laien nicht übersteigt und sie sich noch nicht einmal im notwendigen Umfang mögliche alternative Entscheidungsvorschläge unterbreiten lassen"[148]. Damit wird der Richter praktisch vom Psychiater verdrängt, was eine "Psychiatrisierung des Delikts" nach sich zieht[149, 150].

148) Albrecht, Aspekte, S. 123: Er stellt aus seiner empirischen Untersuchung fest, daß im Rahmen der untersuchten Patientengruppe eine von der Empfehlung des psychiatrischen Krankenhauses abweichende Entscheidung durch die gesetzlich vorgesehene Kontrollinstanz nicht ein einziges Mal getroffen wurde (ebenda, S. 122); vgl. Jäger, Sozialtherapie, S. 213 f.

149) Szasz, Psychiatrie, S. 322-324.

150) In diesem Zusammenhang spricht Krauß, Sachverständiger, S. 334, von der "Entmachtung des Richters"; vgl. auch die von Krauß, ebenda, Fn. 35 zitierte Feststellung Eb. Schmidts: "Abdankung richterlicher Beweiswürdigung überhaupt und schlechthin".

Wenn jemand für "krank" gehalten wird, kann/muß der "Arzt" nach den Regeln der ärztlichen Kunst alles tun, um seinen "Patienten" zu heilen. Der Arzt ist derjenige, der um die Wiederherstellung oder Erhaltung der Gesundheit des Patienten bemüht sein muß. Es fällt jedoch nicht in seinen Aufgabenbereich, sich an der Umsetzung von Rechtsnormen im Alltag zu beteiligen und in rechtlicher Perspektive für die Freiheit seines Patienten zu sorgen.
Der ärztliche Freiheitsentzug bei der psychiatrischen Behandlung kann zwar als Therapie gerechtfertigt sein, trotzdem aber vor dem Recht nicht bestehen können. Die Grundrechte des Untergebrachten werden zu wenig in Betracht gezogen, wenn bei einer Maßnahme therapeutische Gründe mitgedacht werden. Bestehende Bedenken werden mit dem Hinweis auf den Fürsorgegedanken ausgeräumt.

In der Besserungsmaßregel geht nun der Zwang - in Wirklichkeit - nicht mehr von der Justiz aus, sondern von der Psychiatrie; dem Psychiater wird nicht selten eine "Blankovollmacht" erteilt[151], was rechtsstaatlichen Formalisierungsanforderungen nicht genügen kann[152]. Die Grundrechte und die mit ihnen auch zum Ausdruck gebrachte Opfergrenze müssen auch für den sog. "kranken" Straftäter gelten. Es gibt nämlich keinen rationalen Grund dafür, daß jemand wegen seines Geisteszu-

---

151) Szasz, Psychiatrie, S. 323 f; zur Entstehungsgeschichte der Fachmedizin "Psychiatrie" s. Castel, Die psychiatrische Ordnung, S. 110-161; vgl. auch Ritzel, Unterbringung, S. 186.

152) Die Ärzte reagieren nur selten auf Zustandsverbesserungen, entsprechend zurückhaltend sind sie in ihrer Entlassungsbereitschaft, weil es keine praktikablen, allgemeinverbindlichen, mehr als bisher aus dem persönlichen Ermessensspielraum herausgelösten Kriterien für die Beurteilung der sog. "geistigen Gesundheit" gibt. S. zur Problematik des psychiatrischen Krankheitsbegriffs Haddenbrock, Unterbringung, S. 1422; Sagebiel, Organisationsstruktur, S. 30-37; Rasch/Kühl, Subjektives Leiden, S. 237-245 (238).

standes diskriminierend behandelt wird (Art. 3 GG)[153].

Die Bevölkerung kann vor dem Risiko nicht nachweisbarer Gefahren solcher Krankheitszustände ebensowenig geschützt werden wie vor dem Risiko möglicher Straftaten gesunden Täters, die er nach seiner Entlassung aus zumeist nur kurzer Strafhaft begehen könnte. Es besteht auch kein sachlicher Grund dafür, daß von Strafrichtern Untergebrachte länger im psychiatrischen Krankenhaus verbleiben müssen als nicht strafgerichtlich untergebrachte Patienten mit gleichen Krankheits- und Behinderungsformen[154].

3.1.2.2 Die Bedeutung der Sicherung

Der Zweck des Maßregelrechts "Sicherung" ist in der Sicherungsverwahrung (§ 66 StGB) im besonderen und auch in den sonstigen Maßregeln im allgemeinen niedergelegt.

Die Rechtsgüterschutzaufgabe des Maßregelrechts soll zum einen durch die Behandlung der als besserungsfähig beurteilten Täter erreicht werden, zum anderen durch die Sicherung der Gesellschaft vor den für unverbesserlich gehaltenen Tätern. Soweit die Rechtsgüter gefährdet sind, ist es die Aufgabe des Staates, sie zu schützen. Es kann demgemäß bei einzelnen Tätern auch die Notwendigkeit bestehen, aus Gründen des Schutzes von potentiellen Opfern eine über die schuldangemessene Strafe hinausreichende Sanktion zu verhängen.
Zum Beispiel: Bei einem gefährlichen Hangtäter, von dem man mit aller Wahrscheinlichkeit weiß, daß er sofort

---

153) Vgl. ausführlich zu Grundrechten der Geisteskranken Szasz, Psychiatrie, S. 324-329 (328 f); ebenso Franke, Anstaltsunterbringung, S. 1370.

154) Albrecht, Aspekte, S. 124.

nach seiner Strafverbüßung neue Straftaten begehen wird, bleibt nichts anderes übrig, als ihn einzusperren, um weitere Straftaten zu verhindern.

Verfassungsrechtlich interpretiert: Es steht unter dem Gesichtspunkt der Grundrechtseinschränkung außer Frage, daß der Gesetzgeber sowohl die schuldangemessene Strafe androhen als auch zusätzliche Vorkehrungen gegen anders nicht abzuwehrende Bedrohungen der allgemeinen Sicherheit treffen darf[155]. Dies folgt aus der Anerkennung der Institution des Strafrechts und Strafvollzugs in den Art. 2 II 2, 12 III, 104 und 74 Ziff. 1 GG.
Aus dem Gesagten geht hervor, daß der Sicherungszweck des Maßregelrechts verfassungsrechtlich generell zulässig ist; generell deshalb, weil das Grundgesetz darüber keine konkrete Aussage macht, sondern dem Strafgesetzgeber den Auftrag verliehen hat, jene Sanktionen im einzelnen rechtspolitisch zu entscheiden[156].

Mit der generellen Zulässigkeit des Sicherungszwecks der Maßregeln ist aber nicht gesagt, daß Verstöße gegen das Grundgesetz in Einzelfällen unmöglich sind. Festzustellen ist hier nur, daß es bei der normativen Einschätzung der Sicherung um eine Frage der Grenzziehung geht, nicht aber um die grundsätzliche Zulässigkeit.

Als Reaktion auf abweichendes Verhalten in Form von Kriminalität gibt es einerseits ambulante und stationäre Strafen und andererseits verschiedene Maßregeln. Die Strafen sind dabei bestimmt durch verschiedene Strafzwecke - Vergeltung, Abschreckung, Besserung - in Verbindung mit den ökonomischen Bedingungen der jeweiligen Gesellschaft und dem religiös bzw. politisch bestimmten Zeitgeist.

155) Müller-Dietz, Strafzwecke, S. 38.
156) Ebenda, S. 39.

Im Gegensatz zu diesen straftheoretischen Kalkulationen bleibt der Sicherungszweck des Maßregelrechts einfach und nüchtern. Das heißt: Da es im Maßregelrecht um den vorprogrammierten spezialpräventiven Zweck der Sicherung, nämlich die Sicherung der Gesellschaft vor für strafrechtlich relevant gehaltenen Rechtsgutverletzungen geht, kommen die ansonsten umstrittenen straftheoretischen Überlegungen wie Vergeltung, Sühne, Abschreckung oder Resozialisierung nicht zum Zuge.
Der so vorbestimmte abgegrenzte Zweck der Maßregel "Sicherung" ist aber, streng genommen, trivial, weil man solche Sicherung unverkennbar in hervorragendem Maße und scheinbar nebenher bewirken kann[157]. Die sichernde Wirkung ist nämlich begriffsnotwendig in jeden freiheitsentziehenden Maßregeln enthalten, da die Allgemeinheit wenigstens für die Dauer seiner zwangsweisen Unterbringung vor dem Untergebrachten geschützt werden kann. In diesem Sinne ist die Frage nach der wirksamen Sicherung identisch mit der Frage nach ausbruchssicheren Haftanstalten[158].
Der Sicherungszweck läßt die Zeit der Untergebrachten ausschließlich darin ihren Sinn haben, daß die Gesellschaft durch deren Eingesperrtsein vor ihnen geschützt wird: Ein gutes Beispiel hierfür liefert die Sicherungsverwahrung des § 66 StGB, wobei der Sicherungsgedanke Anordnungsmaxime für die Zeit des Eingesperrtseins bildet[159].

---

157) Schüler-Springorum, Strafvollzug im Übergang, S. 130; vgl. Rehbinder, Einführung, S. 49 f.

158) Vgl. § 129 Satz 1 StVollzG; auch Schöch, in: Kaiser/Kerner/Schöch, Strafvollzug, S. 89-91.

159) § 129 Satz 2 StVollzG verpflichtet zwar die Vollzugsbehörde auch dazu, dem Untergebrachten Eingliederungshilfe zu leisten. Dies ist das Ziel des Vollzuges, aber nicht das des materiellen Maßregelrechts.

Aus diesen Überlegungen der Sicherung als Zweck des Maßregelrechts ergeben sich zwei wichtige Erkenntnisse, und zwar eine positive und eine negative.

Die positive Seite des Sicherungszwecks:

Die Sicherungs-Aufgabe des Maßregelrechts ist grundsätzlich besser zu erfüllen und leichter zu ermitteln als das Besserungsziel[160], weil sie schlicht durch die Anstaltssicherheit, durch das sichere Einsperren des Täters erreicht werden kann. Der Erfolg der Sicherungsmaßnahmen setzt nicht - wie bei Besserungsmaßnahmen - die aktive Teilnahme des Untergebrachten an dem Verwirklichungsprozeß voraus. Der Sicherungsverwahrte ist kaum mehr als ein Objekt, an dem das Sicherungsbedürfnis der Gesellschaft befriedigt wird; der zur Besserung Untergebrachte ist dagegen über dem Gegenstand der Behandlung (vom Vollzugspersonal her gesehen) hinaus zugleich ein Subjekt, weil der Besserungserfolg letztendlich von seiner Motivation abhängt[161]. Der Sicherungserfolg läßt sich dementsprechend präziser feststellen als dies im Hinblick auf Zahl und Art verhinderter Rückfälle und geglückter sozialer Eingliederungen gilt.

Die Diskrepanz zwischen normativer Zielsetzung und faktischer Verwirklichung bei der Sicherungsaufgabe des Maßregelrechts kann konsequenterweise dazu führen, daß man im Zweifelsfalle der Sicherungsaufgabe den Vorrang einräumt[162]. Dies kommt vor allem deshalb in Betracht, weil eine scharfe Trennung der beiden Ziele bei den meisten Maßregeln (Ausnahme: § 66 StGB) nicht immer möglich ist. Selbst jede wohlgemeinte Besserungsmaßregel (z.B. §§ 63, 64, 65 StGB) erfüllt insofern einen Sicherungszweck für die Zeit der Unterbringung.

---

160) Ausführlich hierzu Müller-Dietz, Grundfragen, S. 125.

161) Vgl. Schuh, Behandlungsmethoden, S. 68.

162) So Müller-Dietz, Grundfragen, S. 126; vgl. Rehbinder, Einführung, S. 49 f.

Die negative Seite des Sicherungsziels:
Das aus der positiven Seite des Sicherungsziels sich ergebende tatsächliche Voranstellen der Sicherungsfunktion bei den Maßregelzwecken birgt eine gefährliche Tendenz in sich.
Der Schwerpunkt des Maßregelrechts wird auf diese Weise vordringlich auf den Schutz der Allgemeinheit und damit auf die Gefährlichkeit des Untergebrachten verschoben. Somit ist nämlich der Blick dafür getrübt, daß es sich bei dem Untergebrachten in aller Regel nicht um eine besonders starke, sondern um eine besonders schwache und hilfsbedürfte Persönlichkeit handelt. Die stärkere Beachtung des Sicherungsgedankens in den Maßregeln könnte überdies einer "gefängnisähnlichen Situation" Vorschub leisten[163]. Die Vorstellung vom Rechtsbrecher als gemeingefährlichem Menschen bewirkt nolens volens, daß der Sicherungszweck dominiert und "Kettenvollzug" als die natürliche Vollzugsart angesehen wird. Da die Maßregeln nicht an die Höhe der Anlaßtat selber, sondern an die, eventuell ganz unverschuldete, Gefährlichkeit des Täters anknüpfen und ihm insoweit ein Sonderopfer auferlegen[164], kann damit die Opfergrenze des Täters überschritten werden. Dies würde einen erheblichen Verstoß gegen die rechtsstaatlich-humanen Tendenzen des gegenwärtigen Strafrechts bedeuten.

Fragwürdig ist, im Hinblick darauf, ob ein für therapiebedürftig gehaltener Mensch dadurch auf ein soziales Leben in Freiheit vorbereitet werden kann, daß man ihm gerade diese Freiheit entzieht[165]. Dies scheint ein Widerspruch in sich selbst zu sein. Denn: In einer

---

163) Andritsch, Behandlung, S. 210.

164) Hanack, LK, vor § 61 Rdn. 22.

165) Schuh, Behandlungsmethoden, S. 68 und 72 f; Walter, Reform des Unterbringungsrechts, S. 52; Hassemer, Einführung, S. 269 ("Erziehung zur Freiheit durch Freiheitsentzug").

totalen Institution, die ausschließlich aus Menschen besteht, die gleichfalls in der Freiheit gescheitert sind, kann er kaum lernen, wie man sich in die soziale Gemeinschaft eingliedert; man wird eher mit dem Gegenteil zu rechnen haben[166].
Daher wird die Forderung nach einer "gemeindenahen" Behandlung erhoben, d.h. der Patient soll nicht mehr in von seinem Lebensbereich weit entfernten Einrichtungen untergebracht werden, sondern in unmittelbarer Nähe zu seinen sozialen Bezügen[167]. Mit dem Kontakt zu Bezugspersonen (Partner, Angehörige, früheres Milieu) erlebe er wieder Freiheit und lerne, künftig in Freiheit zu leben, ohne Straftaten begehen zu müssen.
Konsequenz daraus ist: Je mehr der Schutz der Gemeinschaft, der Sicherungsgedanke in den Vordergrund treten wird, desto geringer sind die Chancen der therapeutischen Behandlung[168]. Hier zeigt sich also ohne weiteres, daß die besser erfüllbare Aufgabe des Maßregelrechts, die Sicherung, zu dem Besserungsziel in Gegensatz gerät (Antinomie von Sicherung und Besserung)[169].

---

166) Schuh, ebenda (Fn. 165), S. 73; ebenso Hans-Joachim Schneider, Kriminologie, S. 167.

167) Walter, ebenda (Fn. 165), S. 55 und dort Fn. 15 m.w.N.; ebenso Lorenzen, Unterbringung, S. 134.

168) Vgl. Andritsch, Behandlung, S. 210-212.

169) Eindeutig Hellmuth Mayer, AT 1967, S. 179: "Sicherungszweck und Besserungszweck werden sich regelmäßig widerstreiten. Will man sich vor einem gemeingefährlichen Geisteskranken sichern, so müßte man ihn in eine geschlossene Abteilung einsperren, womit man die Heilungsmöglichkeiten mindert und die Krankheit verschlimmert. Will man mit einem Sicherungsverwahrten den durchaus denkbaren Versuch der Besserung machen, so muß man auch Formen des offenen Vollzugs anwenden. Dann kann er natürlich ausbrechen und Schaden stiften".

Fazit dieser Überlegungen: Die Auseinandersetzungen um die normative Zulässigkeit der Sicherungsaufgabe des Maßregelrechts helfen einem wenig weiter. Das heißt, die generelle Zulässigkeit des Sicherungszwecks im Maßregelrecht bedeutet nicht, daß man damit die Sicherungsaufgabe in der Maßregeldiskussion ohne weiteres zu Ende bringen kann, sondern daß sie die konkrete Zulässigkeitsfrage der Sicherung zur Bedingung macht. Zum Beispiel wäre es verfehlt, wenn man eine bestimmte Maßregel damit begründen wollte, das Sicherungsbedürfnis sei dringend, um schweren Straftaten zu begegnen, wenn aber zugleich zu erwarten wäre, daß aufgrund von Fehlbeurteilungen ein scheinbares Sicherungsbedürfnis minder Gefährliche einer Sicherungsmaßregel unterwerfen würde. Sicherungsbedürfnis ist eine empirische Aussage und bedarf somit einer empirischen Begründung, um eine Maßregel legitimieren zu können[170]. Die endgültige Zulässigkeit der normativen Zielverfolgung der Sicherung hängt demnach von den einzelnen gesetzlichen Bestimmungen über die Voraussetzungen und die Rechtsfolgen der Maßregeln und darüberhinaus von der praktischen Ausgestaltung und den tatsächlichen Wirkungen von Maßregeln ab.

Denn die Maßregel ist - anders als die Strafe - von Anfang an, nämlich von Gesetzgebung, über richterliche Maßregelzumessung bis hin zu Vollstreckung und Vollzug, eine ausschließlich spezialpräventiv orientierte soziale Zweckmaßnahme.

Festzustellen ist: Aus der schlichten Manifestation der Besserung und Sicherung als Maßregelzwecke ergibt sich kein bedeutendes generelles Kriterium für die Verhältnismäßigkeitsprüfung im Maßregelrecht, weil

---

170) Vgl. Hassemer, Strafziele, S. 55 f.

die Besserung und Sicherung damit kaum noch ihr empirisches, normatives Eigengewicht behalten (offene Ziele).
Die Besserung leidet insbesondere an dem Erfolgsdiktat, dem sie unterstellt wird, während die Sicherung wegen ihrer Sinnlosigkeit für den Betroffenen fragwürdig ist.

3.1.3 Prognoseproblem

Bezüglich der wirksamen Anwendung des Grundsatzes der Verhältnismäßigkeit taucht immer das Prognoseproblem als ein weiterer Unsicherheitsfaktor des geltenden Maßregelrechts auf, weil das Ergebnis der prognostischen Beurteilungen beim Maßregelrecht stets ausschlaggebend ist.
Hier stellt sich die Frage, wie die mögliche weitere Entwicklung der Täterpersönlichkeit, insbesondere in Bezug auf seine Gefährlichkeit, zu ermitteln ist.
Die Verhängung und die Vollstreckung der Maßregeln ist nur dann vorstellbar, wenn eine sichere Diagnose und Prognose über den Täter möglich ist. Dies verlangt das Gesetz bereits, das u.a. folgende Kriterien benennt: "die Bedeutung der vom Täter zu erwartenden Taten sowie der Grad der von ihm ausgehenden Gefahr" (§ 62 StGB), die Erwartung von "erheblichen rechtswidrigen Taten" (§§ 63 I, 64 I, 65 I Nr. 1, 2, 66 I Nr. 3, 67 d II, 67 g II StGB) und der weiteren Allgemeingefährlichkeit (§§ 63 I, 66 I Nr. 3 StGB).
Inwieweit diese prognostische Aufgabe des Maßregelrechts, die der Gesetzgeber dem Richter "fast naiv" auferlegt hat[171], wirklich erfüllt werden kann, wird im folgenden untersucht. Dabei sollen aber nicht die einzelnen dogmatischen Fragen im Maßregelrecht behan-

171) Hanack, LK, vor § 61 Rdn. 19; vgl. auch Hassemer, Berücksichtigung von Folgen, S. 518-520.

delt, sondern nur die bisher entwickelten Prognoseverfahren problematisiert werden.

3.1.3.1 Die intuitive Prognose

Die intuitive Prognose beruht auf Menschenkenntnis und Berufserfahrung der jeweils gutachtenden oder entscheidenden Personen (z.B. Richter, Staatsanwälte oder Anstaltsbeamte), wobei diese sich auf eine mehr oder weniger große Erfahrung im Umgang mit Straftätern stützen.

Obwohl man auch immer Positives von dieser Methode gesagt haben mag[172], wird sie als äußerst unzuverlässig eingestuft, weil sie völlig von der subjektiven Einstellung, dem Wissen und der Erfahrung des Beurteilers abhängig ist[173]. Es ist sehr bedenklich, ob man überhaupt die Beurteilung der Gefährlichkeit nach subjektiven Auffassungen des Beurteilers als wissenschaftliche Prüfungsmethode bezeichnen kann[174]. Die subjektiven Erfahrungen werden in der Regel nicht systematisch gesammelt. Zudem läßt sich die Bewertung und Verarbeitung der gesammelten Fakten nicht hinreichend gegen den Einfluß von individuellen Vorurteilen absichern.
Die intuitive Methode kann sich per definitionem nicht den Mängeln subjektiver Willkür und des Fehlens rationaler Kriterien entziehen[175]; es ist somit rechtsstaat-

---

172) Z.B. KG, NJW 1972, S. 2228; KG NJW 1973, S. 1420.

173) Hanack, LK, vor § 61 Rdn. 112; Göppinger, Kriminologie, S. 337; Kaiser, Kriminologie, S. 272 f; Eisenberg, Kriminologie, S. 127; Leferenz, Kriminalprognose, S. 1353.

174) Eisenberg, ebenda: "Die intuitive Methode gilt als vorwissenschaftlich."; auch Kaiser, ebenda; Schöch, in: Kaiser/Schöch, Kriminologie-Jugendstrafrecht-Strafvollzug, S. 86.

175) Geerds, Prognose, S. 100.

lich zweifelhaft und unhaltbar, die Prognose einer Gefahr für die Allgemeinheit und damit die Anordnung einer Maßregel von diesen "sogenannten Alltags- oder naiven Verhaltenstheorien über menschliches Handeln"[176] abhängig zu machen[177].

3.1.3.2 Die statistische Prognose

Diese Methode versucht, "aufgrund der Häufung von Merkmalen der Rechtsbrecher eine Voraussage zu treffen"[178]. Zuerst sollen danach sog. "Prognosetafeln" erstellt werden, die der Feststellung kriminogener Faktoren unter Hinzuziehung von Vergleichsdaten von Rückfälligen sowie Delinquenten und Nichtdelinquenten dienen. Den ermittelten einzelnen Merkmalen der Prognosetafeln werden "Schlechtpunkte", die mit Straffälligkeit bzw. Rückfall hoch korrelieren, und "Gutpunkte", die mit Nichtstraffälligkeit bzw. Nichtrückfälligkeit korrelieren, vergeben[179].
Je nach der Größe der Schlecht- und Gutpunkte (Punktverfahren) fällt die Prognose günstig oder ungünstig aus, was gerade mit der Wahrscheinlichkeit oder Unwahrscheinlichkeit weiterer Kriminalität zusammenhängt.

Gegen die statistische Methode sind eine Reihe gewichtiger Einwände erhoben worden: Zunächst bereitete schon die Herstellung der Prognosetafeln Schwierigkeiten. Die Verwendung von Aktenmaterial bei Feststellung kriminogener Faktoren läßt die verschiedenen Selektionsmechanismen unberücksichtigt, die entscheidend dafür sind, ob jemand aktenmäßig erfaßt wird oder nicht[180].

---

176) Kaiser, Kriminologie, S. 272.

177) Geerds, ebenda (Fn. 175); Sonnen, Sozialprognose, S. 366.

178) Kaiser, Kriminologie, S. 274.

179) Göppinger, Kriminologie, S. 341.

180) Sonnen, Sozialprognose, S. 367; ders., Kriminalität, S.196.

Nur ein ganz kleiner Teil der Straffälligen kommt tatsächlich vor Gericht,und von diesen kann nur wiederum ein ganz kleiner Teil von Tätermerkmalen von den Prognosetafeln erfaßt werden. Die Prognosetafeln können nur einen Teilausschnitt kriminogener Faktoren berücksichtigen. "Sie sagen mehr über Selektionsprozesse und damit über Kriminalisierung als über Ursachen von Kriminalität aus"[181]. So weisen die von den einzelnen Forschern erstellten Faktorenlisten erhebliche Verschiedenheit auf. Die meisten Anhänger dieser Methode gestehen auch zu, daß es kein Universalprognoseverfahren in dem Sinne gibt, daß es auf alle Fälle angewandt werden könnte. Der Faktorenkatalog müsse vielmehr beispielsweise bei Jugendlichen notwendigerweise anders aussehen als bei Erwachsenen. Außerdem empfehle es sich, selbst innerhalb jeder dieser beiden Gruppen weiter zu differenzieren[182].

Über die Fragwürdigkeit der Herstellung von Prognosetafeln hinaus wird gegen diese Methode weiter eingewendet, daß man von einer Statistik nur statistische, also nur nach dem Gesetz der großen Zahl richtige Ergebnisse erwarten kann. Es ist daher fragwürdig, aus der Statistik etwas über das künftige Verhalten eines bestimmten Menschen ablesen zu wollen[183]. Zum Beispiel: Wenn die statistische Prognose eine Wahrscheinlichkeit der Rückfallgefahr von 80 oder 90 % ergibt, so machen die übrigbleibenden 10 oder 20 % demjenigen Verantwortlichen, der die Entscheidung fällen muß, sicher noch Schwierigkeiten.

---

181) Sonnen, Kriminalität, S. 196.

182) Meyer, Prognosetafeln, S. 237.

183) Geerds, Prognose, S. 106; Hanack, LK, vor § 61 Rdn. 117.

Im statistischen Verfahren bleibt es völlig offen, ob der erfaßte Täter wirklich zu den für rückfallgefährdeten gehaltenen 80 oder 90 % gehört (dann würde er praktisch mit 100 % Sicherheit straffällig werden) oder zu den harmlosen 20 oder 10 % gehört (dann wäre die Rückfallgefahr gleich null). Falls gegen denjenigen Täter, der in Wirklichkeit zu der letzteren Gruppe gehört, schlicht aufgrund der Schätzung, daß in seiner Gruppe 80 oder 90 % rückfällig werden, eine Maßregel verhängt wird, dürfte die Opfergrenze des Täters überschritten worden sein, weil ein praktisch ungefährlicher Täter - unter dem Deckmantel von Sicherheit der Gesellschaft -"bewußt" in den Maßregelvollzug geschickt wurde; die Maßregel verliert damit jedenfalls ihre Legitimation[184].
Die große Sorge im strafrechtlichen Bereich erstreckt sich gerade darauf, daß der Staat mit der Freiheit des Menschen keine Experimente machen darf[185].

3.1.3.3 Die klinische Prognose (Die empirische Individualprognose)

Die klinische Prognose beruht auf der Erforschung der Täterpersönlichkeit durch einen Psychiater oder einen kriminologisch geschulten Psychologen und zwar in der Regel durch Exploration und Beobachtung, oft unter Zuhilfenahme von Tests und Experimenten[186].

---

184) Pätzold, Eingriffsvoraussetzungen, S. 25; Leferenz, Kriminalprognose, S. 1365.

185) So deutlich Frisch, Prognoseentscheidungen, S. 148: "Möglichkeiten, die nichts weiter sind als die Kehrseite von Unwissen, reichen nicht. Der Täter darf nicht zum Gegenstand irgendwelcher unerprobter Strategien oder spekulativer Konzepte gemacht werden".

186) Ausführlich dazu Göppinger, Kriminologie, S. 338; Kaiser, Kriminologie, S. 273; Leferenz, Kriminalprognose, S. 1366-1373.

Im allgemeinen wird dabei der Sozialbereich miteinbezogen und durch eine körperliche Untersuchung sowie weitere klinische Hilfsuntersuchungen ergänzt[187].

Diese Prognosemethode weist ebenfalls einen Mangel auf, nämlich die Gefahr der Unkontrollierbarkeit wegen subjektiver Bewertungsmöglichkeiten und die Gefahr der Fehlinterpretation wegen mangelnden Erfahrungsschatzes des Gutachters. Dies ist darauf zurückzuführen, daß die klinische Prognosemethode zu stark auf die rein individualwissenschaftlich orientierten Erklärungsansätze von Kriminalität sowie auf die Erfahrung des einzelnen Gutachters ausgerichtet ist und keine hinreichend sicheren Grundlagen aufzuweisen hat[188].

Im übrigen hat sie auch den Nachteil, daß sie aus Gründen der Prozeßökonomie und der Kosten nur in wenigen Fällen angewendet werden kann und demnach nicht in unsere Strafprozeßordnung paßt[189]. Nach der Beweisaufnahme einer schuldhaft begangenen Tat erfolgt das Urteil innerhalb kurzer Frist, wobei eine Klinische Prognose praktisch unmöglich ist. Die klinische Prognose kann nur in den Fällen in Frage kommen, in denen der Verdacht auf Schuldunfähigkeit des Täters besteht und damit der Weg zu einer gründlichen Untersuchung des Täters gemäß § 81 StPO eröffnet wird[190].

---

187) Göppinger, ebenda (Fn. 186).

188) Ebenda; Sonnen, Kriminalität, S. 194.

189) Eisenberg, Kriminologie, S. 128; Sonnen, ebenda; Pätzold, Eingriffsvoraussetzungen, S. 26.

190) Pätzold, ebenda, S. 26 f.

3.1.3.4 Die Strukturprognose

Die sog. Strukturprognose versucht, die Mängel der übrigen Prognosemethoden dadurch zu vermeiden, daß sie die Wege der intuitiven und statistischen Methode in gewisser Hinsicht miteinander kombiniert[191]. So kommt beispielsweise in Betracht, "daß der Richter zunächst seine intuitive Prognose stellt und dann anhand der Prognosetafeln überprüft, ob sie bestätigt wird"[192]. In den Fällen erheblicher Divergenz müßte er dann einen fachlich qualifizierten und erfahrenen Gutachter mit der Herstellung einer klinischen Prognose beauftragen[193].

Durch diesen "Kompromißvorschlag"[194] lassen sich zwar die Mängel der einzelnen Prognosemethoden einigermaßen lindern, aber nicht beseitigen, "was nicht zuletzt durch das hinter den einzelnen Methoden stehende Kriminalitätsverständnis bedingt sein dürfte"[195]. Darüberhinaus werden Bedenken gegen die Praktikabilität dieser Methode erhoben, weil sie sehr viel Zeit erfordern würde[196].

3.1.4 Vorläufige Konsequenzen aus dem Prognoseproblem

Die Rationalität der maßregelrechtlichen Freiheitsentziehung hängt ausschließlich von der Sicherheit der Prognose ab. Denn nur eine sichere Voraussage zukünf-

---

191) Dazu näher Kaiser, Kriminologie, S. 277 f; vgl. auch Hanack, LK, vor § 61 Rdn. 118; Göppinger, Kriminologie, S. 359.

192) Göppinger, ebenda.

193) Ebenda.

194) Pätzold, Eingriffsvoraussetzungen, S. 27.

195) Sonnen, Kriminalität, S. 196.

196) Göppinger, Kriminologie, S. 359.

tiger schwerer Rechtsgutverletzungen kann den so schweren maßregelrechtlichen Eingriff in die Freiheit über das Maß der Schuld hinaus rechtfertigen.

Der Überblick über die verschiedenen Prognosemethoden hat aber gezeigt, daß der gegenwärtige Stand wissenschaftlicher Prognoseforschung grundlegende Fragen bisher nicht zu beantworten vermocht hat und sich noch im Anfangsstadium befindet, was sämtlich letzten Endes der rechtsstaatlichen Formalisierungsaufgabe des Strafrechts zuwiderläuft. Es ist kein sicheres Prognoseverfahren gefunden, das in der gerichtlichen Praxis zwecks Erstellung einer sicheren Prognose verwendet werden könnte. Es ist daher rechtsstaatlich unhaltbar, wenn man einen maßregelrechtlichen Freiheitsentzug vorrangig von der unsicheren Prognose abhängig machen will.

Bei der Maßregelanordnung und deren Zumessung muß demgemäß die Lückenhaftigkeit des Prognosewissens beachtet werden, weil das empirische Programm der Maßregeln mit einer scheinbaren Empirie der Prognose eines besonderen Legitimationsprozesses bedarf; wobei die unzureichende Formalisierung ausgeglichen und damit schließlich das Gleichgewicht zwischen strafendem Staat und zu bestrafenden Tätern wiederhergestellt wird.
Solange man über die künftige Gefährlichkeit des Täters nichts Genaues feststellen kann, wird man der Opfergrenze des Täters nicht gerecht, da die zu befürchtende Gefährlichkeit zu unzumutbaren Belastungen des Betroffenen führt[197]. Allerdings hat man bisher weder zwingende noch rationale Gründe dafür entdeckt, daß sich die Unsicherheit der Vorhersage stets zu Un-

197) Hassemer, Folgenberücksichtigung, S. 520; vgl. auch ders., Resozialisierung, S. 164 f; ders., Einführung, S. 285.

gunsten des Täters auswirken muß. Die Folge, die sich aus dem Nichtwissen der strafenden Gesellschaft ergibt, muß eher die Gesellschaft selber in Kauf nehmen.

3.2 Die Teilgrundsätze des Grundsatzes der Verhältnismäßigkeit i.w.S.

Nach der Angabe des Zwecks kommen die folgenden Teilgrundsätze, nämlich der Grundsatz der Geeignetheit, der Grundsatz der Erforderlichkeit und der Grundsatz der Verhältnismäßigkeit i.e.S. als Inhalte des Grundsatzes der Verhältnismäßigkeit i.w.S. in Betracht.

Diese Teilgrundsätze stehen zueinander in einer konkretisierenden Reihenfolge, welche auf der Grundlage von vorangehenden Abwägungen weiter aufgeführt wird.

3.2.1 Der Grundsatz der Geeignetheit

Eine Maßregel wird dann als geeignet beurteilt, wenn sie ein taugliches Mittel für die Erreichung des von ihr beabsichtigten Erfolgs darstellt. Dabei wird vorausgesetzt, daß der Zweck der zu ergreifenden Maßnahme festgelegt ist. Steht eine Maßregel für die Erreichung dieses festgelegten Zwecks zur Verfügung, ist dieselbe als geeignet zu bezeichnen.

Bevor wir uns der Analyse der Geeignetheit zuwenden, sei an dieser Stelle Luhmanns Auseinandersetzung mit der "Zweck-Mittel-Relation" erwähnt, weil er eine Zweckfestlegung für labil hält; dies ist nur vor dem Hintergrund seiner Systemtheorie zu verstehen.
Luhmann zufolge ist das Verhältnis von Zweck und Mittel "relativ", weil die Charakterisierung eines Kausalfaktors als Zweck bzw. als Mittel vom Betrachtungs-

standpunkt abhängt. Das heißt, "viele Mittel können in anderer Perspektive auch als Zwecke und viele Zwecke in anderer Perspektive auch als Mittel gesehen werden"[198].

Dies geschieht nach Luhmann in zweifacher Weise:
Die eine "Zweck-Mittel-Verschiebung" besteht darin, "daß das Untersystem das ihm zur Besorgung zugewiesene Mittel als eigenen Zweck auffaßt"[199]: Die Qualifikation als "Zweck" wird dann vom Gesamtzweck auf ein Mittel verlagert. Die andere noch radikalere Umwertung, nämlich die "Zweck-Mittel-Umkehrung" geht über die Zweck-Mittel-Verschiebung hinaus, "indem sie mit der Konstituierung ihres Unterzwecks den Endzweck, dem das Gesamtsystem dient, zum Mittel für den Unterzweck degradiert". Luhmann bringt hierfür das Beispiel von einer Partei, die sich um "Programme bemüht, um Wahlen zu gewinnen, statt Wahlgewinne um des Programms willen zu erstreben"[200]. Der Unterschied von Zweck und Mittel verschwimmt dabei "ins fast Beliebige", dennoch "ist es praktisch für Selektivität und Folgenneutralisierung von großer Bedeutung, welche Folgengruppe als leitender Zweck des Handelns angesehen wird"[201].

Überträgt man diese Luhmann'sche Konzeption auf das Maßregelrecht, so ist der Zweck von Maßregeln, Besserung und Sicherung, auch als Mittel für den höheren Zweck des Strafrechts (etwa Rechtsgüterschutz oder

---

198) Luhmann, Zweckbegriff, S. 267; vgl. Lüderssen, Erfahrung, S. 70 ff; Walter Schmidt, Einführung, S. 54 f; Hirschberg, Grundsatz, S. 163 ff.

199) Luhmann, ebenda, S. 273.

200) Ebenda, S. 274.

201) Ebenda.

strafrechtliche Sozialkontrolle) zu verstehen. Vom Gesichtspunkt aller Rechtsbereiche her gesehen ist die strafrechtliche Sozialkontrolle ebenso nicht mehr als ein Mittel für noch umfassendere rechtliche Sozialkontrolle. Auf diese Weise kann die Zurückführung eines Zwecks auf noch höhere, noch allgemeinere Zwecke fast endlos betrieben werden, sozusagen bis auf irgendein metaphysisch oder idelogisch für richtig Gehaltenes.

In der Abstraktion kann es nur eine Begrenzung durch die menschliche Sprache, mit deren Hilfe Wertvorstellungen von Menschen ausgedrückt werden können, geben.

Die Erkenntnis von Luhmann trägt nicht viel zur Konkretisierung der Zweck-Erwägungen bei, weil die Verkettung von Zwecken nur scheinbar ist. Für den Betroffenen, den Maßregelempfänger, ist nur die Tatsache wichtig, daß gegen ihn - aus welchen Zwecksetzungen heraus auch immer - jetzt eine staatliche Maßnahme verhängt wird. Sollte von einem Zweck die Rede sein, muß er gerade in diesem konkreten staatlichen Akt gesucht, dem Betroffenen mitgeteilt und ihm plausibel gemacht werden. Wer darüber nichts weiß, warum er beispielsweise in eine therapeutische Anstalt eingewiesen wurde, wird sich ungerecht behandelt fühlen, was wiederum die Verwirklichung einer Zweckmaßnahme vereiteln kann.

Die Erkenntnis der "Zweck-Mittel-Umkehrung", nämlich die fast uferlose Ausdehnungsmöglichkeit des Zweckbegriffs, deutet jedoch an, daß die Geeignetheitsprüfung nur wenige Leistungen im Rahmen des Grundsatzes der Verhältnismäßigkeit i.w.S. bringen kann, weil je nach der Stufe des Zweckbegriffs der Umfang der für geeignet gehaltenen Mittel unterschiedlich sein kann. Darin liegt der Grund, daß das Bundesverfassungsgericht bei

der Geeignetheitsprüfung immer einen zurückhaltenden Standpunkt eingenommen hat[202].
Die Eignung einer Maßnahme darf vom Bundesverfassungsgericht nur dann ex post verneint werden, "wenn die Maßnahme bei Ausschöpfung aller Erkenntnismöglichkeiten im Zeitpunkt des Erlasses des Gesetzes eindeutig als zweckuntauglich festgestellt werden könnte"[203]. Maßgebend sei also das "ex-ante-Urteil" des Handelnden; jedenfalls wird der Wille des demokratisch legitimierten Gesetzgebers oder Richters respektiert[204]. Übrigens ist es nach der Lebenserfahrung wenig wahrscheinlich, daß ein Richter in der Verfolgung des Maßregelzwecks (Besserung oder Sicherung bzw. beides zusammen) die im Gesetz festgelegten Voraussetzungen überhaupt nicht erfaßt.

Die mögliche Ungeeignetheit des Maßregeleingriffs hat der Gesetzgeber - neben dem § 62 StGB - in der formellen Voraussetzung der einzelnen Maßregeln teils ausdrücklich hervorgehoben, z.B. durch die Nichtanordnung einer Entziehungsunterbrechung bei Aussichtslosigkeit (§ 64 II StGB) und durch die sog. Eignungsklausel bei der Unterbringung in einer sozialtherapeutischen Anstalt (§ 65 I 2 StGB). Hier werden dann die Anforderungen der allgemeinen Geeignetheitsprüfung durch den

202) Im Zusammenhang mit der sog. "gesetzgeberischen Gestaltungsfreiheit" schon oben S. 52-55.

203) BVerfGE 39, 210 (230); vgl. auch BVerfGE 16, 147 (181); 17, 307 (315 ff); 19, 119 (126 f).

204) Hirschberg, Grundsatz, S. 52; ebenso spricht laut Frisch, Prognoseentscheidungen, S. 147, im Zweifelsfalle die Erfolgschance " *für* die Annahme der 'Geeignetheit'; die gegenteilige Lösung liefe auf eine inakzeptable generelle Hintansetzung des Schutzinteresses der Gemeinschaft hinaus" (Hervorhebung im Original).

§ 62 StGB (als Teilgrundsatz der Verhältnismäßigkeit i.w.S.) geringer und wenig problematisch, weil sie durch eigene Eignungsklausel obligatorisch durchgeführt wird.

Ein Beispiel der weiteren, unproblematischen Geeignetheitsprüfung bei LG Hamburg[205]: Die Unterbrechung einer Entziehungskur, die der Richter für geeignet halten konnte, dürfe nicht schon deshalb durch die daneben verhängte Strafe oder durch eine andere Maßregel ersetzt werden, weil sie tatsächlich die gewünschte Wirkung nicht hat. Die fehlende Eignung des Verurteilten für ein bestimmtes Therapiemodell gehöre nicht zur Aussichtsslosigkeit des § 64 II StGB und hebe damit nicht die Anordnung nach § 64 I StGB auf; es sei nämlich nicht Sache der Gerichte, sondern die der Exekutive, die gesetzlich vorgesehenen Einrichtungen bereitzustellen[206].

Die Leistungsfähigkeit des Geeignetheitsprinzips im Rahmen des Grundsatzes der Verhältnismäßigkeit i.w.S. als eigenständiger Grundsatz wird von der Literatur dementsprechend mit einem "weitmaschigen Sieb" verglichen, das nur eine extrem verfehlte Auswahl der Maßregelmittel aussondert[207].

Vielmehr hat die Eignungsfrage im alsbald zu untersuchenden Grundsatz der Erforderlichkeit - als Vorstufe der Erforderlichkeit - ihre Bedeutung, da der Erforderlichkeitsprüfung die gleiche Eignung mehrerer Maßregeln zur Zweckerreichung zugrundegelegt ist (§ 72 I StGB).

---

205) MDR 1981, 778 f.

206) Vgl. auch BGHSt 28, 327 (329).

207) Hirschberg, Grundsatz, S. 54, 56.

3.2.2 Der Grundsatz der Erforderlichkeit

3.2.2.1 Die Bedeutung der "Erforderlichkeit" für das Maßregelrecht

Was die Bedeutung des Begriffs "Erforderlichkeit" angeht, weichen die Formulierungen in Rechtsprechung und in Schrifttum ihrem Sinn nach nicht voneinander ab[208].

Nach der Rechtsprechung des Bundesverfassungsgerichts sei "Erforderlichkeit" gegeben, wenn "das Ziel nicht auf eine andere, den einzelnen weniger belastende Weise ebensogut erreicht werden kann"[209], oder wenn "der Gesetzgeber nicht ein anderes gleich wirksames, aber das Grundrecht nicht oder doch weniger fühlbar einschränkendes Mittel hätte wählen können"[210], kurz, "wenn kein die Betroffenen geringer belastendes Mittel zur Verfügung stünde"[211].

Lerche formuliert den Grundsatz der Erforderlichkeit (Notwendigkeit) folgendermaßen: "Unter mehreren möglichen (zur Zweckerreichung geeigneten) Instrumenten darf nur dasjenige gewählt werden, das die geringstmöglichen Folgen hervorruft"[212].

---

208) Ausführlich hierzu Hirschberg, Grundsatz, S. 56-75.

209) BVerfGE 49, 24 (58); 38, 281 (302).

210) BVerfGE 25, 1 (18); 33, 171 (187); 37, 1 (21); 40, 196 (223).

211) BVerfGE 47, 109 (119).

212) Lerche, Übermaß, S. 19; so auch Walter Schmidt, Abschied vom "unbestimmten Rechtsbegriff", S. 1756; ders., Einführung, S. 54 f; Hotz, Notwendigkeit, S. 13; Zimmerli, Grundsatz, S. 14; Gentz, Verhältnismäßigkeit, S. 1603 f; Grabitz, Grundsatz, S. 573-575; ein völlig anderes Verständnis aber bei Kunz, Übermaßverbot, S. 76: "Für die Frage der Erforderlichkeit ist es gleichgültig, in welchem Verhältnis das Mittel zum erstrebten Zweck steht ... Erforderlichkeit ist somit die und nur

Als Beispiel der maßregelrechtlichen Formulierung der Erforderlichkeit ist § 72 I StGB zu nennen: "Sind die Voraussetzungen für mehrere Maßregeln erfüllt, ist aber der erstrebte Zweck durch einzelne von ihnen zu erreichen, so werden nur sie angeordnet. Dabei ist unter mehreren geeigneten Maßregeln denen der Vorzug zu geben, die den Täter am wenigsten beschweren".

Festzustellen sind demnach zwei wesentliche Merkmale der Erforderlichkeit, und zwar 1) die Feststellung von gleicher Eignung mehrerer Mittel für die Zweckerreichung ("gleiche Eignung"), 2) die Auswahl unter den gleich gut geeigneten Mitteln, wobei die Entscheidung zugunsten des Täters für die am wenigsten belastende Maßnahme zu treffen ist ("Minimaleingriff"). Das mildere Mittel, das jedoch denselben Effekt wie das schwerere nicht erreichen kann, gehört somit nicht zu dieser Kategorie der Erforderlichkeit[213].

Im Maßregelrecht kann dies beispielsweise in folgenden Fällen von Bedeutung sein: 1) die Entscheidung zwischen Maßregeln untereinander, z.B. die Konkurrenz der sozialtherapeutischen Anstalt mit der Sicherungsverwahrung; 2) die Entscheidung der Maßregelzumessung gleicher Maßregelart, z.B. die Abwägung zwischen einer sechsmonatigen Sperrfrist und einer längeren Sperrfrist

---

die Maßnahme, die gerade ausreichend ist, das Ziel zu erreichen". Kunz macht damit keinen wesentlichen Unterschied zwischen Erforderlichkeit und Geeignetheit, s. ebenda, S. 77: "Geeignetheit ist ein Mittel dann, wenn mit seiner Hilfe der gewünschte Erfolg, unabhängig davon, ob dieser selbst positiv oder negativ zu bewerten ist, gefördert werden kann".

213) Frisch, Prognoseentscheidungen, S. 104 f.

für einen Kraftfahrer (§ 69 a I StGB); 3) schließlich die Auswahlmöglichkeit zwischen einer Maßregel und einer gleichgeeigneten außermaßregelrechtlichen Vorkehrung, z.B. die Übernahme einer Betreuung und Überwachung des Täters durch zuverlässige Verwandte oder freiwillige psychotherapeutische Behandlung anstelle der Unterbringung im psychiatrischen Krankenhaus nach § 63 StGB.

Die Erforderlichkeitsfrage stellt sich im Maßregelrecht meist in den ersten beiden Fällen, wobei das "Ob" des Eingriffs grundsätzlich unberührt bleibt.
Verdeutlicht man sich jedoch, daß das Strafrecht ein Teilbereich sozialer Kontrolle ist, dann erweist sich, daß das "Ob" des maßregelrechtlichen Eingriffs eigentlich die wichtigste Vorfrage der maßregeldogmatischen Erforderlichkeit darstellt. Auf jeden Fall besteht kein zwingender rationaler Grund, die Reflexion über das "Ob" eines Maßregeleingriffs aus dem Blickfeld zu verdrängen.

Die Geltung der Erforderlichkeit ist freilich hier umstritten, insbesondere seit der Gesetzgeber die ausdrückliche Erforderlichkeitsklausel des § 42 b a.F. (" ... wenn die öffentliche Sicherheit es erfordert") durch das 2. StrRG gestrichen hat.
Nach dem Wegfall der Erforderlichkeitsklausel und der gleichzeitigen Einführung der Aussetzung zur Bewährung (§§ 67 b, 67 c StGB) ist geltend gemacht worden, der Grundsatz der Erforderlichkeit finde nicht schon bei der Anordnung der Maßregel Berücksichtigung. Er gelte vielmehr erst bei der Vollstreckung der Anstaltsunterbringung[214].

---

214) Lenckner, Strafe, S. 192; auch Stree, in: Schönke/Schröder, StGB, § 63 Rdn. 19; Dreher/Tröndle, StGB, vor § 63 Rdn. 2; Horn, SK, § 63 Rdn. 17; Pätzold, Eingriffsvoraussetzungen, S. 80; ebenso BGH NJW 1978, 599: "Die Frage der Abwendbarkeit

Dies bedeutet, daß der Richter die Unterbringung auch dann aussprechen muß, wenn die Gefahr künftiger Taten durch andere, den Täter weniger belastende Mittel abgewendet werden könnte. Diese angebliche Unverträglichkeit könne durch die Beachtung des Erforderlichkeitsprinzips bei der Entscheidung über die Vollstreckung der Maßregel vermieden werden, indem das Gericht mit der Anordnung der Unterbringung deren Vollstreckung zur Bewährung aussetzt. Der Vorteil dieses Verfahrens bestehe darin, daß gegebenenfalls unter dem Druck einer zwar unbedingt angeordneten, aber zur Bewährung ausgesetzten Unterbringung mit Widerrufsvorbehalt erprobt werden kann, ob andere außermaßregelrechtliche Mittel genügen, um auf den Täter einzuwirken und der Gefahr weiterer Straftaten entgegenzusteuern[215].

Im Hinblick auf die oben dargestellte Bestimmung der Funktion strafrechtlicher Intervention stehen dieser Auffassung nicht ausräumbare Bedenken entgegen.
Die Aufgabe des Strafrechts als sozialen Kontrollinstruments besteht darin, daß das Strafrecht nur für den Schutz der besonders wichtigen Bereiche des Soziallebens (Strafrechtsgüterschutz) berechtigt ist, wobei die strafrechtlichen Mittel die "ultima ratio" sein müssen.

---

der Gefahr durch andere Mittel bleibt unter dem Gesichtspunkt der Anordnungsvoraussetzungen außer Betracht".; a.A. Hanack, LK, vor § 61 Rdn. 58-63; Lackner, StGB, § 66 Anm. 5 a cc; neuerdings ausführlich hierzu Bernd Müller, Anordnung und Aussetzung, S. 58-104 m. w.N.

215) E 1962, S. 210 f; Niederschriften Bd. 12, S. 340; Prot. IV, S. 299 ff, 827; Prot. V, S. 463 ff; Lenckner, Strafe, S. 192.

Es ist demnach ein aus dem Wesen des Strafrechts resultierendes Postulat, daß das Strafrecht nur dann eingesetzt werden darf, wenn die anderen, vor dem Strafrecht stehenden Kontrollmittel nicht ausreichen[216]. Gerade in diesem Sinne konstituieren die Rechtgüterschutz- und die Formalisierungsaufgabe des Strafrechts die beiden Seiten von einem Gegenstand der verfassungsrechtlichen Strafrechtslegitimation; die eine Seite kann ohne die andere Seite nicht legitimiert werden.

Der Streichung der Erforderlichkeit lag die kriminalpolitische Überlegung zugrunde, daß die Erforderlichkeit bei der Anordnung einen gezielten und wirkungsvollen Einsatz präventiver Maßnahmen zum Schutz der Allgemeinheit erschwere[217]. Begleitet wurde dies von dem Gedanken, der Verzicht auf die Verhängung aufgrund der Erforderlichkeitsklausel könne sich im nachhinein als verhängnisvoller Fehler herausstellen; der Täter müsse sich damit ggf. über einen langen Zeitraum der maßregelrechtlichen Kontrolle unterziehen, um seine Gesamtgefährlichkeit besser einschätzen zu können. Dieses kriminalpolitische Durchsetzungsinteresse impliziert nun, daß die Anordnung, selbst wenn sie zur Bewährung ausgesetzt wird, stets und zwingend Führungsaufsicht auslöst (§ 67 b II StGB), was offenkundig die Opfergrenze des Betroffenen überschreitet. Denn, wenn ein milderes Mittel im konkreten Einzelfall ausreichend wäre, die Allgemeinheit wirksam und zuverlässig vor weiteren Straftaten des Täters zu schützen, darf die verfassungsrechtlich gewährleistete Freiheit des Täters durch die Unsicherheit zukünftiger Entwicklung nicht tangiert werden.

---

216) So oben, S. 74 ff (76).

217) Prot. IV, S. 299; Prot. V, S. 462.

Kriminalpolitisch bedingte Zweckverfolgung ist nur dann strafrechtlich legitimierbar, wenn sie rechtsstaatlichen Formalisierungsaufgaben des Strafrechts nicht widerstreitet.

Damit ist festzustellen: Bei der Streichung der Erforderlichkeitsklausel hat der Gesetzgeber verkannt, daß er sich über den Grundsatz der Erforderlichkeit mit bloßen kriminalpolitischen Zweckmäßigkeitsgedanken nicht hinwegsetzen darf. Denn die Erforderlichkeit hat nicht nur verfassungsrechtliche Grundlage, sondern gehört auch zu dem die kriminalpolitischen Interessen qualifizierenden Formalisierungsgrundsatz des Strafrechts; sie steht nicht zur Disposition des Gesetzgebers, so daß seine Ansicht auch den Richter nicht zu binden vermag[218].

Auch über einen anderen Argumentationsweg gelangt man zu derselben Konsequenz: Es ist ein beschränkter Horizont der Verhältnismäßigkeitsargumentation im Maßregelrecht, wenn man den verfassungsrechtlichen Grundsatz der Verhältnismäßigkeit und § 62 StGB isoliert betrachten will. Das heißt, da mit den in § 62 StGB aufgezählten Kriterien sich keine Folgerungen für die Frage der Erforderlichkeit ziehen lassen[219], führt man den Grundsatz der Erforderlichkeit im Maßregelrecht unmittelbar aus dem verfassungsrechtlichen Grundsatz der Verhältnismäßigkeit (i.w.S.) an. Damit entsteht der Eindruck, daß das maßregelrechtliche Verhältnismäßigkeitsprinzip, § 62 StGB parallel zum verfassungsrechtlichen Verhältnismäßigkeitsprinzip existiere und die beiden keinen besondern Zusammenhang hätten. § 62 StGB enthält den

---

218) Hanack, LK, vor § 61 Rdn. 61; Bernd Müller, Anordnung und Aussetzung, S. 101 f; Lackner, § 66 Anm. 5 a cc.

219) Bernd Müller, ebenda, S. 96; Stree, in: Schönke/ Schröder, StGB, vor § 61 Rdn. 11.

Grundsatz der Verhältnismäßigkeit i.e.S.[220] und stellt die maßregelrechtlich konkretisierten Kriterien der Verhältnismäßigkeit auf, weil er die schlichte Zweck-Mittel-Abwägung durch die Opfergrenze letztendlich qualifizieren will. Insofern bedeutet § 62 nichts anderes als die letzte Stufe der Verhältnismäßigkeitsreihenfolge und schließt die vor ihm stehenden Grundsätze der Geeignetheit und Erforderlichkeit in sich ein[221]; eine als ungeeignet oder nicht erforderlich beurteilte Maßregel kann nachher kaum als angemessen, verhältnismäßig i.e.S. aufgewertet werden.

3.2.2.2 Verschiedende Sanktionsintensität der Maßregel

Entscheidend für die Beurteilung der Erforderlichkeit von gleichermaßen geeigneten Mitteln ist deren Eingriffsintensität, weil man unter mehreren, wenigstens gleich geeigneten Maßregeln derjenigen als erforderliche den Vorzug geben muß, die den Betroffenen am wenigsten beeinträchtigt.

Das geltende Maßregelrecht gliedert sich in freiheitsentziehende Maßregeln und Maßregeln ohne Freiheitsentziehung[222]. Zur ersten Gruppe gehören die Unterbringung

---

220) So auch Bernd Müller, ebenda, S. 96; Stree, in: Schönke/Schröder, StGB, vor § 61 Rdn. 11.

221) So klar Walter Schmidt, Abschied vom "unbestimmten Rechtsbegriff", S. 1756 f; ders., Einführung, S. 55; vgl. auch Zimmerli, Grundsatz, S. 13-17; Erichsen, Staatsrecht, S. 14.

222) Hier soll der Terminus "Freiheit" im engeren Sinne, nämlich als Bewegungsfreiheit verstanden werden. Die unten in der zweiten Gruppe aufgezählten Maßregeln sind zwar - streng genommen - keine "nicht-freiheits-entziehenden" Maßregeln, weil sie Teile der gesetzlich gewährleisteten Freiheit aberkennen oder beschränken; dennoch wäre es zur Verdeutlichung der Eingriffsintensität besser, die beiden Maßregelgruppen ihren Wesensmerkmalen gemäß gegenüberzustellen. Vgl. hierzu Pätzold, Eingriffsvoraussetzungen, S.71.

in einem psychiatrischen Krankenhaus (§ 63 StGB), in einer Entziehungsanstalt (§ 64 StGB), in einer sozialtherapeutischen Anstalt (§ 65 StGB) und die Sicherungsverwahrung (§ 66 StGB). Zur zweiten Gruppe gehören die Führungsaufsicht (§§ 68 ff StGB), die Entziehung der Fahrerlaubnis (§§ 69 ff StGB) und das Berufsverbot (§§ 70 ff StGB).
Generell ist festzustellen, daß die freiheitsentziehenden Maßregeln noch stärker als die Maßregeln ohne Freiheitsentziehung die Privatsphäre des Betroffenen berühren.

3.2.2.2.1 Maßregeln mit Freiheitsentziehung

Alle Maßregeln werden, auch wenn das Gesetz Befristungen ausspricht, im Urteil ohne eine zeitliche Begrenzung innerhalb der Höchstfristen angeordnet, weil die Dauer der Unterbringung von der Erreichung des mit der Maßregel verfolgten Zwecks abhängt. Damit ist die gesetzlich vorgesehene Höchstfrist bedeutsam für die Bestimmung der Eingriffsintensität einer freiheitsentziehenden Maßregel.

Für die Unterbringung in einem psychiatrischen Krankenhaus (§ 63 StGB) ist keine Höchstfrist bestimmt, weil es sich hier um die Heilung gefährlicher Geisteskranker handelt[223]; sie dauert so lange, wie es dieser Heilungszweck erfordert. Sie kann also auch lebenslang währen, wenn der kranke Täter unheilbar ist[224].

---

223) Lenckner, Strafe, S. 192.

224) So Stree, in: Schönke/Schröder, StGB, § 63 Rdn. 27.

Ebenso unbefristet ist die Sicherungsverwahrung, wenn diese schon einmal angeordnet worden war.

Höchstfristen bestehen bei der Unterbringung in einer Entziehungsanstalt mit zwei Jahren, einer sozialtherapeutischen Anstalt (nur in § 65 I, II StGB) mit fünf Jahren und bei der erstmaligen Sicherungsverwahrung mit zehn Jahren (§ 67 d I 1 StGB).

Ist die Höchstfrist abgelaufen, so wird der Untergebrachte entlassen, unabhängig davon, ob der Zweck der Maßregel erreicht worden ist (§ 67 d III StGB). Nur bei der wegen Fristablauf vorgenommenen Entlassung aus der Sicherungsverwahrung wird Führungsaufsicht angeordnet (§ 67 d IV StGB).

Ein weiteres Kriterium der unterschiedlichen Eingriffsschwere der freiheitsentziehenden Maßregeln kann man aus den verschieden geregelten obligatorischen Überprüfungsfristen der weiteren Vollstreckung ersehen: Da die Unterbringung grundsätzlich nicht länger als notwendig dauern darf[225], hat das Gericht, gleichgültig, ob eine Höchstfrist vorgesehen und diese abgelaufen ist, die weitere Vollstreckung der Unterbringung zur Bewährung auszusetzen, wenn verantwortet werden kann zu erproben, ob der Untergebrachte außerhalb des Maßregelvollzugs keine rechtswidrigen Taten mehr begehen wird (§ 67 d II 1 StGB). Diese Prüfung kann das Gericht jederzeit vornehmen (§ 67 e I StGB).

Indes wird dem Gericht auch die Pflicht auferlegt, innerhalb bestimmter Fristen die Prüfung vorzunehmen[226].

---

225) Vgl. Stree, ebenda (Fn. 224), § 67 d Rdn. 1.

226) Ebenda, § 67 e Rdn. 3.

Diese betragen bei der Entziehungsanstalt sechs Monate, beim psychiatrischen Krankenhaus und bei der sozialtherapeutischen Anstalt ein Jahr, bei der Sicherungsverwahrung schließlich zwei Jahre (§ 67 e II StGB).

Die tatsächliche Eingriffsintensität der Maßregel entscheidet sich nach Lage des Einzelfalls, d.h. namentlich nach der Gesamtpersönlichkeit des Täters und den unterschiedlichen Behandlungsmethoden in den einzelnen Anstalten, aber auch den voraussichtlichen Wirkungen auf ihn[227].
Unabhängig hiervon läßt sich aus den unterschiedlichen gesetzlichen Voraussetzungen eine bestimmte Intensitätsrangfolge der freiheitsentziehenden Maßregeln feststellen: Bei der Sicherungsverwahrung handelt es sich unumstritten um die "letzte Notmaßnahme der Kriminalpolitik"[228].
Die Rechtsordnung darf zu diesem Mittel nur greifen, wenn der Täter weder durch Strafe noch durch andere Maßregeln zu erreichen ist. Das wird z.B. der Fall beim sog. chronisch kriminellen Täter sein, wobei dann die Sicherung der Allgemeinheit vor ihm im Vordergrund steht.
Die formellen Voraussetzungen der Sicherungsverwahrung sind entsprechende: eine unverhältnismäßig lange Dauer von zehn Jahren bis lebenslang und die längste, zweijährige Überprüfungsfrist von allen Maßregeln.

---

227) Horn, SK, § 72 Rdn. 6.

228) BT-Drs. V/4094, S. 19.

Demnächst beschwerend scheint die Unterbringung in einem psychiatrischen Krankenhaus, insbesondere deswegen, weil sie auch unbefristet, also unter Umständen lebenslang dauern kann. Dazu muß man die zusätzliche Stigmatisierungswirkung der Verurteilung als "Geisteskranker" neben "Verbrecher" in Rechnung stellen[229].

Die Unterbringung in einer sozialtherapeutischen Anstalt wiegt schließlich schwerer als die Unterbringung in einer Entziehungsanstalt[230]. Bei ersteren beträgt die Höchstdauer bei den ersten drei Tätergruppen (§ 65 I, II StGB: Täter mit schwerer Persönlichkeitsstörung, Sexualtäter und angehende Hangtäter bis zur Vollendung des 27. Lebensjahres) fünf Jahre. Bei den Tätern der vierten Gruppe, die anstatt in ein psychiatrisches Krankenhaus in eine sozialtherapeutische Anstalt eingewiesen werden, ist die Unterbringung dagegen unbefristet, theoretisch also wie bei der Unterbringung in einem psychiatrischen Krankenhaus lebenslang. Die obligatorische Überprüfungsfrist ist nach § 67 e StGB ein Jahr.
Bei der Unterbringung in einer Entziehungsanstalt ist demgegenüber die Dauer auf zwei Jahre begrenzt (§ 67 d I StGB); diese Zeit darf auch bei wiederholter Anordnung durch dasselbe Gericht sowie bei mehrfacher Anordnung durch verschiedene Gerichte nicht überschritten werden[231]. Die obligatorische Überprüfungsfrist ist hier ebenfalls kürzer als die bei der Unterbringung in einer sozialtherapeutischen Anstalt (fünf Monate).

---

229) Dazu bereits oben S. 109 ff.

230) § 65 tritt aber erst am 1.1.1985 in Kraft (BGBl. 1969 I, S. 717; 1973 I, S. 909; 1977 I, S. 3104).

231) Jescheck, AT, S. 655.

3.2.2.2.2 Maßregeln ohne Freiheitsentziehung

Das geltende Maßregelrecht kennt drei Maßregeln ohne Freiheitsentziehung: die Führungsaufsicht, die Entziehung der Fahrerlaubnis und das Berufsverbot.

Anders als bei den freiheitsentziehenden Maßregeln hat es wenig Sinn, die nicht-freiheitsentziehenden Maßregeln anhand ihrer Eingriffsintensität miteinander zu vergleichen. Denn es geht bei diesen Maßregeln meistens um die Abwehr begrenzbarer Gefahrenquellen. Bei ihnen kommt es zudem nicht so sehr auf die verschiedenen Behandlungsformen wie "beim gestörten unterzubringenden Täter" an[232].
So zielt beispielsweise die Führungsaufsicht darauf ab, einerseits dem gefährlichen Täter Lebenshilfe, vor allem für den Übergang von der Freiheitsentziehung in die Freiheit zu gewähren, damit er nicht wieder rückfällig wird (Stützungs- oder Betreuungsfunktion); andererseits den gefährlichen Täter durch strenge Überwachung "ambulant zu verwahren", um ihn von weiteren Straftaten abzuhalten (Überwachungs- oder Sicherungsfunktion)[233].
Dagegen liegt der Zweck der Entziehung der Fahrerlaubnis darin, ungeeignete Fahrzeugführer so lange von der Teilnahme am Straßenverkehr auszuschließen, bis diese keine Gefahr für die Verkehrssicherheit mehr darstellen[234]. Das Berufsverbot bewirkt, die Allgemeinheit vor den spezifischen Gefahren zu schützen, die aus

---

232) Hanack, LK, § 72 Rdn. 28.

233) Hanack, ebenda, vor § 68 Rdn. 3; Stree, in: Schönke/Schröder, StGB, § 68 Rdn. 3; Horn, SK, § 68 Rdn. 2.

234) BT-Drs. IV/651, S. 16.

dem Mißbrauch der Berufs- und Gewerbeausübung zu rechtswidrigen Taten erwachsen[235].

Nur: Aus der gesetzgeberischen Streichung des § 62 ist im Hinblick auf die Entziehung der Fahrerlaubnis (§ 69 I 2 StGB) zu konstatieren, daß der Gesetzgeber diese - gegenüber anderen Maßregeln - als wesentlich weniger einschneidende Maßregel ansieht[236]. So kann beim Zusammentreffen von der Entziehung der Fahrerlaubnis mit dem Berufsverbot (z.B. im berufsmäßigen Fahrer) dem ersteren der Vorzug eingeräumt werden, wenn damit dem gesetzten Zweck schon Genüge getan ist[237, 238].

3.2.2.3 Die Bestandteile der Erforderlichkeitsprüfung

Bei der Erforderlichkeitsprüfung handelt es sich, wie in der Begriffsdefinition der Erforderlichkeit erwähnt[239], um die Auswahl der den Täter am wenigsten beschwerenden Maßregel[240] unter den mehreren, für die Zweckerreichung gleich geeigneten Maßregeln. Damit ist die Suche nach anderen, gleich geeigneten Maßregeln vorgelagert.

---

235) BT-Drs. V/4095, S. 38; Stree, in Schönke/Schröder, StGB, § 70 Rdn. 1.

236) Vgl. BT-Drs. V/4094, S. 24.

237) Hanack, LK, § 72 Rdn. 28.

238) Nach Jescheck (AT, S. 655 und 671) ist das Berufsverbot "zahlenmäßig zwar nicht häufig, stellt aber abgesehen von der Freiheitsentziehung den stärksten denkbaren Eingriff in die Freiheit des Einzelnen dar".

239) S. 137 .

240) Im folgenden soll der Begriff "Maßregel" nicht nur die Anordnung verschiedener Maßregelsorten, sondern auch deren weitere Entscheidungen (z.B. Vollstreckung, Überweisung, Aussetzung, Überprüfung, Widerruf usw.) enthalten.

3.2.2.3.1 Die umfassende Eignungsprüfung als Voraussetzung der Erforderlichkeit

In der Symmetrie von Formalisierungsaufgabe des § 62 StGB und Maßregelzweck (i.e.S.) kommt der ersteren die Bremsfunktion gegenüber dem letzteren zu, d.h. sie verbietet es, eine Maßregel, deren materielle Voraussetzungen nicht voll erfüllt sind, dennoch anzuordnen. Die Bremse darf freilich nicht die Funktion des Motors übernehmen, wenn die Dinge nicht auf dem Kopf stehen sollen.
Der Grundsatz der Verhältnismäßigkeit des § 62 StGB greift demzufolge nur ein, um eine aufgrund ihrer formellen Voraussetzungen indizierte Maßregel nicht anzuordnen oder sie zugunsten des Täters zu modifizieren (doppelte Zulässigkeitsprüfung)[241].

In diesem Zusammenhang bedeutet die Eignungsprüfung als Voraussetzung der Erforderlichkeitsprüfung folgendes: Es muß nicht nur die Eignung einer von den formellen Voraussetzungen gewonnenen Maßregel geprüft, sondern es müssen außerdem die anderen mittelbar in Betracht kommenden Maßregeln einer hypothetischen Eignungsprüfung unterzogen werden, um feststellen zu können, ob unter ihnen eine gleich wirksame, aber weniger schwerwiegende existiert[242].

Damit erfordert der Grundsatz der Erforderlichkeit noch weitere, umfassendere Eignungsprüfungen als der Grundsatz der Geeignetheit, der sich nur mit einer die formellen Voraussetzungen erfüllenden Maßregel befaßt.

---

241) Oben, S. 94 f.

242) Vgl. Hirschberg, Grundsatz, S. 59.

Mit einer in Aussicht genommenen Maßregel kann die Erforderlichkeitsprüfung nicht durchgeführt werden, sie setzt sozusagen ihrem Wesen nach eine vergleichende Prüfung voraus.

Hier können drei Modalitäten der unterschiedlichen Eignung auf die Erforderlichkeitsprüfung Einfluß nehmen[243]: Wenn eine mildere Maßregel dieselbe Wirksamkeit zur Zweckerreichung hat wie die als geeignet beurteilte schwerere Maßregel, dann ist letztere eindeutig nicht erforderlich. Ist aber die mildere Maßregel weniger geeignet für die Zweckerreichung als die schwerere, so ist die letztere auch die im konkreten Fall erforderliche, und zwar selbst dann, wenn sie den Betroffenen voraussichtlich schwer belastet. Die mildere Maßregel mag - schließlich - dieselbe Wirkung wie die schwerere haben, wobei dies nicht mit Gewißheit zu sagen ist.

Ist dies zweifelhaft, so ist nach einem Vorschlag von Frisch[244] normativ zu verfahren: "Die Beschränkung staatlicher Eingriffe auf das zur Zweckerreichung Erforderliche bezweckt, die Rechte der von einer zweckorientierten Maßnahme Betroffenen zu schonen, wo immer die Erreichung des angestrebten Zieles hierunter nicht leidet".
Im Zweifelsfall der (gleichen) Eignung muß demnach die Erforderlichkeitsfrage so (um)formuliert werden: Zu fragen ist, "ob die Gemeinschaftsinteressen so gewichtig erscheinen, daß zu ihrer Gewährleistung auch so erhebliche Rechtsbeschneidungen hingenommen werden müssen, wie sie mit der schärferen, aber eben auch deutlich effizienteren Maßnahme verbunden sind"[245].

---

243) Ausführlich Frisch, Prognoseentscheidung, S. 104 f.
244) Frisch, ebenda, S. 105.
245) Frisch, ebenda, S. 106.

Mit dieser Formulierung Frischs entsteht freilich der Eindruck, daß im Zweifelsfall der (gleichen) Eignung der Grundsatz der Verhältnismäßigkeit i.e.S. zur Erforderlichkeitsprüfung herangezogen werden soll, um den Zweck der Maßregel zur Schwere des Maßregeleingriffs, d.h. zum Gewicht der aufzuopfernden Freiheit des Täters in Verhältnis zu setzen und damit den Maßregelzweck selber zu relativieren.
Die Frage, ob nicht um des größeren Individualrechtsschutzes willen statt eines schärferen ein weniger geeignetes milderes Mittel angewendet werden soll, ist immerhin kein Problem der Erforderlichkeit, sondern der Verhältnismäßigkeit i.e.S.[246].

Wenn man den Zweifelsfall der (gleichen) Eignung nicht über den Grundsatz der Erforderlichkeit zu lösen vermag, wäre es m.E. ratsamer, um Begriffsverwirrungen zwischen den Teilgrundsätzen des Grundsatzes der Verhältnismäßigkeit i.w.S. zu vermeiden, diese Zweifelsfrage durch die nächstfolgende Stufe der Verhältnismäßigkeit i.e.S. bewältigen zu lassen. Das heißt: Die zweifelhafte gleiche Eignung führt dazu, daß die betreffende Maßnahme aus dem gleich geeigneten Mittelkatalog ausscheidet.
Gleichwohl, es ist nicht ausgeschlossen, daß die in der Erforderlichkeit ihrer fraglichen (gleichen) Eignung wegen ausgeschiedene Maßregel in dem darauf folgenden Prüfungsabschnitt der Verhältnismäßigkeit i.e.S. wieder aufgenommen werden kann, weil diese die Ergebnisse der Erforderlichkeitsprüfung korrigiert.

---

246) Denzel, Übermaßverbot, S. 24; vgl. Grabitz, Grundsatz, S. 575; Walter Schmidt, Abschnied vom "unbestimmten Rechtsbegriff", S. 1756.

3.2.2.3.2 Minimaleingriff

Existieren mehrere, gleich geeignete Maßregeln, so ist es die nächste Stufe der Erforderlichkeit, unter ihnen die mildeste Maßregel herauszufinden. Dies kann - ohne besondere Schwierigkeiten - durch einen Vergleich der Opfer entschieden werden, die die verschiedenen in Betracht kommenden Maßregeln dem Betroffenen auferlegen[247]. Dabei spielen u.a. die räumlichen (geschlossene versus ambulante Behandlung) und zeitlichen (längere versus kürzere Dauer der Unterbringung) Umstände eine wesentliche Rolle für die Bestimmung des Minimaleingriffs.

Die subjektiven Momente des Täters können zwar nicht in allen Fällen berücksichtigt werden, insbesondere da er hierfür oft keine zutreffende Vorstellung haben kann; es sei jedoch nicht ausgeschlossen, sogar unter Umständen geboten, etwaige Wünsche des Täters mitzuberücksichtigen, wenn es dafür sachliche Gründe gibt[248].

3.2.3 Der Grundsatz der Verhältnismäßigkeit i.e.S.

3.2.3.1 Die Bedeutung der "Verhältnismäßigkeit i.e.S."

Eine als geeignete und auch als mildeste Maßnahme erkannte Maßregel wird schließlich noch einer weiteren umfassenden Prüfung unterzogen, umfassend deswegen: Während zuvor der Schwerpunkt der Prüfung mehr auf dem Zweck (bei der Angabe des Zwecks und dessen Legitimität, dem Grundsatz der Geeignetheit) oder dem Mittel (bei dem Grundsatz der Erforderlichkeit) lag, wird jetzt schließlich das Verhältnis beider zu dem

---

247) Hirschberg, Grundsatz, S. 65.

248) Hanack, LK, § 72 Rdn. 13; Lang-Hinrichsen, LK (9.Aufl.), § 42 p Rdn. 9.

tertium comparationis (Opfergrenze des Täters oder Freiheitsrechte des Betroffenen) erörtert.

In dieser Dreiecksbeziehung der Verhältnismäßigkeit i.e.S. (Zweck-Mittel-tertium comparationis) wirkt die Opfergrenze als konstanter Faktor, Zweck und Mittel wirken als variable Größen[249].
Die Rolle des tertium comparationis bei der Verhältnismäßigkeitsprüfung i.e.S. wird, wie mir scheint, bisher nicht klar genug erkannt und damit begriffliche Verwirrung ausgelöst. In dem geläufigen, besonders staatsrechtlichen Verständnis der Angemessenheit, wonach Zweck und Mittel zueinander in einem angemessenen Verhältnis stehen müssen (negativ formuliert: Zweck und Mittel dürfen zueinander nicht außer Verhältnis stehen)[250], erscheint das tertium comparationis nicht klar genug erkannt.
Insofern erhebt sich das berechtigte Bedenken, mit welchem Vergleichsmaßstab die variablen Größen von Zweck und Mittel und deren Verhältnis zur invariablen Größe zum angemessenen oder proportionalen Verhältnis verwandelt werden könnte.
Bleibt de facto nichts anderes übrig - wie Hirschberg es beurteilt[251] -,"als daß ganz unterschiedliche Gesichtspunkte für und gegen die Rechtmäßigkeit der jeweiligen Maßnahme einander gegenübergestellt werden"?

---

249) Bereits oben, S. 48.

250) Herzog, in: Maunz/Dürig/Herzog/Scholz, Grundgesetz, Art. 20 (VII. Art. 20 und die Frage der Rechtsstaatlichkeit) Rdn. 76; Stein, Staatsrecht, S. 51 f; Maunz/Zippelius, Staatsrecht, S. 81; v. Münch, Grundgesetz, Kommentar, vor Art. 1-19 Rdn. 55; Erichsen, Staatsrecht, S. 14; Grabitz, Grundsatz, S. 575; Lerche, Übermaß, S. 22; Walter Schmidt, Einführung, S. 55; Zimmerli, Grundsatz, S. 16; Groth, Pönalisierung, S. 745.

251) Hirschberg, Grundsatz, S. 79.

Hirschberg ist der Auffassung, daß eine Fülle von empirischen und wertenden Gesichtspunkten für die Beurteilung des "formalen Prinzips der Verhältnismäßigkeit i.e.S." in Betracht kommt und "daß eine der durch das Abwägungsgebot des Grundsatzes gestellten Aufgaben zunächst darin besteht, unter den Umständen des Einzelfalls die berücksichtigungswürdigen zu ermitteln"[252]. Er bringt hierfür Beispiele aus unterschiedlichen Rechtsgebieten[253].

Das Fazit seiner Konzeption lautet: 1) Es kann keinen gemeinsamen Vergleichsmaßstab geben, an dem sowohl das Mittel als auch der Zweck gemessen werden können. -

Es soll indessen nicht behauptet werden, daß der Grundsatz der Verhältnismäßigkeit in allen Rechtsgebieten ein gleiches tertium comparationis beinhaltet. Vielmehr ist dasselbe erst bei der Normierung eines bestimmten Sachbereichs inhaltlich zu bestimmen[254]. 2) Die Vergleichsmerkmale der Verhältnismäßigkeit i.e.S. sind in den jeweiligen Einzelfällen so unterschiedlich, daß sie nicht unter dem gemeinsamen Nenner "Zweck und Mittel" subsumiert werden können.

Denn mit der Erweiterung des Anwendungsfeldes des Grundsatzes ist die Voraussetzung eines Zweck-Mittel-Verhältnisses für den Grundsatz der Verhältnismäßigkeit i.e.S. entfallen[255]. Der Nachweis dafür ist - so führt Hirschberg weiter aus - schon die Heranziehung der in der Vergangenheit liegenden Merkmale bei §§ 62, 74 b I StGB, weil sie keine Zweckmomente sind.

---

252) Hirschberg, Grundsatz, S. 83.

253) Ebenda, S. 79-82.

254) Oben, S. 48 f.

255) Hirschberg, Grundsatz, S. 45.

Daß der Zweck im Strafrecht nicht nur mit Zukünftigem, sondern auch mit Vergangenem in Beziehung gesetzt werden kann (oder muß), wurde bereits erwähnt[256]; es bleibt aber die Frage, wie die in § 62 StGB aufgezählten Merkmale der Verhältnismäßigkeit i.e.S. mit dem Schema "Zweck-Mittel-Opfergrenze" zu begründen sind, um zeigen zu können, daß sie keine zufällige Zusammensetzung der "berücksichtigungswürdigen des Einzelfalles"[257] sind.

§ 62 StGB nennt: 1) Eine Maßregel der Besserung und Sicherung, 2) die Bedeutung der vom Täter begangenen Taten, 3) die Bedeutung der vom Täter zu erwartenden Taten und 4) den Grad der von ihm ausgehenden Gefahr. Eine von der staatlichen Gewalt in Betracht gezogene Maßregel (Mittel) wird demnach in Beziehung gesetzt, einerseits mit den begangenen Anlaßtaten, andererseits mit den zu erwartenden Taten bestimmter Wahrscheinlichkeit (Zwecke des Maßregelrechts). Dahinter steht das tertium comparationis, welches die Staatsgewalt im Interesse des "right of privacy" oder der "Opfergrenze des Täters"[258] auf das rechtsstaatlich vertretbare Maß begrenzen soll.

3.2.3.2 Die Kriterien des Grundsatzes der Verhältnismäßigkeit im Maßregelrecht (§ 62 StGB)

3.2.3.2.1 Die Bedeutung der begangenen Tat ("Anlaßtat")

Naucke markiert die Zweispurigkeit des deutschen Strafrechts kurz und bündig folgendermaßen:

---

256) S. 93 f.

257) Oben Fn. 252.

258) Hassemer, Einführung, S. 142 f; ebenso Schüler-Springorum, Sachverständiger, S. 309.

"Strafe - Schuld - Vergangenheit", "Maßregel - Gefährlichkeit - Zukunft"[259]. Damit ist gemeint, daß die Maßregeln der Besserung und Sicherung nicht auf die Ahndung begangener, sondern auf die Vorbeugung drohender Straftaten abzielen; daß sie nicht auf die Schuld, sondern auf die Gefährlichkeit des Täters Bezug nehmen.

Von diesem Zweck der Maßregeln (Schutz der Allgemeinheit) her gesehen wäre es nicht nötig, daß eine Straftat bereits eingetreten ist; ihrem präventiven Sinn entspräche es vollkommen, wenn sie jeder möglichen Straftat zuvorkämen.

Gleichwohl kommt es im Maßregelrecht nicht nur auf den Schutz der Allgemeinheit vor zukünftigen Straftaten an, sondern gleichzeitig auch auf den Schutz des Täters vor überzogenen Bedürfnissen der Allgemeinheit; die Harmonisierung beider Interessenlagen macht die Institution des Maßregelrechts legitim[260]. In diesem Zusammenhang setzen sämtliche Maßregeln vor allem die Begehung einer rechtswidrigen Tat (Anlaßtat) im Sinne der Erfüllung eines Straftatbestandes voraus[261]. Nicht im Inneren verschlossene und nach außen hin nicht wirksam gewordene Gefährlichkeit, sondern nur die durch Delikte bereits erwiesene Gefährlichkeit des Täters kann im Maßregelrecht in Betracht kommen[262].

Dies beruht auf denselben rechtsstaatlichen Erwägungen, die ein Gesinnungsstrafrecht ausschließen, mit der wichtigen Konsequenz, daß alle strafrechtlichen Sanktionen zumindest eine rechtswidrige Tat erfordern, wodurch sich die strafrechtlichen Maßregeln von der poli-

---

259) Naucke, Einführung, S. 118.

260) Oben, S. 76 ff (80 f).

261) Die Sicherungsverwahrung verlangt dagegen eine "vorsätzliche Straftat" als ihre Anlaßtat.

262) Nowakowski, Rechtsstaatlichkeit, S. 112.

zeirechtlichen Festnahme oder der Unterbringung nach den allgemeinen landesrechtlichen Regelungen[263] unterscheiden.

Die Voraussetzung einer Anlaßtat hat also im Maßregelrecht einen materiellen Inhalt, und zwar in dem Sinne, daß sie die sichere Grundlage für Freiheit und Sicherheit des Bürgers darstellt. Dies bedeutet freilich nicht, daß die Maßregel sich an der Schwere der Anlaßtat orientieren müsse. Im Gegensatz zur Strafe stellt sie nämlich gerade keine Relation im Hinblick auf die begangene Tat dar, sie zielt vielmehr auf die Vorbeugung zukünftiger Straftaten.
Gemeint ist, daß das spezialpräventive Ziel der strafrechtlichen Maßregeln ausschließlich auf der Grundlage der Anlaßtat verfolgt werden darf, was die Maßregeln zu einem Element der rechtsstaatlichen Strafrechtspflege macht[264].

Die Gefährlichkeit als solche muß demnach aus der Anlaßtat ablesbar sein. Die nur indirekte Verknüpfung zwischen Anlaßtat und Gefährlichkeit durch die die Gefahr begründende schädliche Neigung wird dieser Sachlage nicht gerecht. Zum Beispiel darf ein zu Gewalttaten neigender Psychopath nicht aufgrund eines Vermögensdelikts untergebracht werden, da diese Tat mit seiner gefährlichen Neigung nichts zu tun hat.

Der Anlaßtat wird insoweit ein gewisses Eigengewicht zugeschrieben, das die Beurteilung der Gefährlichkeit qualitativ mit beeinflußt.

---

263) S. hierzu Baumann, Unterbringungsrecht, S. 4-6 und S. 126-140.

264) Nowakowski, Rechtsstaatlichkeit, S. 113.

Nun kommt die Deutung der Anlaßtat als "Indiz"[265] oder "Erkenntnis- und Symptomwert"[266] für die künftige Gefährlichkeit des Täters in Betracht.
Es ist zwar richtig, daß die Anlaßtat als "sicherstes Symptom für die Gefährlichkeit eines Täters" gelten kann[267]. Diese Aussage erweckt jedoch den Anschein, als ob das Gewicht mehr auf die Gefährlichkeit gelegt und hierdurch die Anlaßtat zu einem Hilfsmittel zur Beurteilung der Gefährlichkeit degradiert würde.

Es handelt sich dabei m.E. jedoch nicht um einen schlichten Unterschied der Nuance der Sprachverwendung, weil sich der Anschein zur Wirklichkeit verwandelt: Hanack zufolge ist nämlich die Anlaßtat nach dem allgemeinen Zweck der Maßregeln (Schutz der Allgemeinheit) immer nur im Hinblick auf ihre indizielle Bedeutung für die Gefährlichkeit zu sehen[268]. Eine noch deutlichere Gewichtsverschiebung zugunsten der staatlichen Zweckverfolgungsinteressen enthält der Vorschlag von Horn: Man müsse das "und" in § 62 als "oder" verstehen, um zu verhindern, daß die Maßregel, die nur zu den *begangenen Taten* in einem angemessenen Verhältnis steht, dennoch angeordnet werden könne. In diesem Sinne bedeute § 62, daß es in erster Linie um *das richtige Verhältnis zwischen der Schwere des Eingriffs und der vom Täter ausgehenden Gefahr* (der Begehung von rechtswidrigen oder Straftaten) gehe[269].

---

265) Hanack, LK, § 62 Rdn. 11.

266) Marquardt, Aspekte, S. 29; Bernd Müller, Anordnung und Aussetzung, S. 29.

267) Bernd Müller, ebenda mit Nachweisen.

268) Hanack, ebenda (Fn. 265).

269) Horn, SK, § 62 Rdn. 5 unter Verweis auf Lang-Hinrichsen, LK (9. Aufl.); § 42 a Rdn. 12. Hervorhebung dort; ebenso Blei, Verhältnismäßigkeitsgrundsatz, S. 55 ff.

Wenn es dabei wirklich um einen stärkeren Schutz für den Täter - wie Horn wohl gemeint hat - geht, muß vielmehr an die rechtsstaatlichen Voraussetzungen der Anlaßtat erinnert werden. Das "Und" in § 62 deutet dies an.

Im übrigen zeigen die empirischen Untersuchungen, daß Art und Auswahl der von den Probanden begangenen Vortaten - im Vergleich zur Maßregeldauer - nicht auf eine besonders schwerwiegende kriminelle Betätigung schließen lassen. Das heißt: Die Unterbringung in einem untersuchten psychiatrischen Krankenhaus dauerte viel länger als das Ausmaß der in dem verwirklichten Tatbestand zum Ausdruck gekommenen Gefährlichkeit[270]. Die Art des Delikts zeigt ebenso keinen wesentlichen Einfluß auf die Unterbringungsdauer. In seiner Untersuchung stellt Albrecht fest: "Aus allen Deliktsgruppen ist ein nahezu gleich hoher Anteil von Untergebrachten bereits länger als zehn Jahre im psychiatrischen Krankenhaus"[271].

Zu befürchten braucht man also nicht die Diskrepanz zwischen Ausmaß der Anlaßtat und Maßregeldauer. Gefährlich ist vielmehr die rücksichtslose Neigung, die die Anlaßtat unter Berufung auf spezialpräventivem Zweck oberflächlich, nämlich nur als ein "Symptom" für die Gefährlichkeit betrachten will. Das kriminalpolitische Durchsetzungsinteresse des Staates würde die Gefährlichkeit eben zu seinen Gunsten beurteilen, weil die Interessen beider Parteienvon Anfang an gegensätzlich sind. Dem einen steht - abgesehen von Gefährlichkeitsurteil - eine überlegene Strafmacht zur Verfügung; der andere ist dagegen schon dadurch

270) Albrecht, Aspekte, S. 110-114; vgl. auch Marquardt, Aspekte, S. 79 f, 147 f.

271) Albrecht, ebenda, S. 114.

belastet, daß er die Gemeingefährlichkeit bereits in seiner Tat aufgewiesen hat und sich darüberhinaus gegen die Zuschreibung der Gemeingefährlichkeit als Mangel seiner Persönlichkeit kaum wehren kann (per se: anfänglich asymmetrische Lage beider Parteien). Diese Unausgewogenheit kann nur dadurch verringert werden, daß die vom Gesetzgeber hervorgehobene rechtsstaatliche Bedeutung der Anlaßtat im Maßregelrecht ohne jeden Bedeutungsnachlaß wahrgenommen wird[272, 273].

Zugunsten des Täters die Bedeutung der begangenen Tat zu verringern, hieße nichts anderes, als den Teufel mit Beelzebub auszutreiben. Die Deutung der Anlaßtat nur als "Symptomtat" würde den Grundgedanken des § 62 StGB verwässern und folglich die Institution der Maßregel selber in Frage stellen[274].

3.2.3.2.2 Die Bedeutung der zu erwartenden Tat ("Erheblichkeit")

Bevor wir auf die Auseinandersetzungen mit diesem Kriterium eingehen, soll wiederum Rücksicht nehmen, um unsere angebahnte Problemsicht über Maßregeln konsequent weiterzuführen: Die im folgenden zu behandelnden Kriterien der "Bedeutung der zu erwartenden Tat" und

---

272) Vgl. Baumann, AT, S. 742; Schmitt, Zweispurigkeit, S. 280.

273) Zur unterschiedlichen Deutung der Anlaßtat in der Rechtsprechung, s. BGHSt 20, 232 f: NJW 1965, 1869; BGHSt 24, 134 ff. Hierzu Anmerkung Koffkas, JR 1971, 424 ff (425 f); BGHSt24, 153 (156); Hanack, Rechtsprechungsberichte, JZ 1974, 56 ff; OLG Celle NJW 1970, 1199 ff; OLG Hamm GA 1971, 56 f; BVerfGE 16, 194 (202).

274) Anders aber Hanack, LK, § 62 Rdn. 11.

des "Grades der Gefahr", die bei allen Maßregelanordnungen verlangt wird, liegen durchaus in einem anderen Wirkungskreis als die oben erwähnte "Anlaßtat", deren Bedeutung oder Schwere verhältnismäßig sicher festzustellen ist.
Im doppelten Sinne kommt dies in Betracht: Die ersteren beiden Kriterien zielen zuerst auf den Rechtsgüterschutz der Allgemeinheit vor der zukünftigen Straftat des für gefährlich gehaltenen Straftäters, was sich aus dem generellen Zweck der Maßregel ergibt. Infolgedessen liegen sie - zweitens - in der Zukunft, d.h. ihre Anwendung und die Realisierung dieses Zwecks setzen voraus, daß man die zukünftige Gefährlichkeit mithilfe der Analyse des Täters und seiner Tat *gewiß* (im Sinne von § 261 StPO) prognostizieren kann.
Die dogmatischen Auseinandersetzungen müssen auf dem Boden dieser praktischen Anforderungen des Maßregelrechts geführt und reflektiert werden. Andernfalls wären sie eine Illusion oder Fiktion.

Zurück zum Thema: Angesichts der zu erwartenden Straftat, die durch die Maßregel verhindert werden soll, fordert das geltende Maßregelrecht durchgehend die Gefahr einer "erheblichen" Straftat[275]. Damit wird der Begriff der Erheblichkeit zu einem "Zentralbegriff des Maßregelrechts"[276].
Die Frage ist nun, warum der Gesetzgeber im geltenden

---

275) So §§ 63 I, 64 I, 65 I Ziff. 1 und 2, 66 I Ziff. 3 StGB. Nur bei der Führungsaufsicht wird von der "bestehenden Gefahr weiterer Straftaten" gesprochen (§ 68 I StGB), also textlich keine Forderung erheblicher Straftaten.

276) Hanack, LK, vor § 61 Rdn. 40 unter Verweis auf Zipf, in: Einführung, S. 9o und ders., Rechtsfolgen, S. 273.

Maßregelrecht[277] generell die Erheblichkeit weiterer Straftaten verlangt hat. Und ferner die Frage, worin die Grenze der Erheblichkeit liegt. Das heißt: Bei welchem Grad der Kriminalität kann mit der gesetzlichen Erheblichkeitsforderung von der Maßregelanordnung abgesehen werden?

In Bezug auf die erste Frage kann man aus den Gesetzesmaterialien Aufschluß erhalten.
Ministerialrat Schwalm hat hierzu im Gesetzgebungsprozeß nur einen Satz geäußert, und zwar: "Das Wort 'erhebliche' soll klarstellen, daß geringe Straftaten - wie etwa Beleidigung oder Ehebruch - hier endgültig ausscheiden"[278]. In der darauf folgenden Diskussion haben aber mehrere Ausschußmitglieder rechtsstaatliche Bedenken gegen diese Formulierung erhoben[279], weil sie zu weitgehend sei und damit Personen möglicherweise für sehr geringfügige Delikte in die Bewahrungsanstalt bringen könne.
Deshalb wurde vorgeschlagen, das Gesetz anders zu fassen: Begriffe wie "rechtswidrige Taten mit schweren Folgen" (Güde und Diemer-Nicolaus), "ernsthafte Gefahr" (Krümmer), "Gefahr eines erheblichen Schadens" (Schwalm) und "Gefahr eines schweren Schadens" (Güde) wurden zur Disposition gestellt.
Der Regierungsvertreter, Ministerialdirigent Schafheutle, war demgegenüber weder mit dem Bedürfnis schärferer Formulierung noch mit einem der Vorschläge einverstanden,

---

277) Das 1. StrRG enthielt den Begriff der Erheblichkeit in der Sicherungsverwahrung. Seit dem 2. StrRG wird er bei allen anderen freiheitsentziehenden Maßregeln verwendet.

278) Prot. IV, S. 779.

279) Z.B. Diemer-Nicolaus (Prot. IV, S. 786/787 rechte Spalte), Güde (ebenda, S. 787 rechte Spalte, S. 788/789 linke Spalte) und Müller-Emmert (ebenda, S. 789 linke Spalte).

weil er der Auffassung war, daß die erforderlichen Korrekturen durch die Überprüfung der Gerichte, insbesondere durch die Revisiongerichte vorgenommen werden könnten, und daß es kaum möglich sei, sofort eine Formulierung zu finden, die den im Ausschuß geäußerten Wünschen Rechnung trägt[280]. Er hat im Rahmen der Beratungen zweimal darum gebeten, diese Frage noch einmal einer Prüfung unterziehen zu dürfen.
Allerdings hielt er es - als Gegenvorschlag - für denkbar, hier den Grundsatz der Verhältnismäßigkeit einzuführen, um festzulegen, "daß ein angemessenes Verhältnis zwischen der Tat, der Schwere und dem Grad der Gefahr und der in der Unterbringung bestehenden Folge bestehen muß"[281]. Dies wurde von dem Vorsitzenden des Ausschusses als erwägenswert bezeichnet. Schafheutle wurde um Ausarbeitung einer entsprechenden Formulierung gebeten.
Dem Vorschlag von Schafheutle lag der Gedanke zugrunde, daß die Formalisierungslücke des Begriffs "Erheblichkeit" durch den normativen Formalisierungsgrundsatz der Verhältnismäßigkeit ausgeglichen werden kann und muß[282].

Aus den Gesetzesmaterialien ergibt sich also: Der Begriff "Erheblichkeit" hat aus rechtsstaatlichen Gründen Eingang ins Gesetz gefunden. Damit kann zumindest klar festgestellt werden, daß die Gefahr geringfügiger Kriminalität - wie beispielsweise "Beleidigung, Ehebruch, Querulanten" - aus den erheblichen Straftaten ausscheidet (mithin eine Grenze zwischen extrem schweren und extrem geringfügigen Straftaten). Die darüberhinaus noch bestehende, unklare Grenze der Erheblichkeit (etwa im Hinblick auf die sog. mittlere Krimina-

280) Prot. IV, S. 787 linke Spalte und S. 788.
281) Ebenda, S. 789 linke Spalte.
282) Vgl. oben S. 85-87 und 90 f.

lität) wurde im Gesetzgebungsprozeß dem Grundsatz der Verhältnismäßigkeit zu bestimmen aufgetragen.

Die im folgenden zu erörternden dogmatischen Auseinandersetzungen hängen demnach vor allen Dingen mit unserer zweiten Frage, nämlich mit dem Grenzziehungsproblem der Erheblichkeit zusammen.

Zu erwähnen ist hier zunächst die Ansicht Hanacks: Obwohl der Begriff "Erheblichkeit" zu einem "Zentralbegriff" des geltenden Maßregelrechts geworden sei, könne man ihn nicht bei allen Maßregeln nach den gleichen Grundsätzen interpretieren, weil er auf jeweils unterschiedliche Tätergruppen zu beziehen und weil die einzelnen Maßregeln unterschiedlich zu akzentuieren seien. "Aus diesem Grunde erscheint es angebracht, bei der Interpretation zunächst von der einzelnen Maßregel selbst auszugehen, nicht also von vornherein abstrakt einen 'Allgemeinen Teil' zu entwickeln"[283].

Wenn Hanack Recht hätte, gäbe es hier nichts Übergreifendes mehr zu erörtern, weil der Erheblichkeitsgrad völlig von der einzelnen Maßregel abhängen würde. Zweifel bestehen in Bezug auf Hanacks Position insoweit, als daß Maßregel und Strafe gleichermaßen strafrechtliche Sanktionsformen ausmachen und insoweit unterschiedslos dem "ultima ratio"-Prinzip unterliegen. Es ist evident, daß die Maßregel keine Verwaltungsmaßnahme ist und die Unterbringung in einem psychiatrischen Krankenhaus, einer Entziehungsanstalt oder einer sozialtherapeutischen Anstalt sich von dem Aufenthalt in einem allgemeinen Krankenhaus grundlegend unterscheidet.

---

283) Hanack, LK, vor § 61 Rdn. 41 und § 63 Rdn. 45.

Besteht kein gemeinsamer normativer Typus für die Auslegung der Erheblichkeit, so erwächst die Gefahr, die Opfergrenze des Maßregelbetroffenen der Beliebigkeit zu überantworten.

Was die "Erheblichkeit" weiterer Straftaten anbelangt, so hat der Gesetzgeber bei der Sicherungsverwahrung den Erheblichkeitsbegriff exemplarisch etwas näher zu konkretisieren versucht und zwar "namentlich" solche Straftaten genannt, "durch welche die Opfer seelisch und körperlich schwer geschädigt werden oder schwerer wirtschaftlicher Schaden angerichtet wird" (§ 66 I Nr. 3).
Die Bedeutung dieser "namentlich"-Klausel ist dogmatisch sehr umstritten[284]. Davon abgesehen kann man jedoch eins klar festhalten, daß der Gesetzgeber damit - entsprechend seinen Vorstellungen von der Sicherungsverwahrung als "letzte Notmaßnahme der Kriminalpolitik"[285] oder "schwerste Maßregel"[286] - einen besonders hohen Erheblichkeitsgrad kennzeichnen wollte. So heißt es im 1. Bericht des Strafrechtssonderausschusses: "Wie das Wort 'namentlich' zeigt, soll dem Richter nur die Grundentscheidung des Gesetzgebers verdeutlicht werden, wonach bei der Gefahr von Taten mit besonders hohem Schweregrad eine Maßregel von dem Gewicht der Sicherungsverwahrung angeordnet werden darf"[287].

Festzustellen ist also, daß nur die Gefahrtypen *besonders schwerer* Kriminalität für die Erheblichkeitsprüfung bei der Sicherungsverwahrung von Bedeu-

---

284) Dazu s. Hanack, LK, § 66 Rdn. 102/103.
285) BT-Drs. V/4094, S. 19 rechte Spalte.
286) Ebenda, S. 20 linke Spalte.
287) Ebenda, S. 20 rechte Spalte.

tung sind. Im Schrifttum ist dies unbestritten[288].

Bei der Gruppe von freiheitsentziehenden Maßregeln, die vorwiegend auf die Besserung des Täters gerichtet sind (etwa §§ 63-65 StGB), fragt es sich, wie der Besserungszweck den Erheblichkeitsgrad weiterer Straftaten konstituiert. Zwei Gesichtspunkte sind in diesem Zusammenhang zu berücksichtigen: Erstens gilt - Lackner zufolge[289] - zur näheren Konkretisierung der Erheblichkeit bei § 63 sinngemäß die Auslegung der Erheblichkeit zu § 66 mit der Maßgabe, "daß die Erheblichkeitsschwere niedriger liegt als bei der Sicherungsverwahrung und daß daher u.U. auch mittlere Kriminalität erfaßt wird". Dies ergebe sich "aus dem hier *mitschwingenden Heilungs- und Pflegezweck*, weil eine auch der Fürsorge und Hilfe dienende Maßregel rechtsstaatlich eher akzeptabel ist als eine bloße Verwahrung".

Ähnliches hat auch der BGH ausgeführt[290]. Das Gericht argumentierte mit den unterschiedlichen Auffassungen einzelner Paragraphen, die durch die maßstabbildenden Beispielsfälle in § 66 I einen höheren Grad an Gewicht und Erheblichkeit der künftigen Straftaten umschreiben würden. Die Unterschiedlichkeit im Erheblichkeitsgrad finde - so führt das Gericht weiter aus - eine innere Rechtfertigung auch dadurch, daß bei der Siche-

---

288) Hanack, LK, § 66 Rdn. 104; Dreher/Tröndle, StGB, § 66 Rdn. 14; Stree, in: Schönke/Schröder, StGB, § 66 Rdn. 39; Horn, SK, § 66 Rdn. 18; Preisendanz, StGB, § 66 Anm. IV 1 b); Jescheck, AT, S. 658; Bockelmann, AT, S. 288/290; Pätzold, Eingriffsvoraussetzungen, S. 124; Weihrauch, Sicherungsverwahrung, S. 1897.

289) Lackner, StGB, § 63 Anm. 2 c aa. Hervorhebung von mir; ebenso Dreher/Tröndle, ebenda, § 63 Rdn. 8.

290) NJW 1976, 1949.

rungsverwahrung zunächst und in erster Linie die Strafe als Mittel zur Einwirkung auf den Täter in Betracht komme, während "neben der Unterbringung in einem psychiatrischen Krankenhaus (beim Schuldunfähigen) ein anderes strafrechtliches Mittel der Sicherung und Einwirkung überhaupt nicht zur Verfügung steht"[291].

Fraglich sind jedoch einerseits die Heranziehung der Sicherungsverwahrung zur Erheblichkeitsbestimmung bei der Besserungsmaßregel und andererseits das "Mitschwingen des Heilungs- oder Pflegezwecks"[292].
Die Deduktion der Erheblichkeit aus der Sicherungsverwahrung begründet die Gefahr, daß an die Erheblichkeit bei der Besserungsmaßregel auf dem Weg über einen Vergleich zu geringe Anforderungen gestellt werden, weil die Rechtsprechung bei der Sicherungsverwahrung schwankt und beispielsweise auch Taten aus dem Bereich der "mittleren Kriminalität" erfassen will, wenn sie "hohen Schweregrad" beweist[293].
Die Besserungsmaßregel könnte dann tatsächlich durch die Dogmatik und Kasuistik der Sicherungsverwahrung konstituiert werden und verlöre damit ihr eigenes Fundament.
Weiterhin darf nach unseren bisherigen Untersuchungen der Heilungs- oder Pflegezweck bei der Erheblichkeitsbestimmung auch nicht "mitschwingen". Denn der Besserungszweck wurde sowohl empirisch als auch normativ als schwer begründbar erwiesen[294]. "Fürsorge und Hilfe" für den Untergebrachten selbst heißt nichts anderes als die Umhüllung mit einem gesellschaftlich erwünschten Effekt und schwingt insofern eher mit dem

291) BGH, ebenda (Fn. 290).

292) Lackner und BGH, ebenda.

293) BGHSt 24, 153; 24, 160/162; Hanack, LK, § 63 Rdn. 49; ders., Urteilsanmerkung JR 1977, 170.

294) Ausführlich dazu oben S. 96 ff.

mittelalterlichen polizeistaatlichen Eudämonismus mit. Damit hat es das Rechtsstaatsprinzip auf keinen Fall zu tun.
Der Besserungszweck stellt für sich keinen Unterbringungsgrund dar, sondern nur "eine einschränkende Voraussetzung für die Anwendbarkeit der Maßregel"; aus dem Besserungszweck ergibt sich also kein Moment, mit dessen Hilfe die Anforderungen an die künftige Gefährlichkeit bestimmt oder mitbestimmt werden könnten[295].

Nun kommen wir zu dem zweiten Gesichtspunkt: Die Inkonsistenz der Maßregelformalisierung auf dem Weg über einen Vergleich von Sicherungsmaßregel und Besserungsmaßregel erweist sich überdies, wenn man diese Betrachtungsweise auch innerhalb von Besserungsmaßregeln fortführt. Im Schrifttum wird nicht selten die Auffassung vertreten, daß an die Erheblichkeit bei § 64 StGB weniger strenge Anforderungen zu stellen sind als dies bei der Unterbringung nach § 63 oder § 66 StGB notwendig ist, weil die Unterbringung in einer Entziehungsanstalt ausschließlich der Heilung des süchtigen Täters diene und zugleich zeitlich begrenzt sei (§ 67 d I StGB)[296].

In erster Linie gilt auch hier die Kritik, die an dem "Mitschwingen des Heilungs- oder Pflegezwecks" erhoben wurde. Darüberhinaus setzt diese Auffassung voraus, daß § 64 *mehr* auf den Besserungszweck gerichtet ist als § 63, was durch das Wort "vorrangig"[297] oder "aus-

---

295) So Hanack, LK, § 64, Rdn. 73.

296) Lackner, StGB, § 64 Anm. 2 d; Lenckner, Strafe, S. 198; Preisendanz, StGB, § 64 Anm. 4; Dreher/Tröndle, StGB, § 64 Rdn. 6; a.A. Stree, in: Schönke/Schröder, StGB, § 64 Rdn. 9; Horn, SK, § 64 Rdn. 13; ausführlich hierzu Hanack, LK, § 64 Rdn. 72-74.

297) Lackner, ebenda.

schließlich"[298] verdeutlicht wird. Tatsächlich fehlt jedoch die nähere Begründung des gesteigerten Besserungszwecks von § 64. § 64 verlangt, im Unterschied zu § 63, zwar nicht, daß der Täter wegen der zu erwartenden erheblichen rechtswidrigen Taten *für die Allgemeinheit* gefährlich ist. Mit diesem fehlenden Zusatzmoment kann jedoch der gesteigerte Besserungszweck des § 64 nicht begründet werden[299], weil die Gefahr erheblicher Straftaten regelmäßig eine Gefahr für die Allgemeinheit darstellen wird[300].

Eine andere Begründungsmöglichkeit wäre die unterschiedliche Bewertung der sog. psychisch kranken Täter (§ 63) im Vergleich mit den süchtigen Tätern (§ 64).

Es wurde bereits gründlich untersucht[301], daß es - normativ und empirisch - keinen zwingenden Grund dafür gibt, jemanden wegen seines Geisteszustandes gegenüber geistig gesunden Straftätern diskriminierend zu behandeln. Dies gilt auch für den süchtigen Straftäter.

Falls diese Annahme der unterschiedlichen Erheblichkeitsdefinition der §§ 63, 64 StGB zugrundegelegt wird, wäre dies nichts anderes als eine "stigmatisierende" Erheblichkeitsdogmatik gegenüber den sog. psychisch kranken Straftätern, deren Bedenklichkeit wir bereits betont hatten.

Der Hinweis auf die relativ kurze zeitliche Befristung des § 64 StGB überzeugt ebensowenig, weil die Höchstfrist um die Dauer der Freiheitsstrafe verlängert werden kann, wenn vor einer Freiheitsstrafe eine da-

---

298) Lenckner und Preisendanz, ebenda (Fn. 296).

299) So sind wahrscheinlich Dreher/Tröndle und Preisendanz zu verstehen, ebenda (Fn. 296).

300) Stree, in: Schöne/Schröder, ebenda (Fn. 296).

301) S. S. 108 ff.

neben angeordnete freiheitsentziehende Maßregel vollzogen wird (§ 67 d I 2). Obwohl keine Höchstfrist bei § 63 StGB vorgesehen ist, kann eine Unterbringung in einem psychiatrischen Krankenhaus auch jederzeit zur Bewährung ausgesetzt werden, weil dem Gericht dazu immer die Überprüfungsbefugnis zur Verfügung gestellt ist (§ 67 d II StGB).

In summa: Die gebotene Ablehnung gegenüber einer vergleichenden Auslegung der Erheblichkeit hat zur Folge, daß man doch einen bestimmten "Allgemeinen Teil" der Erheblichkeit entwickeln kann und muß[302], der das Minimum der Formalisierungsansätze der Erheblichkeit angibt.
Man ist sich darüber einig, daß die Kleinkriminalität aus dem Bereich "erheblicher Straftaten" bei allen Maßregeln auszuschließen ist. Die Frage, ob mittlere Kriminalität (mit leichtem oder schwerem Grad) auch zu der Kategorie der "Erheblichkeit" gehören kann, ist m.E. - ohne Rücksicht auf die Rechtsfolgen - spitzfindig und somit eine scheinbare Auseinandersetzung, weil sich eigentlich zukünftige Ereignisse menschlichen Handelns einer genauen Prognose entziehen; das bedeutet eine Doppelunsicherheit der Prognose, und zwar einerseits der Prognose darüber, ob jemand überhaupt eine rechtswidrige Tat begehen wird und wenn ja, andererseits, welche genaue Schwere von Kriminalität er unternehmen wird.

302) A.A. Hanack, LK, vor § 61 Rdn. 41. Im Ergebnis stellt er jedoch ebenfalls einen "Allgemeinen Teil" der Erheblichkeit auf, s. etwa ders., ebenda, § 63 Rdn. 50, § 64 Rdn. 74, § 65 Rdn. 107.

3.2.3.2.3 Der Grad der Gefahr ("Wahrscheinlichkeit")

Von ihrem allgemeinen Zweck her kommt es bei den Maßregeln in erster Linie auf die Gefährlichkeit des Täters an, wie dies durch die Tatbestandsmerkmale "Gefahr" bzw. "gefährlich" im Gesetz deutlich zum Ausdruck gebracht wird. § 62 StGB weist dementsprechend nicht nur auf die Bedeutung der begangenen und zu erwartenden Tat hin, sondern auch auf den Grad der vom Täter ausgehenden Gefahr.

Der Begriff "Gefährlichkeit" bzw. "Gefahr" knüpft an den allgemeinen strafrechtlichen Gefahrbegriff an und versteht sich als naheliegende Möglichkeit, also als Wahrscheinlichkeit des Eintritts eines bestimmten schädlichen Ereignisses[303]. Mit anderen Worten: Die naheliegende Möglichkeit ist nicht im Sinne der zeitlichen Nähe eines Geschehens, sondern im Sinne "eines höheren Maßes von Möglichkeit" zu erfassen, das man heute in der Prognose als Wahrscheinlichkeit bezeichnet.

Im Maßregelrecht ist danach Gefährlichkeit Rückfalls- oder Wiederholungswahrscheinlichkeit, welche einen gesteigerten, überwiegenden Grad der Gefährlichkeit bedeutet[304]; allerdings reicht die bloß denkbare Möglichkeit des Rückfalls zur Bejahung der Gefährlichkeit nicht aus.

Die Frage, welcher Wahrscheinlichkeitsgrad gegeben sein muß, damit eine Gefahr als gegeben erachtet werden kann, ist seit jeher sehr umstritten, überdies gibt es nur wenig präzise Äußerungen. Zur Verdeutlichung der Problematik sind an dieser Stelle zwei Konkretisierungsversuche des Wahrscheinlichkeitsgrades auseinanderzuhalten.

---

303) Bruns, Richterliche Überzeugung, S. 652.

304) Bruns, ebenda; Hanack, LK, vor § 61 Rdn. 45.

Auf der einen Seite wird eine begriffliche Klärung versucht: Müller[305] beginnt seine Wahrscheinlichkeitsanalyse mit einer Skala von Aussagen über den Eintritt eines künftigen Geschehens, die von dem Ausgangspunkt "unmöglich" über kontinuierlich wachsende Grade zum entgegengesetzten Endpunkt "notwendig" verläuft.

Wahrscheinlichkeit liege zwischen diesen Extremwerten und könne durch verschieden starke Grade (z.B. geringe, große) differenziert werden. Auf der Skala "Wahrscheinlichkeit" werden aber auch bestimmte andere Zonen ausgewiesen und voneinander abgegrenzt, wie beispielsweise: "Unmöglich - entfernt möglich - wahrscheinlich - höchstwahrscheinlich - notwendig"[306]. Entsprechend dem "allgemeinen Sprachgebrauch" und zugleich dem "strafrechtlichen vorbeugenden Rechtsgüterschutz"[307] werde der Bereich der Wahrscheinlichkeit "nach unten gegenüber der (nicht mehr ausreichenden) Möglichkeit und nach oben gegenüber der (nicht erforderlichen) Notwendigkeit" abgegrenzt; dieser eingegrenzte Wahrscheinlichkeitsbereich sei in der Wirklichkeit nicht weiter unterteilbar (z.B."einfache" oder "erhöhte" Rückfallwahrscheinlichkeit)[308], weil dem "unzulänglichen menschlichen Erkenntnisvermögen nie alle bestehenden Bedingungen einer künftigen Entwicklung und die Art ihres Zusammenwirkens vollständig bekannt sein können"[309].

Die Abgrenzung der Bereiche der "Wahrscheinlichkeit" und der "Höchstwahrscheinlichkeit" von anderen und das Ausscheiden von "unmöglich - entfernt möglich" aus dem Wahrscheinlichkeitsbegriff sind jedoch trivial,

---

305) Anordnung und Aussetzung, S. 61.

306) Bernd Müller, ebenda mit Nachweisen.

307) Ebenda, S. 62.

308) Ebenda, S. 64.

309) Ebenda, S. 62 f und S. 61.

weil niemand ernsthaft behauptet, daß die bloße Möglichkeit zur Wahrscheinlichkeit gehören soll. Bei der Präzisierung maßregelrechtlichen Wahrscheinlichkeitsgrade kommt es vielmehr auf die Abgrenzung von "Wahrscheinlichkeit und Möglichkeit" an, die Müller als Prämisse voraussetzt[310]. Außerdem ist es nicht überzeugend, "das unzulängliche menschliche Erkenntnisvermögen" nur innerhalb des Wahrscheinlichkeitsbereichs gelten zu lassen, aber nicht bei der Abgrenzung zwischen Wahrscheinlichkeit und Möglichkeit, obwohl kein erkennbarer Grund dafür besteht, daß das Nichtwissen hinsichtlich der beiden Bereiche ungleich zu behandeln ist.

Abgesehen von diesem anfänglich fehlgeschlagenen Lösungsweg - weil die empirische Aussage "Wahrscheinlichkeit" mit der Realität zukünftiger Straftaten rein begrifflich zu konkretisieren versucht wird -, setzt Müller die widersprüchliche Argumentation bei der Konkretisierung des eingegrenzten Wahrscheinlichkeitsbereichs fort.
Daß dieser Bereich nicht weiter unterteilbar ist (wegen des unzulänglichen menschlichen Erkenntnisvermögens), ist nach Müller "kein schwerwiegender Nachteil"[311]. Der Wahrscheinlichkeitsgrad stelle keinen festen Wert dar, vielmehr müsse er zur Schwere der zu erwartenden Taten in Relation gesetzt werden. Diese Relation ergebe sich aus dem Schutzzweck der staatlichen Gemeinschaft vor gefährlichen Tätern: "Das Sicherungsbedürfnis der Allgemeinheit ist um so größer und schutzwürdiger, je schwerwiegender die vom Täter drohenden Rechtsver-

---

310) M.E. braucht man hier den Bereich der Wahrscheinlichkeit von dem der Notwendigkeit nicht abzugrenzen, weil diese jenen einschließt - a maiore ad minus.

311) Bernd Müller, Anordnung und Aussetzung, S. 64.

letzungen. Aus diesem Grund ist bei drohenden Taten gegen das Leben eine geringere Wahrscheinlichkeit ausreichend als bei Taten gegen das Vermögen"[312].

Hiermit wird allerdings zu isoliert mit dem kriminalpolitischen Interesse des strafenden Staates argumentiert; die Formalisierungsaufgabe des Strafrechts bleibt unberücksichtigt, was nicht legitimierbar ist, da das Strafrecht sonst seine Qualifikation verliert. Das Abstellen auf die "Erheblichkeit" der zu erwartenden Straftaten zur Wahrscheinlichkeitskonkretisierung erzeugt außerdem eine "Doppelunsicherheit" und umso höhere "Entformalisierung". Denn die Erheblichkeitsermittlung stellt, wie wir im vorangegangenen Abschnitt 3.2.3.2.2 festgestellt haben, keine leichte Aufgabe dar. Dort herrscht auch die Unsicherheit über die Prognose zukünftigen Geschehens (relativ ausgenommen die Bagatellkriminalität). Das Ergebnis einer Wahrscheinlichkeitsprognose, die sich aus dieser Ankoppelung an die völlig unzuverlässige Erheblichkeitsprognose ergibt, dürfte kaum mehr als eine Fiktion sein[313], weil das zu Beweisende in der Voraussetzung zweifach enthalten ist.

Hier setzt Frisch an, der in seiner jüngst erschienenen Monographie "Prognoseentscheidungen im Strafrecht" versucht, die Wahrscheinlichkeit *normativ* zu bestimmen.

312) Ebenda (Fn. 311).

313) Dieselben kritischen Einwände sind gegen Lenckner, Strafe, S. 189 Fn. 86 zu machen, der die Gesetzesformulierung "Gesamtwürdigung des Täters und seiner Tat" bei § 63 als Grundsatz der Verhältnismäßigkeit auslegt und durch ihn den Wahrscheinlichkeitsgrad bestimmen will. - Dann müßten § 62 und § 63 in Disparität geraten, weil § 62 den Grad der Wahrscheinlichkeit als eigenständiges Kriterium der Verhältnismäßigkeit aufstellt; vgl. Untersuchungshaft, S. 49.

Seine Problemstellung lautet: Eine statistisch-numerische Umschreibung der Straftatenwahrscheinlichkeit sei nicht nur empirisch undurchführbar, sondern auch normativ unhaltbar, und die übrigen Bemühungen um Prognose und Wahrscheinlichkeit wiesen ebenso auf allgemeine Schwachpunkte hin. Daraus erhebe sich die Forderung, daß man die "rechtsstaatlich akzeptable Zugriffsmöglichkeiten" sichernde Prognose stellen sollte, worunter eine Prognose zu verstehen ist, die auf einem "spezifisch normativ konturierten Substrat von Wahrscheinlichkeit" beruhe[314].

Der Mangel an Präzisierung der bisherigen Wahrscheinlichkeitsaussagen sei u.a. darauf zurückzuführen, daß nicht erkannt worden sei, daß die Begehung einer Straftat "entscheidend vom Zusammentreffen oder Zusammenspiel bestimmter *personaler* und bestimmter *situativer* Umstände abhängt". Dementsprechend könnte "die relative Wahrscheinlichkeit divergieren, je nach dem, ob es sich um die Erfüllung der personalen oder der situativen Voraussetzungen einer Straftat handelt"[315].

Maßgebend ist damit nach Frisch die Frage, wie die personalen und situativen Bedingungen zu präzisieren sind, um legitimierbare Wahrscheinlichkeitsaussagen zu gewinnen.

Was die personale Seite der Entstehung von Straftaten angeht, führt Frisch aus: "Jede Straftat ist bedingt durch das Vorhandensein einer bestimmten *Persönlichkeitsstruktur* - diese verstanden als das Gesamt spezifischer die Persönlichkeit kennzeichnender Züge, ihrer Einstellungen, Präferenzen, Dispositionen, ihres Wertgefüges und ihrer Relevanzbezüge"[316].

---

314) Frisch, Prognoseentscheidungen, S. 68 f (69).

315) Frisch, ebenda, S. 71. Hervorhebung dort.

316) Ebenda, S. 72. Hervorhebung dort.

Es ist jedoch sehr fraglich, ob mit den Merkmalen "Persönlichkeitsstruktur" und mit den sie operationalisierenden Indikatoren die Wahrscheinlichkeit präzisierbar ist, weil sie ähnlich unbestimmt sind wie der Begriff "Wahrscheinlichkeit".
Frisch müßte vor allem den Begriff "Persönlichkeit" näher erklären, der den von ihm gesetzten Indikatoren der "Persönlichkeitsstruktur" vorausgesetzt ist. Der Begriff Persönlichkeit kann eine fast nicht mehr überschaubare Menge von einzelnen empirischen Befunden einschließen.
Daß mit dem Merkmal "Persönlichkeitsstruktur" wenig gewonnen ist, zeigt die von Frisch selber gestellte Frage, wie und wann der Richter sich "dessen praktisch gewiß sein" kann, "daß die Person, auf die ggfs. mit Maßregeln Zugriff genommen werden soll, eine ganz bestimmte Persönlichkeitsstruktur aufweist: eine Persönlichkeitsstruktur, die sich dadurch auszeichnet, daß bei ihrem Gegebensein unter bestimmten situativen Umständen Straftaten begangen werden"[317].
Diese Kernfrage läßt Frisch unbeantwortet[318].

In Bezug auf die situative Seite der Wahrscheinlichkeit führt Frisch aus, daß die Anforderungen, die gegenüber dem Eintritt einer virulanten Situation zu stellen sind, sich aus der Abwägung zwischen den Interessen der Gemeinschaft und dem Interesse dieser Person, in Freiheit zu leben, ergeben[319]; hierauf wurde bereits oben eingegangen[320].

---

317) Frisch, Prognoseentscheidungen, S. 73.

318) S. ebenda, S. 73 f.

319) Ebenda, S. 76.

320) Oben, S. 173 f (174).

Selbst bei der Interessenabwägung betreibt Frisch - noch deutlicher als Müller - eine Entformalisierung der Wahrscheinlichkeit, indem er den Täter als "*Störer*" klassifiziert: "Bei einigermaßen gleichem Gewicht der durch die Aktionen des Täters bedrohten und durch die Abwehrreaktionen der Gemeinschaft in Anspruch genommenen Güter ist daher eher das Gewicht der Täter, nicht das der bedrohten Opferinteressen reduziert"[321].

Die gut angebahnten Ansätze der Notwendigkeit zur Stelkung einer "rechtsstaatlich akzeptablen Prognose" enden also in einem ganz unzureichenden Ergebnis. Ganz abgesehen davon, daß die von Frisch genannten Determinanten einer Straftat, "personale und situative Umstände" nur auf einem hohen Abstraktionsniveau existieren, ist es bereits im Ansatz fragwürdig, zu glauben, daß die Begehung einer Straftat mit zuvor feststellbaren Determinanten vorherzusagen ist. Die Faktoren, die eine Straftat bestimmen, sind weder vorher aufzählbar noch tauglich, das Geschehen total zu bestimmen.
Überdies ist die Erkenntnis Frischs, daß "der Täter der Störer ist", überflüssig oder gar schädlich für die Bestimmung einer Wahrscheinlichkeit; die rechtsstaatliche Formalisierung des Strafrechts begann nicht mit dieser Erkenntnis, sondern mit dem Postulat, daß der Täter zugleich "noch nicht aufhört, Mensch zu sein, und er verliert noch nicht allen Anspruch auf die Rechte der Menschheit", wie Svarez schon vor ca. 200 Jahren formuliert hat[322].
Die Tatsache, daß der Täter Störer ist, darf nicht "automatisch" - wie eben Frisch anfangs geltend macht[323] - dazu führen, daß er über die Schwere seiner Tat hinaus

---

321) Frisch, ebenda (Fn. 317), S. 77. Hervorhebung dort. Zur Betonung derselben Argumente s. ebenda, S. 78 f.

322) Vorträge, S. 23; vgl. oben S. 15 ff.

323) Frisch, Prognoseentscheidungen, S. 70.

das Vorhersagerisiko menschlichen Erkenntnisvermögens, nämlich ob er tatsächlich in Freiheit Straftaten begehen würde, tragen muß. Es bleibt immer noch ungelöst, wie man den der Formalisierungsaufgabe des Maßregelrechts entsprechenden Wahrscheinlichkeitsbereich exakt bestimmen kann.

3.2.3.3 Die Prüfung des Grundsatzes der Verhältnismäßigkeit i.e.S.

3.2.3.3.1 Die Gesamtwürdigung

Die im vorangegangenen Abschnitt erörterten drei Kriterien der Verhältnismäßigkeit i.e.S., Anlaßtat, Erheblichkeit und Wahrscheinlichkeit der zu erwartenden Straftaten sind zunächst durch die Prüfung der formellen Voraussetzung in Ansatz zu bringen. Dabei schließen deren negative Typen, und zwar die begangenen Bagatelldelikte, die zu erwartenden geringfügigen Straftaten und die bloße Möglichkeit der Gefahr von Anfang an Maßregelanordnung aus. Diese weitmaschigen Ausschließungen brauchen im Grunde genommen nicht durch den Grundsatz der Verhältnismäßigkeit zu geschehen, sondern ergeben sich schon durch die Prüfung anhand der betreffenden tatbestandlich geregelten formellen Voraussetzungen.

Die Aufgabe der Verhältnismäßigkeitsprüfung i.e.S. besteht darin, die über die klare Absonderung hinausgehenden fraglichen Fälle zu würdigen. Denn das, was man mit der Untersuchung der einzelnen Kriterien gewiß zu begreifen in der Lage ist, ist - wie bereits gesehen - sehr gering.

Bezogen auf den allgemeinen Schutzzweck des Maßregelrechts,hat man der Anlaßtat mehr oder weniger nur symbolische Bedeutung beigemessen. Mit den damit entscheidend gewordenen Kriterien der Maßregelanordnung, Erheblichkeit und Wahrscheinlichkeit der zu erwartenden Taten ist jedoch meistens - mit Ausnahme von extrem abgrenzbaren Fällen - im Zeitpunkt des Urteils nicht einfach zu arbeiten, weil sie mit der unzulänglichen Prognosefähigkeit menschlichen Erkenntnisvermögens und zugleich mit der vielfältigen Entwicklungsmöglichkeit menschlichen Verhaltens zusammenhängen.
Man sollte mit strafrechtlichen Maßregeln behutsam umgehen, auch wenn der Verdacht zukünftiger Taten etwa wahrscheinlich angenommen wird.

Die Entscheidung, die nicht auf der Feststellung der klaren Erfüllung von Anordungskriterien beruht, bedarf eines besonderen Begründungsprozesses, um legitimiert zu werden.
Anders formuliert: Die unzureichende Formalisierung der Erheblichkeit und Wahrscheinlichkeit ist nachzuholen, damit die maßregelrechtliche Reaktion ihre Qualifikation nicht verliert. Ein schlichter Hinweis auf Erkenntnisschwierigkeiten allein reicht nicht aus, weil es noch Instrumente gibt, deren man sich dagegen bedienen kann. Das geschieht jetzt durch die Gesamtwürdigung der festgestellten, für sich allein nicht überzeugenden, einzelnen Kriterien.

Es ist bereits oben festgestellt worden, daß § 62 StGB vier Abwägungskriterien enthält, nämlich 1) die Schwere des mit der Maßregel verbundenen Eingriffs, 2) die

"Anlaßtat", 3) die "Erheblichkeit" und 4) die "Wahrscheinlichkeit"[324]. Zudem steht hinter § 62 das tertium comparationis (die Opfergrenze des Täters), welches die Strafgewalt zugunsten des Täters begrenzt.

Hieraus ergibt sich das folgende Modell der Gesamtwürdigung: Schwere des Maßregeleingriffs - Anlaßtat/Erheblichkeit/Wahrscheinlichkeit - Opfergrenze. Ein Gewichtungsunterschied der Kriterien ist aus § 62 StGB nicht festzustellen.
"Anlaßtat" bedeutet dabei in bezug auf die übrigen Kriterien ihrer Gruppe formell einen Ansatz für die künftige Gefahr. Wenn in Zukunft aber, aus bestimmten Gründen, schwerere Taten zu erwarten sind, kann sie auch im Zusammenhang mit der Opfergrenze materiell wirken, weil sie den primären Grund für den strafrechtlichen Maßregeleingriff darstellt[325].

Da der Zweck der Maßregel vor allem in der Vorbeugung von in Zukunft drohenden Rechtsgutverletzungen besteht, ist es allgemein verbreitete Auffassung, daß die Prüfung des Verhältnisses zwischen der Schwere des Eingriffs und der vom Täter ausgehenden Gefahren das Wesen der Gesamtwürdigung und zugleich den wesentlichen Kern des § 62 StGB ausmacht[326]. Deshalb könne z.B. der Umstand, daß künftige Taten von besonderer Schwere zu erwarten sind, eine Maßregel auch dann rechtfertigen, wenn die bisherigen Taten, für sich gesehen, nicht besonders gravierend erscheinen[327].

---

324) Oben, S. 155.

325) Vgl. oben S. 157 f.

326) Hanack, LK, § 62 Rdn. 14 m.w.N.

327) Hanack, ebenda, Rdn. 15; Lenckner, Strafe, S. 186; Horn, SK, § 62 Rdn. 5; Dreher/Tröndle, StGB, § 62 Rdn. 2; Stree, in: Schönke/Schröder, StGB, § 62 Rdn. 2; Zipf, in: Maurach/Gössel/Zipf, AT II, S. 531.

Die Plausibilität dieses Verständnisses der Gesamtwürdigung hängt davon ab, daß "die zu befürchtende Straftat" von selbst ein eigenständiger Typus für richterliche Überzeugungsbildung sein kann, vor allem dort, wo in Zukunft Straftaten größere Schwere als die der Anlaßtat zu erwarten sind.

Diese Problematik soll am Beispiel von Gerichtsentscheidungen verdeutlicht werden, welche mit Berufung auf den Grundsatz der Verhältnismäßigkeit einen Maßregeleingriff problematisiert haben. Es handelt sich also dabei um die praktische Durchführung der Gesamtwürdigung, und zwar um den Prozeß richterlicher Überzeugungsbildung hinsichtlich zukünftiger erheblicher Straftaten.

Instruktiv erscheinen an dieser Stelle sieben Entscheidungen[328] verschiedener Instanzen.
Aufhebungsurteile der tatrichterlichen Maßregelanordnung wurden ausnahmslos mit sog. Bagatellkriminalität begründet.

Das OLG Hamm (329) hat am 3.9.1979 ein landgerichtliches Urteil über Weiterunterbringung eines Beschwerdeführers nach § 42 b (a.F.) aufgehoben, der in den Jahren 1964-1968 wegen Betruges und Rückfallbetruges siebenmal zu kurzen Freiheitsstrafen und einmal zu einer Geldstrafe verurteilt worden war. Es handelte sich um insgesamt 13 Fälle von Zechprellerei mit Betrügen um 5.-- DM und darunter. Das Landgericht hatte am 2.5. 1969 gegen den Beschwerdeführer im Sicherungsverfahren die Unterbringung in einer Heil- oder Pflegeanstalt gemäß § 42 b (a.F.) angeordnet, weil er am 4.10.1968 - drei Tage nach Verbüßung der letzten Gefängnisstrafe - im Zustand der Zurechnungsunfähigkeit eine Zeche von 2.70 DM gemacht hatte, ohne im Besitz von Geldmitteln zu sein. Seit dem 28.5.1969 wurde die Unterbringung vollzogen.

328) OLG Karlsruhe NJW 1971, 204-205; OLG Celle NJW 1970, 1199-1200; OLG Hamm GA 1971, 56-57; BGH NJW 1970, 1242; BGHSt 20, 232-233: NJW 1965, 1869; BGHSt 24, 153-158; BGHSt 24, 134-136.

329) GA 1971, 56 f; s. auch ähnlichen Zechprellerei-Fall unter Zurechnungsunfähigkeit bei BGHSt 20, 232.

Im zweiten Beispiel handelt es sich um mehr als 20 Jahre zurückliegende drei Rückfalldiebstähle mit vier Jahren Gefängnisstrafe; in den Gründen des OLG Karlsruhe am 1.9.1970 ist zu lesen (330): "Das LG H. hat den Beschwerdeführer am 11.2.1949 wegen Rückfalldiebstahls in 3 Fällen und wegen fortgesetzten Betrugs als gefährlichen Gewohnheitsverbrecher zu einer Gesamtzuchthausstrafe von 4 Jahren verurteilt und die Sicherungsverwahrung angeordnet. Die Strafe war am 10.10. 1952 verbüßt, am 11.10.1952 begann der Vollzug der Sicherungsmaßregel. Am 14.2.1955 wurde der Verurteilte bedingt entlassen, nach Widerruf der bedingten Entlassung jedoch die Maßregel ab 12.5.1955 weiter vollstreckt. Am 14.6.1963 wurde M. erneut bedingt entlassen. Diese Entscheidung wurde am 8.8.1966 widerrufen, weil der Verurteilte auch diesmal die ihm erteilten Auflagen nicht befolgt hatte, sondern alsbald verschwunden war. Am 27.3.1967 wurde er ergriffen. Seitdem wird die Sicherungsverwahrung weiter vollzogen. Durch die angefochtenen Beschlüsse hat die Strafkammer die bedingte Entlassung abgelehnt. Hiergegen richtet sich die sofortige Beschwerde des Verurteilten. Das Rechtsmittel ist begründet".

Im dritten Beispiel hat der BGH (331) die tatrichterliche Anordnung der Unterbringung in einer Heil- oder Pflegeanstalt aufgehoben. Denn die Bedeutung der Anlaßtat war - nach Ansicht des Gerichts - nicht nur geringfügig, sondern auch höchst unklar: Dem Beschuldigten wurde vorgeworfen, daß er unter Zurechnungsunfähigkeit ein unbekanntes Kind mehrfach auf Mund und Wangen geküßt hat (angeblich versuchtes Verbrechen nach § 176 I Nr. 3, § 43 StGB - jeweils a.F.). Er wurde im letzten Krieg als Soldat durch Kopfschüsse schwer verwundet, was bei ihm eine organische Hirnschädigung herbeiführte und von Zeit zu Zeit epileptische Anfälle zur Folge hat. Er war bereits einschlägig vorbestraft und neigte unter Alkoholeinfluß zu entsprechenden Taten (sexuelle Zudringlichkeiten gegenüber Kindern).

Es kommt also bei diesen Aufhebungsfällen auf die meistens für die Verhältnismäßigkeitsprüfung unproblematische Bagatellkriminalität oder auf nicht mehr gefährlich erscheinende weit zurückliegende Taten an,

---

330) NJW 1971, 204.

331) NJW 1970, 1242.

so daß die Richter ohne besondere Schwierigkeiten zur Anerkennung der Beschwerde gelangen konnten.

In allen diesen Fällen war eine Gesamtwürdigung in bezug auf die genannten Verhältnismäßigkeitskriterien gar nicht vonnöten, vielmehr war hier stets nur der Typus der Anlaßtat entscheidend.

Entscheidungen, die die Maßregelanordnungen bestätigt haben, zeigen demgegenüber, daß Anlaßtaten hier aus dem Bereich zumindest mittlerer Kriminalität stammen.

Das OLG Celle[332] hat am 21.4.1970 im Falle von zum größten Teil nachts begangenen 39 schweren Diebstählen (33 Einbrüche und 6 Nachschlüsseldiebstähle), deren Diebesbeute insgesamt einen Wert von mehreren zehntausend Mark erreichte, die Entlassung des Untergebrachten aus der Sicherungsverwahrung abgelehnt.

Ähnlich hat der 4. Strafsenat des BGH[333] am 18.5.1971 die begangenen 22 Betrugstaten mit einer Gesamtfreiheitsstrafe von 6 Jahren, bei denen ein Gesamtschaden von über 9.000.-- DM angerichtet wurde, als einen beträchtlichen, einen schweren wirtschaftlichen Schaden im Sinne des § 42 e a.F. erachtet und die landgerichtlichen Anordnungen der Sicherungsverwahrung des Angeklagten bestätigt.

Im gleichen Jahr hat der 2. Strafsenat des BGH[334] im Falle des einmaligen Einbruchdiebstahls mit einer Schadenshöhe von 100.-- DM durch einen an einer schweren frühkindlichen Hirnschädigung leidenden Täter die Unterbringung in einer Heil- oder Pflegeanstalt als zulässig beurteilt.

---

332) NJW 1970, 1199 f.

333) BGHSt 24, 153 ff.

334) BGHSt 24, 134 ff.

Auffällig ist bei den ersten beiden Urteilen zur Sicherungsverwahrung, daß die Gerichte die Gefahr weiterer erheblicher Straftaten ausschließlich aus den begangenen Anlaßtaten begründet haben. Die Gerichte sprechen nur von der "Gesamtwürdigung des Täters"[335], ohne dies näher zu erklären[336]. Die Suche nach der Erheblichkeit der zu erwartenden Straftaten bedürfe - so führen die Gerichte aus - "einer Gesamtschau, die die einzelnen Straftaten zusammenfassend darauf hin würdigt, ob sie als erheblich anzusehen sind". Entscheidend sei schließlich, "ob der Täter den Gesamtbereich mittlerer Kriminalität bereits überschritten hat"[337].
Damit wird die Erheblichkeit und Wahrscheinlichkeit zukünftiger Straftaten dann automatisch angenommen, wenn der Täter in der Vergangenheit bereits erhebliche Straftaten begangen hat und "immer wieder erneut straffällig" geworden ist[338].
Im Grunde genommen müssen jedoch die zukunftsorientierten Kriterien der Maßregel für sich festgestellt werden. Denn die Maßregeln sind keine Reaktion auf geschehenes Unrecht, sondern eine vorbeugende Maßnahme für die in Zukunft zu befürchtende Gefährlichkeit; darin erfahren sie ja ihre Begründung. Daß die Bestimmung der Erheblichkeit und Wahrscheinlichkeit ausschließlich auf die Anlaßtat, also ohne jede eigenständige Typen angewiesen ist, steht dem Wesen der Maßregelinstitution entgegen; das scheint außerdem auch

335) § 42 e I Ziff. 3 a.F.; jetzt § 66 I Ziff. 3 StGB.

336) BGHSt 24, 153. Man muß annehmen, daß der BGH hier keine Verhältnismäßigkeitsprüfung nach Maßgabe von § 42 a II a.F. vorgenommen hat. Dann müßte aber dem Gericht vorgeworfen werden, daß es seine Pflicht vernachlässigt, weil die Verhältnismäßigkeitsprüfung für jede Maßregelentscheidung vom Gesetz angeordnet wird.

337) OLG Celle NJW 1970, 1200; ebenso BGHSt 24, 156.

338) Ebenda.

in der Tat fragwürdig zu sein, weil es keine zwingende Kausalität zwischen Geschehenem und zu Erwartendem gibt. Die verbreitete Auffassung meint allerdings, daß der Anlaßtat nur ein "Indiz-" oder "Symptomwert" zukomme, ohne zeigen zu können, wie die in der Zukunft liegenden Kriterien der Maßregel für sich bestimmt werden.

Demgegenüber steht das Urteil des 2. Strafsenats[339] in etwas anderem Zusammenhang. Das Gericht räumt dabei zwar ein, daß die den Anlaß des Verfahrens bildende Tat, ein in zurechnungsfähigem Zustand begangener, einzig bisher in einem Strafverfahren festgestellter Einbruchsdiebstahl mit einer Schadenshöhe von 100.-- DM von geringerem Gewicht ist. Die Zulässigkeit einer Maßregel dürfe jedoch - so führte die Strafkammer aus - nach § 42 a II (jetzt § 62 StGB) nicht allein nach ihrem Verhältnis zur Anlaßtat beurteilt werden; "vielmehr sind alle Merkmale insgesamt zu würdigen und zur Schwere des mit der Maßregel verbundenen Eingriffs ins Verhältnis zu setzen"[340].

Auf die Schwere des Maßregeleingriffs, in diesem Fall auf die Unterbringung in einer Heil- oder Pflegeanstalt (§ 42 b I a.F.), die nach damaligem Gesetz an keine Frist gebunden war (§ 42 f I 2 a.F.), wird dann aber nicht mehr eingegangen. Immerhin wird aber mit der Gefahr weiterer Straftaten argumentiert.

339) BGHSt 24, 134 ff.

340) Ebenda, S. 135.

"Die Strafkammer stellt fest, daß der Beschuldigte *aufgrund seiner krankhaften Willensschwäche künftig jede sich bietende Gelegenheit zum Stehlen ausnutzen wird*, wenn er in Freiheit ist. Die *zu erwartenden Diebestaten* wertet sie rechtlich bedenkenfrei als eine erhebliche Störung des Rechtsfriedens. Sie sieht die vom Beschuldigten ausgehende Gefährdung der öffentlichen Sicherheit darüberhinaus auch darin, daß er während krankheitsbedingter schubweise auftretender Erregungszustände zu Gewalttätigkeiten neigt. Dagegen ist ebenfalls nichts einzuwenden. Die den Anlaß der Unterbringung bildende Tat ist zwar ihrer Art nach für eine Neigung zu solcher Gewalttätigkeit nicht symptomatisch. Dies ist jedoch nicht erforderlich. *Entscheidend ist, daß die Handlung, die das Verfahren veranlaßt, auf dieselbe geistige Erkrankung zurückzuführen ist, die auch die Gefahr künftiger erheblicher Rechtsverletzungen begründet*. Das ist hier der Fall"[341].

Als Prämisse enthält diese Entscheidung, daß die Anlaßtat auf die geistige Erkrankung des Beschuldigten zurückzuführen sei (Kausalität) und diese Kausalität in Zukunft unverändert bleiben werde.
Das Gericht muß diese beiden Prämissen fürs erste plausibel machen, weil ihm die Pflicht zur Wahrheitsforschung im Hauptverfahren auferlegt ist (§ 244 II StPO). Es ist nämlich dafür verantwortlich, die erforderlichen Beweismittel zu suchen und auszuwerten.

Die Prämissen sind jedoch unbewiesen in der Gefährlichkeitsbegründung enthalten, und damit gerät der Beweis zu einer petitio principii: Die erste Prämisse kann jedenfalls anders überprüft und zur gegenteiligen Auffassung führen, weil die Möglichkeit ebenso nicht ausgeschlossen ist, daß die geschehene Diebestat mit der

341) BGHSt 24, 136. Hervorhebung von mir.

geistigen Erkrankung nichts zu tun haben könnte. Wenn dieser Zweifel nach Erschöpfung aller Aufklärungsmöglichkeiten vom Gericht nicht zu beheben ist und folglich die zweite Verlaufsprognose (zukünftige Kausalität) ebenfalls in Unsicherheit geraten wird, da ihre Plausibilität von der der ersteren abhängt, muß sich dies in entlastender Richtung auswirken (§ 261 StPO), weil der schlichte Verdacht die strafrechtliche Maßnahme nicht legitimiert. Die bloße Annahme eines Zusammenspiels von geistigem Zustand und einer Tat führt zu unerträglichen Ergebnissen. Ein Geisteskranker müßte dann befürchten, beispielsweise für einen Diebstahl im Schadensbereich von 100.-- DM mit einer Maßregel von zeitlich hoher Intensität belastet zu werden.

Zusammenfassend läßt sich feststellen: Die Verhältnismäßigkeitsprüfung i.e.S. leidet nicht an fehlenden "inhaltlichen Angaben darüber, wann eine Maßregel außer Verhältnis zu den vom Täter zu erwartenden rechtswidrigen Taten steht"[342], sondern in erster Linie an dem einfachen Grund der Mißachtung ihrer einzelnen Kriterien bei der Prüfung formeller Voraussetzungen. Man sollte § 62 StGB mit den Verhältnismäßigkeitsmomenten, die vom Gesetzgeber anhand des verfassungsrechtlichen Verhältnismäßigkeitsprinzips berücksichtigt wurden, nicht verwechseln[343]. Die gesetzgeberisch geforderte (zusätzliche) Formalisierung durch § 62 StGB ist nur dann zu erfüllen, wenn die Zulässigkeitsprüfung einer Maßregel "doppelt" geschieht[344], und zwar einerseits durch die formellen Voraussetzungen, andererseits durch die Verhältnismäßigkeitsprüfung des § 62 StGB.

---

342) Horn, SK, § 62 Rdn. 8.

343) Beispiele dafür etwa bei Lenckner, oben Fn 313 und BGHSt 24, 153 ff; vgl. auch oben Fn.336; jetzt deutlich Untersuchungshaft, S. 49.

344) Bereits oben S. 94 f; Untersuchungshaft, ebenda.

Die Kriterien der Verhältnismäßigkeit Anlaßtat, Erheblichkeit und Wahrscheinlichkeit müssen zunächst für sich geprüft werden. Die Schwere des Eingriffs für den Betroffenen bedarf dann der Erörterung (etwa die mögliche Dauer, die Wirkung bzw. Nebenwirkung einer Unterbringung und der Umfang der durch die Unterbringung entstehenden Belastungen etc.). Das Ergebnis dieser Prüfung ist schließlich mit dem der zuerst genannten zu konfrontieren.

Es hat eine Gesamtwürdigung zu erfolgen. Über die Bedeutung der Anlaßtat ist dabei neu nachzudenken: Die dogmatische Erwägung, nicht die Schwere der Anlaßtat, sondern die vom Täter ausgehende künftige Gefahr müsse in erster Linie im angenommenen Verhältnis zur Schwere des Eingriffs stehen[345], gilt, wenigstens zur Zeit, nur als eine theoretische Möglichkeit. Die oben analysierten Entscheidungen stellen dies unter Beweis: In allen Fällen wird das Urteil im wesentlichen mit der Anlaßtat begründet. Entgegen einer weit verbreiteten Einschätzung ist das menschliche Prognosewissen - abgesehen von extremen Fällen - zu mangelhaft, als daß die notwendige Gewißheit erreicht werden könnte. Man weiß nicht, was der Täter in Zukunft tun wird, weil das von vielen unbekannten intervenierenden Variablen abhängig ist[346].

Selbst bei einem als geisteskrank beurteilten Menschen kann die Erkrankung nicht ein einziges Einwirkungsmoment für die Bestimmung seines künftigen Verhaltens konstituieren. Niemand kann das mit Gewißheit abschätzen.

---

345) U.a. Hanack, LK, § 62 Rdn. 14.

346) Hassemer, Berücksichtigung von Folgen, S. 519.

Wenn Zweifel an Erheblichkeit und Wahrscheinlichkeit nicht zu beseitigen sind, dann sollte sich dies in der Gesamtwürdigung niederschlagen, so, daß die unsicheren Kriterien nicht gleichwertig wie das sichere Kriterium der Anlaßtat gewürdigt werden und sich somit zugunsten des Beschuldigten auswirken. Die über die Schwere der Anlaßtat hinausgehende Maßregel sollte damit einer besonderen Begründungspflicht unterliegen.

3.2.3.3.2 Verhältnismaß (Was ist ein vernünftiges Verhältnis?)

Wie und wann läßt sich nun mittels der Gesamtwürdigung ein Urteil darüber gewinnen, ob eine Maßregel verhältnismäßig ist[347]. Hier geht es also letzten Endes um die Entscheidung und deren Herstellungsmethode über das Maß der Opfergrenze, die wir als Zweck und Mittel umspannendes tertium comparationis hervorgehoben haben[348].

In bezug auf die Wie-Frage ist Witt der Ansicht, daß hierbei gewissermaßen zwei "Schadensrechnungen" zu erstellen sind. Die Höhe des "Schadens" für die Freiheit des Betroffenen sowie die für die öffentliche Sicherheit seien zu "errechnen" und zueinander in Relation zu setzen[349]. Eine Maßnahme verstoße dann gegen den Grundsatz der Verhältnismäßigkeit, wenn der Schaden für den einzelnen bei der Anordnung des Mittels größer ist als der Schaden für die öffentliche Sicherheit im Nichtanwendungsfall[350].

---

347) Skeptisch hierzu Horn, SK, § 62 Rdn. 8; Hanack, LK, § 62 Rdn. 8.

348) S. oben, S. 47.

349) Witt, Verhältnismäßigkeitsgrundsatz, S. 22 ff (33).

350) Ebenda, S. 28.

Es ist aber sehr fraglich, wie die Höhe der Schäden ermittelt werden kann, um dieselben vergleichbar zu machen. Abgesehen von der Prognoseschwierigkeit der künftigen Schadenshöhe können die Schäden etwa zahlenmäßig einander nicht gegenübergestellt werden. Sie sind nur ihren normativen Typen nach miteinander zu vergleichen, welche der Gesetzgeber im positiven Recht postuliert hat.

Die Schadenshöhe eines Geistesgestörten bei der Unterbringung in einer Heilanstalt und die von ihm zu befürchtenden Diebestaten[351] stellen nämlich keine einander vergleichbaren Quanten dar.

Es ist eine typologische Betrachtungsweise vorzunehmen. "Typologisch" heißt dabei: Die Verhältnismäßigkeitskriterien können nicht abstrakt-begrifflich, sondern nur hinsichtlich ihrer realen Ausgestaltung bestimmt und auch verglichen werden[352]. Die Verhältnismäßigkeitsprüfung ist dann richtig, wenn die Typusmerkmale der Verhältnismäßigkeit richtig auf den Sachverhalt und die Sachverhaltsmerkmale bezogen sind[353]. Erst in der Prüfung zeigt sich, ob die Verhältnismäßigkeitskriterien den konkreten Sachverhalt umfassen. Und der Sachverhalt wird erst in der Verhältnismäßigkeitsprüfung "konstruiert". Beide Faktoren des Auslegungsprozesses, Tatbestand und Sachverhalt, bestimmen sich gegenseitig[354].

Es ist unmöglich, den normativen Typus "Verhältnismaß", mit anderen Worten das Maß der Opfergrenze, genau zu bestimmen, da der Verhältnismäßigkeitstypus infolge seines Wirklichkeitsbezuges nicht zu definieren, son-

---

351) Vgl. BGHSt 24, 134.

352) Hassemer, Tatbestand, S. 113/115.

353) Ebenda, S. 109.

354) Ebenda, S. 107 f.

dern nur zu beschreiben ist. Dem Typus "Verhältnismaß" kann man sich immer nur annähern, nie wird er bis in die letzten Feinheiten erfaßt[355].

In den einleitenden Kapiteln haben wir die Typusmerkmale der Verhältnismäßigkeit sowohl in der Verfassung als auch im Maßregelrecht untersucht, um damit die Vergleichsbasis zu schaffen.
Die Verfassung bietet uns keinen konkreten Maßstab, sondern nur die Richtung für eine Typenerfassung. Aus dem Grundgesetz läßt sich keine generelle Vorentscheidung über die Rangordnung oder Grenze zwischen Individuum und Gemeinschaft entnehmen. Im Prinzip sind beide äquivalent, und die Freiheit des einzelnen kann nur insoweit eingeschränkt werden, als daß das für den Freiheitsschutz des anderen unumgänglich ist (Zweckgebundenheit der Freiheitseinschränkung); dem Grundgesetz liegt das "Freiheitsprinzip" zugrunde, welches möglichst große Freiheit des Individuums vor staatlicher Bevormundung zu gewährleisten fordert[356].
Die Freiheit findet ihren Leittypus in der des Individuums, die als Realität vorhanden ist.

Was den konkreten Bereich des Maßregelrechts anbelangt, seien hinsichtlich der für die Verhältnismäßigkeitsprüfung bedeutenden Typenmerkmale folgende Ergebnisse zusammengefaßt:

---

355) Arthur Kaufmann, Analogie, S. 49.

356) S. oben S. 38-42 und S. 51.

Der vom Gesetzgeber festgesetzte Maßregelzweck, Besserung und Sicherung, kann in der Verhältnismäßigkeitsprüfung kein generelles Eigengewicht erhalten; die Sicherung ist wegen ihrer Sinnlosigkeit normativ fragwürdig, während der Besserung, empirisch, die gewünschte Wirkung fehlt[357]. Mit "Anlaßtat", "Erheblichkeit" und "Wahrscheinlichkeit" konnten zunächst (negative) Typen (etwa bloße Bagatelldelikte bzw. Kleinkriminalität oder bloße Möglichkeit) festgestellt werden, die vom Verhältnismaß bereits ausgeschieden werden.

Diese (negativen) Typen der Verhältnismäßigkeitskriterien machen die unverzichtbaren Minima für jede Maßregelentscheidung (Vergleichsbasis) aus, zu denen die anderen problematischen Falltypen der Anlaßtat, Erheblichkeit oder der Wahrscheinlichkeit in Beziehung gesetzt werden können.

Zunächst zu beachten war, daß die Plausibilität der Typen, "Erheblichkeit" und "Wahrscheinlichkeit" der zu erwartenden Straftaten, ausschließlich auf das menschliche Prognosewissen angewiesen ist, dessen Mangel nach dem Stand der Forschung nicht zu beseitigen scheint.

Das durch diesen Vergleich gewonnene Ausmaß der einzelnen Kriterien und ihre Plausibilität bieten dem Gesamtvergleich genügende Ansätze, so daß die Entscheidung darüber, ob eine in Erwägung gezogene Maßregel angesichts ihrer Chancen der Zweckverwirklichung und ihrer Eingriffsintensität in die Freiheit des Betroffenen verhältnismäßig sein wird, nicht unüberwindlich prekär sein kann. Denn es handelt sich hier nicht um die Herstellung eines punktuellen "Verhältnismaßes", son-

357) Oben, S. 122 f.

dern um die negative Feststellung, ob eine Maßregel zu den Typenmerkmalen der Verhältnismäßigkeit nicht außer Verhältnis steht (§ 62 StGB).

Der maßregelrechtliche Grundsatz der Verhältnismäßigkeit ordnet also keine positive Pflicht einer verhältnismäßigen Entscheidung an. Dies führt vor allem darauf zurück, daß es keine positiven Kriterien von "allgemeinem Verhältnismaß" geben kann und infolgedessen schwierig ist, durch einen allgemeinen Verhältnismaßstab zu spezifieren, wann eine Maßregel verhältnismäßig ist.

Mit seiner negativen Fassung verfolgt freilich der Grundsatz der Verhältnismäßigkeit kein hohes Ziel, wie etwa das ganze Maßregelsystem neu aufzubauen, sondern nur das Ziel, die Mängel des bestehenden Systems zu vermindern, indem er alle Bezugnahme auf besondere Tatsachen, Kausalität oder Wirkungen eliminiert, die seinem Typus nicht bekannt sein können. Im Ergebnis bedeutet dies, daß das Unverhältnismäßige bei der Maßregelentscheidung ausgeschieden wird.

3.3 Die Falsifikation als Überprüfungsprinzip der Verhältnismäßigkeit

Zwischen der negativen Fassung des Verhältnismäßigkeitsprinzips und der modernen Entwicklung in der Wissenschaftstheorie, wie sie von Karl Raimund Popper[358] eingeleitet worden ist, gibt es eine Parallele, da auch diese keine absolut sichere Erkenntnisquelle und keine letztverbindliche Entscheidungsinstanz kennt,

358) Logik, S. 14 ff; vgl. auch Prim/Tilmann, Grundlagen, S. 85 ff.

die uns absolut und endgültig wahre Erkenntnisse garantiert. Sie sieht als ihre Prüfung das Fehlschlagen realitätsfremder Versuche zu ihrer Falsifikation an.

Der Verhältnismäßigkeit oder Gerechtigkeit können wir uns entsprechend nur annähern, indem wir beharrlich das Unverhältnismäßige oder Ungerechte eliminieren. Wir können uns aber niemals sicher sein, daß wir endgültig das Verhältnismäßige oder das Gerechte erlangt haben[359].

Hier interessiert uns nun die Frage nach der Folge der negativen Fassung für die Verhältnismäßigkeitsprüfung. Etwas präziser gefragt, es ist von Interesse, ob der Grundsatz der Verhältnismäßigkeit in der negativen Fassung des § 62 nur dann verletzt ist, wenn zwischen Maßregel und ihrem Zweck ein krasses, offensichtliches Mißverhältnis besteht, wie dies beispielsweise beim Verfassungs- und Verwaltungsrecht der Fall ist[360].

§ 62 StGB gilt im Grunde genommen nicht als "Grundsatz", sondern als "Norm"[361]. Damit hat der Gesetzgeber den Richter dazu verpflichtet, neben der Prüfung der formellen Voraussetzungen auch die Verhältnismäßigkeitsprüfung vorzunehmen. Wenn der Richter nicht von der Verhältnismäßigkeit der Maßregel überzeugt ist (§ 261 StPO), darf sie nicht angeordnet bzw. nicht weiter vollstreckt werden[362]. Insofern ist dem Tatrichter

---

359) Popper, Logik, S. 15; Prim/Timann, Grundlagen, S. 15-17 und S. 86; Larenz, Richtiges Recht, S. 132.

360) Vgl. oben den Abschnitt 3.2.3 des 1. Kap.; auch Prot. IV, S. 816.

361) Bereits oben, S.87 f; vgl. auch Untersuchungshaft, S. 49.

362) So auch Hanack, LK, § 62 Rdn. 21.

kein Spielraum eingeräumt worden, die Verhältnismäßigkeit einer Maßregel mit dem Argument zu rechtfertigen, daß dieselbe nur geringfügig unangemessen, aber nicht offenkundig unverhältnismäßig sei. Der Tatrichter selber ist dazu befugt, aufgrund seiner Sachverhaltsfeststellung eine Maßregel auszuwählen; bei einem Zweifel an der Verhältnismäßigkeit einer Maßregel sollte er die ihm überzeugend erscheinende Maßnahme suchen.

Die durch die negative Prüfung weit gezogene Grenze ist daher nicht so zu interpretieren, daß es mehrere verhältnismäßige Entscheidungen geben könne, da die mangelnden positiven Kriterien des Verhältnismaßes dem Richter zwangsläufig einen Beurteilungsspielraum ließen. Dieses Argument hängt mit dem traditionellen verwaltungsrechtlichen Ermessensmodell zusammen, innerhalb dessen mehrere unterschiedliche, sogar gegensätzliche Entscheidungen gleichermaßen als zulässig und rechtmäßig gelten können. Damit wird dem Verwaltungsgericht der Zugruff auf gewisse vertretbare Entscheidungen der Verwaltungsbehörde genommen, weil es dabei um die Zweckmäßigkeit von Lösungen geht.

Bei dem Strafrichter kommen solche Ermessensspielräume nicht in Betracht; er handelt streng unter dem Gesetz, "er legt es aus"[363] und muß immerhin danach streben, jene Lösung zu finden, die den gesetzlichen Maßstäben am ehesten gerecht wird. Den fehlenden Inhalt des Verhältnismaßes kann nicht der Strafrichter nach seinem Willen festlegen; entscheidend ist der Wille des Strafgesetzgebers und des Strafgesetzes. Die ganze Geschichte des Strafrechts spiegelt gerade das Bemühen, den freien Raum der strafenden Gewalt zu verkleinern, zu

363) Hassemer, Einführung, S. 180.

formalisieren, mit anderen Worten, den Strafrichter an Gesetz und Recht zu binden[364], an die Stelle einer gefühlsmäßigen, willkürlichen Strafauswerfung eine logisch fundierte, rational begründete, in Weg und Ergebnis voraussehbare und kontrollierbare Strafentscheidung treten zu lassen.

Wir haben bereits ausführlich diskutiert, daß die Aufgabe des Grundsatzes der Verhältnismäßigkeit im Maßregelrecht eben gerade darin liegt, diese Formalisierungsaufgabe des Strafrechts noch zu verstärken[365]. Seinem Wesen nach geben sowohl das Strafrecht als auch der Grundsatz der Verhältnismäßigkeit dem Strafrichter den Auftrag, *ein* Ergebnis zu suchen und *eine* richtige Entscheidung zu finden. Nur: Das Gesetz fixiert dies inhaltlich nicht stets als nur noch zu erkennendes Ergebnis, sondern er hat für sie häufig nur den richtungsweisenden Gedanken angedeutet[366]. Wir kennen also nur den Rahmen für das Ergebnis, innerhalb dessen die richtige verhältnismäßige Entscheidung zu treffen ist.

Die negative Annäherung an die Verhältnismäßigkeit läßt sich dabei auch als eine Bekundung von Bescheidenheit und von mangelnder menschlicher Erkenntnisfähigkeit und menschlichen Erkenntnisvermögens auffassen.

Aus dem Ablehnen der Ermessensspielräume des Tatrichters ergibt sich auch die volle revisionsgerichtliche Prüfungskompetenz für Verhältnismäßigkeitsentscheidungen. Nicht nur ein eindeutiges Mißverhältnis, sondern auch eine weniger krasse Maßregelentscheidung, die damit

---

364) Vgl. oben, S. 78 ff.

365) S. 84 ff.

366) S. hierzu näher im Zusammenhang mit der Strafzumessung, Frisch, Ermessen, S, 1348.

"sich im Rahmen des Vertretbaren bewegt", entziehen sich nicht der revisionsgerichtlichen Überprüfung[367]. Ein solcher Gedanke mag für die Kontrolle verwaltungsbehördlicher Entscheidungen durch die Verwaltungsgerichte oder für die Kontrolle gesetzgeberischen Handelns durch das Bundesverfassungsgericht nicht haltbar sein, weil dem jeweiligen Handelnden gewisse Ermessensspielräume oder "gesetzgeberische Gestaltungsfreiheit" eingeräumt sind. Aus der Formalisierungsaufgabe des Strafrechts und dem anerkannten Zweck der Revision, der Wahrung der Rechtseinheit, folgt aber die Aufgabe des Revisionsgerichts, gerade dort, wo mehrere Auffassungen möglich und vertretbar sind, die letztverbindliche Konkretisierung vorzunehmen.

---

367) Bruns, Strafzumessungsrecht, S. 684 f; ders, Urteilsanmerkung, JR 1977, 161.

III. Die Analyse des § 63 StGB unter besonderer Berücksichtigung des Grundsatzes der Verhältnismäßigkeit

Anhand der bisherigen Untersuchungen soll im folgenden exemplarisch die Maßregel der Unterbringung in einem psychiatrischen Krankenhaus (§ 63 StGB) analysiert werden, nicht nur weil sie heute die weitaus häufigste freiheitsentziehende Maßregel ist, sondern auch weil sie den der Maßregelinstitution allgemeinen Sicherungs- und Besserungszweck zugleich am sichtbarsten in sich trägt.

§ 63 StGB zielt nämlich sowohl auf die Sicherung der Allgemeinheit vor dem psychisch kranken und eventuell gefährlichen Rechtsbrecher als auch auf die Besserung, also die Behandlung und Resozialisierung des kranken Täters.
Trotz der allgemeinen Voranstellung des Besserungs- gegenüber dem Sicherungsgedanken im geltenden Maßregelrecht, erfolgte bisher die richterliche Einweisungspraxis von psychisch kranken Rechtsbrechern in psychiatrische Krankenhäuser und der psychiatrische Regelvollzug ausschließlich unter Sicherungsaspekten. Der psychiatrische Maßregelvollzug ist therapeutisch ineffizient. Er trägt bis heute noch vielfach den Charakter psychiatrischer Verwahrung. Art und Dauer der Unterbringung erfüllen sich in einem entformalisierten Zustand und überschreiten nicht selten die Opfergrenze des Betroffenen.
Die Einweisungs- und Entlassungskriterien basieren nicht auf einer ausreichend fundierten Prognoseforschung. Sie wurden bisher nicht systematisch an dem postinstitutionellen Verlauf der Wiedereingliederung, der Sozial- und Legalbewährung überprüft.

Von allen Maßregeln stellt die Unterbringung nach § 63 StGB, sowohl in ihrer gesetzlichen Voraussetzung als auch in ihrer praktischen Vollzugsgestaltung, den Ort dar, wo der Grundsatz der Verhältnismäßigkeit am stärksten wirken muß.
Die folgende Analyse des § 63 StGB läßt den Grundsatz der Geeignetheit - auch als einen Teilgrundsatz der Verhältnismäßigkeit i.w.S. - außer Acht, weil er für das Ergebnis der maßregelrechtlichen Verhältnismäßigkeitsprüfung geringe Bedeutung hat. Das ex-ante-Urteil der Geeignetheit dürfte nämlich im Hinblick auf die ziemlich breite Skala des Sicherungs- und auch des mit ihm zusammenhängenden Besserungszwecks in fast jeder Maßregelanordnung ohne besondere Schwierigkeiten anerkannt werden[1].

1. Die Phänomenologie und der Zweck des § 63 StGB

Die Maßregel der Unterbringung in einem psychiatrischen Krankenhaus wurde in den Jahren 1971 bis 1978 im Rahmen von Aburteilungen gegen 375, 390, 392, 399, 336, 410, 389 und 377 Personen angeordnet[2].
Die Gesamtzahl der Untergebrachten beträgt in den Jahren 1976 bis 1978 (jeweils am 1.1.) 3627, 3511 und 3373 - davon 189, 186 und 175 weibliche - Personen, wobei es sich bezüglich 411, 461 und 426 - davon 46, 49 und 43 weibliche - Personen um eine einstweilige Unterbringung (§ 126 a StPO) handelte[3]. Am 1.1.1980 waren schließlich immerhin 2879 Personen - davon 139 weibliche - untergebracht[4].

---

1) Vgl. hierzu näher oben S. 131-135.

2) Strafverfolgungsstatistik 1971-1978, jeweils Tab. 2.

3) Strafverfolgungsstatistik 1976, S. 44; 1977, S. 32; 1978, S. 34.

4) Ebenda 1980, S. 36.

Über die durchschnittliche Unterbringungsdauer gibt es nur wenige empirische Untersuchungen. Anhand der bisherigen Literatur spricht Hanack von rund zehn Jahren[5]; im großen und ganzen entspricht dies Untersuchungen z.B. von Albrecht[6] (11,8 Jahre) und von Ritzel[7] zitierten Autoren, Gross für Niedersachsen (10,5 Jahre) und Barth für West-Berlin (9,4 Jahre).

Trotz dieser langen Unterbringungsdauer zeigt die empirische Untersuchung jedoch, daß eine entsprechende generelle Gefährlichkeit der Untergebrachten aus ihren kriminellen Karrieren nicht abzuleiten ist[8] und daß die Art der jeweiligen Krankheit bzw. Behinderung auch keinen wesentlichen Einfluß auf die Unterbringungsdauer genommen hat.

Eine weit verbreitete Meinung geht daher dahin, daß der vornehmste Zweck der Unterbringung von Schuldunfähigen (§ 20 StGB) und vermindert Schuldfähigen (§ 21 StGB) in einem psychiatrischen Krankenhaus die Sicherung der Allgemeinheit sei[9]. Die Unterbringung könne zwar in geeigneten Fällen der Heilung des kranken Täters und damit seiner Besserung dienen, doch erfolge sie auch dann, wenn die Besserungsaussichten negativ zu beurteilen seien; insoweit sei die Besserung lediglich sekundärer Zweck der Unterbringung. Dem Richter bleibt kein

5) Hanack, LK, § 63 Rdn. 10; vgl. auch Bericht über die Lage der Psychiatrie, S. 118 f.

6) Aspekte, S. 113.

7) Unterbringung, S. 185.

8) S. u.a. Albrecht, Aspekte, S. 110-115; bereits oben S. 112 f.

9) BGH bei Holtz, MDR 1978, 110; Bockelmann, AT, S. 281 f; Stree, in: Schönke/Schröder, StGB, § 63 Rdn. 1; Hanack, LK, § 63 Rdn. 1; Lackner, StGB, § 63 Anm. 1.

Ermessensspielraum; er muß die Krankenhausunterbringung anordnen, wenn die entsprechenden Voraussetzungen im einzelnen gegeben sind.

Es ist jedoch bereits im Ansatz fragwürdig, daß die öffentliche Sicherheit - abgesehen vielleicht von Fällen schwerster Defekte und demzufolge hoher Gefährlichkeit - der Heilung oder Besserung eines psychisch "kranken" Straftäters in einem "Krankenhaus" vorrangig ist, weil die untergebrachten Delinquenten vor allem wegen einer psychischen Erkrankung oder Störung der fachspezifischen Behandlung und Rehabilitation oder Pflege bedürfen[10].

Insoweit ist § 136 StVollzG zu dem Anordnungsziel des § 63 StGB widersprüchlich und dysfunktional[11], wenn er bestimmt, daß sich die Behandlung des Untergebrachten "nach ärztlichen Gesichtspunkten" richtet und daß der Untergebrachte "soweit möglich geheilt" oder doch sein "Zustand soweit gebessert werden (soll), daß er nicht mehr gefährlich ist". Der Sicherungs- und Besserungszweck sind nicht zugleich und nicht in gleichem Maße zu erzielen. Man muß ein gewisses Risiko in Kauf nehmen und gelegentlich einen oder einige Schritte zurückgehen, wenn man einen psychisch kranken oder gestörten Menschen bessern will[12]. Es ist nämlich allgemein anerkannte Erfahrung, daß die Besserung der psychisch gestörten Menschen am zweckmäßigsten in Form von Bewährungsstufen, also durch allmähliche und alter-

---

10) Vgl. Bericht über die Lage der Psychiatrie, S. 282 ("Schlußlichtposition im Versorgungsbereich").

11) Zur "Dysfunktionalität des Strafrechtssystems" vgl. Hassemer, "Gesamte Strafrechtswissenschaft", S. 243 ff.

12) Vgl. oben S. 120 f.

nierende Lockerung der Sicherungsmaßnahmen geschieht[13]. Man entläßt schrittweise den psychisch kranken Menschen in Freiheit und Selbstverantwortung[14].

In Wirklichkeit geht es aber nur um eine ganz simple Regel für eine einigermaßen defensive, nicht etwa besonders fortschrittliche Kriminalpolitik, und zwar nicht um die Sicherung durch Besserung, sondern nur um die sichere Bewahrung des Patienten, was notwendigerweise das Krankenhaus in ein gefängnisähnliches festes Haus verwandelt und dem Psychiater nichts anderes als die Aufgabe der Justizwachbeamten aufzuerlegen hieße. Kein Arzt wollte unter diesen Umständen das Risiko eingehen, den Untergebrachten zur Freiheit anzuleiten, falls dies nur mit Medikamenten in einem geschlossen Raum möglich wäre.

---

13) Ehrhardt, Vollzug, S. 153; zur sog. "gemeindenahen Behandlung" s. oben S. 121; vgl. auch Bericht über die Lage der Psychiatrie, S. 206 und 283.

14) Ein Gegenbeispiel aus der Rechtsprechung (Frankfurter Rundschau vom 25.8.1983 und vom 2.9.1983, Aus aller Welt; vgl. auch Der Spiegel, Nr. 38/1983, S. 82-83) mag die gegenwärtige antinomische Situation von Besserungs- und Sicherungszweck in einem Krankenhaus verdeutlichen: Ein erweitertes Schöffengericht am Amtsgericht Göttingen hatte den 63jährigen ehemaligen Medizinaldirektor des Göttinger Landeskrankenhauses, wegen fahrlässiger Körperverletzung und wegen vorsätzlicher "fortgesetzter Strafvereitelung im Amt" (§ 258 a StGB) zu einer Geldstrafe von 20.400.-- DM verurteilt. Dem Psychiater wurde vorgeworfen, daß er im Frühjahr 1981 einem dort untergebrachten Sexualtäter mehrfach unbewacht Ausgang für den Bereich des Anstaltsgeländes gewährt hatte und daß er laut Anklageschrift dem Patienten dadurch ermöglicht haben soll, drei Göttinger Frauen zu vergewaltigen. Nach Ansicht des Gerichts war der Arzt grundsätzlich nicht befugt, unkontrollierten Geländeausgang zu gestatten. Obwohl er also durchaus "in lauterer und guter Absicht" gehandelt habe, sei er nicht befugt, das Risiko schrittweiser Vollzugslockerung eingehen zu können. Der Verteidiger des Psychiaters Schultze, der Göttinger Strafrechtslehrer Hans-Ludwig Schreiber, hatte in seinem Plädoyer davon gesprochen, daß dieser Strafprozeß die Frage nach den Grenzen des zulässigen Risikos bei den noch ganz in den Anfängen steckenden Versuchen aufwerfe, seelisch gestörte, schuldunfähige Straftäter zu behandeln.

Außerdem führt die ungewöhnliche, dysfunktionale Zusammensetzung von Sicherung und Besserung zur unverhältnismäßig langen Dauer der Unterbringung, wie dies zahlreiche empirische Untersuchungen gezeigt haben. Isoliert man einen psychisch kranken Menschen jahrelang in einem gefängnisartigen Krankenhaus, also ohne besondere nennenswerte Behandlung, so kann man schwer damit rechnen, daß er sich in Freiheit rechtmäßig wird verhalten können.

Der Sicherungszweck des § 63 StGB sollte als ultima ratio bleiben. Durch das völlig theoretische Postulat, die Maßregel nach § 63 StGB sei "ein schönes Beispiel für die Vereinigung von Besserungszweck mit Sicherungszweck"[15], dürfen die Rechte des Schuldunfähigen oder des vermindert Schuldfähigen auf Einhaltung der Opfergrenze nicht verletzt werden.

Die Schuldunfähigkeit oder verminderte Schuldfähigkeit wegen seelischer Störungen stellt nach §§ 20, 21 StGB einen Schuldausschließungs- oder Schuldminderungsgrund dar. Wer in solcher psychischer Verfassung gehandelt hat, ist entschuldigt oder vermindert schuldig; der entschuldigte Täter wird nicht bestraft, der vermindert schuldfähige Täter kann gemildert bestraft werden.
Man erklärt dies wie folgt: Das deutsche Strafrecht basiere auf einem "Schuldstrafrecht" (nulla poena sine culpa), was als "verfassungsrechtlicher Grundsatz" zu gelten habe[16]. Das Schuldprinzip diene vor allem "dem notwendigen Schutz des Täters gegen jedes Übermaß repressiver Einwirkung des Staates"[17].

15) Baumann, AT, S. 743.

16) Jescheck, AT, S. 17.

17) Ebenda.

Insoweit bezeichnet das Wort "Schuldunfähigkeit" oder "verminderte Schuldfähigkeit" eigentlich einen mildernden Umstand. Das ist auch darin zu beobachten, daß Verteidiger nach Möglichkeit auf die Schuldunfähigkeit ihres Mandanten eingehen, in der Hoffnung, die Lage dadurch zu bessern.

Die gegenwärtige - sowohl rechtliche als auch praktische - Situation des § 63 StGB hat uns aber gezeigt, daß es vorkommen kann, daß Angeklagte die sich schuldig bekennen wollen, mit Staatsanwälten und Richtern konfrontiert werden, die ihnen Schuldunfähigkeit zuschreiben[18], weil die Schuldunfähigkeit oder verminderte Schuldfähigkeit u.U. nicht mehr einen mildernden, sondern im Ergebnis einen erschwerenden Umstand bedeuten kann.

Das zweispurige System unseres Strafrechts sollte m.E. nicht so grundlegend antinomisch verstanden werden, um die Legitimation über die Straf"gewalt" nicht zu verlieren.
Die Zweispurigkeit bedeutet keine zwei verschiedenen Strafrechtssysteme, sondern nur zwei Sanktionssysteme unter *einem* Strafrecht. Das wohlgemeinte humanitäre Verständnis der Schuldunfähigkeit oder verminderter Schuldfähigkeit sollte eben auf der zweiten Spur der Sanktion fortgelten und dadurch mit der *Strafrechtstheorie* in Einklang stehen.

Dies ist bei den sog. "Geisteskranken" umso nachdrücklicher zu fordern, wenn die Allgemeinheit und die Maß-

---

18) Szasz, Psychiatrie, S. 322.

regeldogmatik[19] mit ihnen stigmatisierend, diskriminierend umgeht[20].

Der Bewahrungszweck des § 63 StGB sollte damit in begrenztem Maße, also nur in den Fällen unheilbarer schwerster Defekte und der damit zusammenhängenden erheblichen Gefährlichkeit für die Allgemeinheit durchgeführt werden. Die anderen Institutionen sozialer Kontrolle kommen hinsichtlich des Besserungszwecks immerhin in Betracht, wenn sie gleiche oder bessere Erfolgsaussichten aufweisen. All dies ist unter dem gegenwärtigen Gesetzgebungsstand des Maßregelrechts nur durch die einschränkende Anwendung mit Hilfe des Grundsatzes der Verhältnismäßigkeit zu gewährleisten.

2. Erforderlichkeit

2.1 Die Bedeutung der Erforderlichkeit für § 63 StGB

Die Erforderlichkeitsforderung der Maßregel, die Belastung mit einer Maßregel zu unterlassen, wenn das Ziel auf eine andere, den Einzelnen weniger belastende Weise ebenso gut erreicht werden kann, gilt weiterhin schon bei Anordnung der Unterbringung, obwohl der Gesetzgeber die ausdrückliche Erforderlichkeitsklausel des § 42 b a.F. StGB durch das 2. StrRG gestrichen hat[21]. Die unglückliche Gesetzesänderung zwingt jedoch den Richter nunmehr, eine doppelte Erforderlichkeitsprüfung vorzunehmen[22]. Er muß zunächst prüfen, ob

19) Man vergleiche auch die außergewöhnlich diskriminierenden Behandlungen der Tätergruppen von § 63 und § 64 (s. § 67 d), obwohl die beiden Tätergruppen dieselbe Gefahr der "erheblichen rechtswidrigen Taten" für die Allgemeinheit in sich haben.

20) Zur "Stigmatisierung" s. oben S. 109-112.

21) Näher oben, S. 138-141.

22) U.a. Hanack, LK, vor § 61 Rdn. 62; a.A. Dreher/Tröndle, StGB, § 63 Rdn. 11; Horn, SK, § 63 Rdn. 14/16.

durch ein milderes Mittel die Anordnung der Maßregel entfallen kann, weil es die Allgemeinheit vor der Gefährlichkeit des Täters ausreichend schützen kann. Ist diese Voraussetzung erfüllt, dann darf eine strafrechtliche Maßregel nicht angeordnet werden. Kommt der Richter zu dem Ergebnis, daß die schonendere Maßnahme keine genügende Sicherung vor weiteren Taten bietet, muß er mit der Anordnung weiter prüfen, ob wegen solcher milderen Möglichkeiten die Aussetzung der Vollstreckung gemäß § 67 b bzw. § 67 c I StGB in Betracht kommt.

Bei der Erforderlichkeitsfrage der Maßregelanordnung handelt es sich in erster Linie um die "gleiche Eignung", nämlich um den gleichen Sicherungszweck milderer Vorkehrungen für die Abwendung der Gefahr wie in § 63 StGB, weil der vornehmste Zweck des § 63 StGB die Sicherung der Allgemeinheit ist. Dies ist generell schwer festzustellen, da bei dem in Betracht kommenden Personenkreis oft eine starke Unberechenbarkeit des Verhaltens gegeben ist. Der Richter hat die individuelle Prüfung unter Berücksichtigung aller Umstände vorzunehmen. Dabei zählen zu den wichtigen Momenten etwa nicht nur die Persönlichkeit des Täters und die Art seiner Störung, sondern auch die Zuverlässigkeit von Betreuungspersonen sowie die Frage, ob eine andere Behörde, deren Entscheidung nicht mit Sicherheit zu berechnen ist, über ihn zu entscheiden hat[23].

---

23) Hanack, LK, § 63 Rdn. 83 unter Verweis auf BGHSt 15, 279.

2.2 Die Typen der Erforderlichkeitsfälle

Es können zwei Typen von Erforderlichkeitsfällen bei § 63 StGB vorkommen, und zwar der Fall, daß § 63 StGB mit einer anderen gleichgeeigneten Maßregel zusammentrifft,und der Fall, daß neben § 63 StGB auch die Möglichkeit einer gleichgeeigneten außerstrafrechtlichen Vorkehrung existiert. Im ersteren Fall geschieht die Erforderlichkeitsprüfung durch § 72 I StGB: Zu denken ist das Zusammentreffen der Voraussetzungen der Unterbringung nach § 64 StGB und nach § 63 StGB, wenn der Rauschmittelmißbrauch (§ 64 StGB) auf einem Defekt im Sinne der §§ 20, 21 beruht. Ferner kann auch das Zusammentreffen der Sicherungsverwahrung (§ 66 StGB) und der Unterbringung nach § 63 StGB auftreten, wenn die Hangtäterschaft aus der seelischen Störung folgt. Ist damit positiv zu rechnen, daß die Gefährlichkeit des Täters durch die Behandlung nach den jeweiligen milderen Maßnahmen der §§ 64, 63 StGB behoben werden kann, haben die jeweiligen schwereren Maßregeln der §§ 63, 66 StGB zurückzutreten[24].

Im zweiten Fall sind auf der Grundlage der bisherigen Rechtsprechung für die Beachtung des Grundsatzes der Erforderlichkeit schon bei Anordnung der Unterbringung insbesondere folgende Fälle zu berücksichtigen:

2.2.1 Die Entmündigung

Die Entmündigung wird mehrfach für eine untaugliche Alternative gehalten, weil der Vormund eines Erwachsenen im allgemeinen überhaupt nicht in der Lage sein

24) Näher Hanack, LK, § 72 Rdn. 21/24.

werde, sein Mündel auf Schritt und Tritt zu überwachen[25] und weil eine Unterbringung durch den Vormund von weiteren Entscheidungen abhänge, also nicht gesichert sei und überdies im Krisenfall zu spät komme[26]. Andere Entscheidungen lassen - ausnahmslos bei nur geringfügigen Anlaßtaten - die begründete Aussicht, daß der Vormund sein Mündel vor Verstößen gegen Strafgesetze schützen werde, als Grund für den Verzicht auf die Maßregel genügen[27]. Dieser mildere Prüfungsmaßstab kann allerdings aus dem Grundsatz der Verhältnismäßigkeit i.e.S. verstanden werden.

2.2.2 Die Überwachung des Täters durch Angehörige

Ähnlich pragmatisch ist die Überwachung durch die eigene Familie dann als ausreichend anzusehen, wenn sich bei näherer Prüfung ergibt, daß die Angehörigen wirklich eine genügende Sicherheit für die Verhinderung künftiger Straftaten bieten[28]. Dies kann vornehmlich bei erzieherisch noch beeinflußbaren jüngeren oder in Bezug auf Versorgung und Verpflegung von der Familie abhängigen älteren Tätern möglich sein[29].

2.2.3 Freiwillige Maßnahmen des Täters

Auf derselben Linie kann der freiwillige Eintritt des Betroffenen in ein Krankenhaus begriffen werden, ob-

---

25) BGHSt 15, 279 (284).

26) Horstkotte, LK, § 67 b Rdn. 72 m.w.N.

27) BGH NJW 1951, 572 f; 1951, 724 f; 1951, 969; BGH MDR 1959, 316.

28) RGSt 69, 12; RG JW 1938, 166; vgl. BGH NJW 1951, 572; Hanack, LK, § 63 Rdn. 86.

29) vgl.Bericht über die Lage der Psychiatrie, S. 424.

wohl es meistens unwahrscheinlich wäre, daß die gleiche Sicherung wie die Unterbringung nach § 63 StGB garantiert sein würde[30].

Nur die Ankündigung einer freiwilligen Kastration reicht nicht aus, um eine Unterbringung nach § 63 StGB abzuwenden, weil die Kastration nach dem Kastrationsgesetz jetzt von komplizierten Voraussetzungen abhängig ist. Solange diese Voraussetzungen erfüllt sind, ändert sich an der Notwendigkeit der Maßregel nichts. Bei bereits vollzogener Kastration handelt es sich nicht um einen Fall des Erforderlichkeitsprinzips, sondern um einen der Fälle, in denen die künftige Gefährlichkeit des Täters zwischen Tat und Urteil entfallen ist[31].

2.2.4 Die Unterbringung nach Landesrecht

Besonders umstritten ist das Verhältnis von Unterbringung in einem psychiatrischen Krankenhaus zur Unterbringung nach den landesrechtlichen Unterbringungsgesetzen. Nach geltendem Recht bleibt es immer noch - wie beim alten Recht - ungelöst, ob eine mögliche oder bereits erfolgte Unterbringung nach Landesrecht die Anordnung nach § 63 StGB ausschließt.
Diese Frage ergibt sich daraus, daß die Landesunterbringungsgesetze, die gewisse Verschiedenartigkeiten zeigen, nach ihren Anordnungsvoraussetzungen grundsätzlich auch die Fälle erfassen, in denen die Unterbringung nach § 63 StGB geboten ist.

---

30) Vgl. Hanack, LK, § 63 Rdn. 87 m.w.N.

31) Hanack, LK, § 63 Rdn. 89.

Die theoretisch klare Auffassung von Baumannn, die Regelung der strafrechtlichen Unterbringung sei lex specialis und habe damit Vorrang gegenüber landesrechtlichen Vorschriften, da sie die Voraussetzungen der landesrechtlichen Unterbringungsgesetze und den Anknüpfungspunkt der rechtswidrigen Tatbegehung enthalten[32], ist wenig überzeugend; denn die Gesetzesmaterialien zeigen, daß sowohl der Bundesgesetzgeber als auch die Landesgesetzgeber von einer prinzipiellen Gleichrangigkeit beider Verfahren ausgingen[33].

Außerdem stößt die Konzeption Baumanns auch auf eine erhebliche praktische Schwierigkeit, weil Grenzfälle existieren, bei denen eine vorläufige Mitzuständigkeit des landesrechtlichen Unterbringungsrichters besteht und sich dadurch Spannungen zwischen diesem und Strafrichter bzw. Staatsanwaltschaft ergeben können[34].

Die Rechtsprechung des BGH ist divergierend:
Sie reicht von der vollen Anerkennung der Erforderlichkeit einer Unterbringung nach § 63 StGB (§ 42 b a.F.) unabhängig von der landesrechtlichen Unterbringung[35] bis zu deren Ablehnung[36]. Entscheidend war dabei der Gesichtspunkt des "Sicherungswerts" einer landesrechtlichen Unterbringung. Es wurde argumentiert, daß der Sicherungswert der Unterbringung nach § 42 b a.F. StGB höher als der einer landesrechtlichen Unterbringung sei, weil bei jener die Entlassung bzw. die Beurlau-

---

32) Baumann, Unterbringungsrecht, S. 51.

33) E 1962 mit Begründung, S. 208; Schäfer/Wagner/Schafheutle, Gesetz, S. 119.

34) So Hanack, LK, § 63 Rdn. 111.

35) BGHSt 7, 61; 19, 348; 24, 98. Überblick zur Rechtsprechung bei Hanack, LK, § 63 Rdn. 107/108.

36) BGHSt 12, 50; 17, 123.

bung gegen den Willen des Strafrichters zustande kommen könne.

Dieser Einwand trifft aber nicht zu: Vor allem ist hervorzuheben, daß der von den Landesgesetzen erfaßte Personenkreis in denselben Anstalten wie die von der Maßregel Betroffenen untergebracht wird[37]. Dies spricht schon dafür, daß es zwischen den beiden Unterbringungsformen praktisch keinen Unterschied des Sicherungswerts gibt.
Die Entlassung bzw. Beurlaubung erfolgt auch bei den landesrechtlichen Unterbringungen nicht willkürlich: Obwohl die einzelnen Regelungen darüber große Unterschiede aufweisen[38], ist deren Gewährung an bestimmte Voraussetzungen gebunden, die an den Erfordernissen der Sicherung der Allgemeinheit ausgerichtet sind.
Die Entlassung darf nur durch die gerichtliche Entscheidung geschehen. Der obligatorische Entlassungsgrund, und zwar der Ablauf der Nachprüfungsfrist kann ebenfalls vorher durch eine Fortdauerentscheidung korrigiert werden, wenn der Grund der Unterbringung noch besteht[39].
Eine Beurlaubung hängt eben davon ab, ob sie vom Zweck der Unterbringung her gesehen (Sicherung der Allgemeinheit und des Untergebrachten) vertretbar erscheint, d.h. ob ein Rückfall des Kranken während der Urlaubszeit unwahrscheinlich ist[40]. Nach den meisten Gesetzen ist dafür, insbesondere bei längeren Beurlaubungen, das Gericht (Amtsgericht) zuständig. Soweit der Unter-

---

37) Baumann, Unterbringungsrecht, S. 431; Bernd Müller, Anordnung und Aussetzung, S. 128.

38) Überblick bei Baumann, Unterbringungsrecht, S. 443 ff, 472 ff.

39) Baumann, ebenda, S. 481 ff.

40) Baumann, ebenda, S. 444; Franke, NJW 1959, 1565 und 1960, 1374; Bernd Müller, Anordnung und Aussetzung, S. 129.

bringungsrichter über die Beurlaubung bzw.die Entlassung entscheidet, kann man nicht behaupten, daß er weniger verantwortungsbewußt als der Strafrichter die Belange der öffentlichen Sicherheit bei seiner Entscheidung berücksichtigen würde. Es kommt hier nämlich nicht auf die rechtliche Möglichkeit einer sachlich nicht zu vertretenden Entlassung oder Beurlaubung, sondern auf die konkrete Wahrscheinlichkeit der Gefahr, die man praktisch nicht zu befürchten braucht, an.

Schließlich ist noch zu betonen, daß die Beurlaubung der strafrechtlich Untergebrachten nach § 138 StVollzG, also ohne weiteres landesrechtlich zugelassen werden kann[41].

Im Ergebnis läßt sich feststellen, daß die Auffassung vom geringeren Sicherungswert nach landesrechtlichen Grenzen nicht zutrifft[42]. Trotz der gewissen Verschiedenartigkeiten in der Ausgestaltung bietet die landesrechtliche Unterbringung stets einen ausreichenden Schutz vor der Gefährlichkeit des Täters. Man kann keinen wesentlichen Unterschied hinsichtlich Verwahrungsort, Art der Unterbringung und Behandlung sehen. Damit sollte die Unterbringung nach § 63 StGB dann im Rahmen der sozialen Kontrolle nicht erforderlich sein und auf ihre Anordnung verzichtet werden, wenn eine rechtskräftige landesrechtliche Unterbringung vorliegt oder wenn der Täter bereits landesrechtlich untergebracht ist[43].

---

41) S. z.B. § 9 des Hessischen Maßregelvollzugsgesetzes, in: GVBl. Hessen 1981 I, S. 414 (416).

42) So auch Hanack, LK, § 63 Rdn. 108/114; Bernd Müller, Anordnung und Aussetzung, S. 130; Gribbohm, Grundsatz, S. 354.

43) So auch Hanack und Bernd Müller, ebenda; a.A. Dreher/Tröndle, StGB, § 63 Rdn. 11; Lackner, StGB, § 63 Anm. 2 c dd; Bockelmann, AT, S. 285; Zipf, in: Maurach/Gössel/Zipf, AT II, S. 536 f.

3. Verhältnismäßigkeit i.e.S.

Nach Bejahung der Erforderlichkeit kommt die Frage der Verhältnismäßigkeit (i.e.S.) in Betracht. Eine nicht erforderliche Maßregel kann unter keinen Umständen verhältnismäßig sein. Die Typen der Verhältnismäßigkeitskriterien, die wir im Abschnitt 3.2.3.2 des 2. Kapitels untersucht haben, gelten genauso bei § 63 StGB.

3.1 Anlaßtat

Um die Maßregel der Unterbringung in einem psychiatrischen Krankenhaus anzuordnen, ist es erforderlich, daß der Täter im Zustand der Schuldunfähigkeit oder der verminderten Schuldfähigkeit eine rechtswidrige Tat (§ 11 I Nr. 5 StGB) begangen hat. Dies heißt, daß die Maßregel nur dann angeordnet werden darf, wenn der Täter den äußeren Tatbestand eines Verbrechens oder Vergehens verwirklicht hat; dabei dürfen keine Rechtfertigungsgründe (z.B. Notwehr) oder Schuldausschließungsgründe (z.B. entschuldigender Notstand) vorliegen[44]. Der vermindert oder gar nicht Schuldfähige darf insoweit nicht schlechter behandelt werden, als wenn ein voll Schuldfähiger die Tat unter den gleichen Umständen begangen hätte.

Unter demselben Gesichtspunkt kann das sehr umstrittene Irrtumsproblem gelöst werden. Beruht der Irrtum gerade auf seiner seelischen Störung, die auch seine

---

44) Lenckner, Strafe, S. 188; Stree,in: Schönke/Schröder, StGB, § 63 Rdn. 2-4; Pätzold, Eingriffsvoraussetzungen, S. 73; Baumann, AT, S. 744.

Schuldfähigkeit ausschließt oder vermindert (z.B.: der Täter gelangt aufgrund von Wahnvorstellungen zur Tat, Gott habe ihm die Sachen geschenkt), so darf der Irrtum nicht zu seinen Gunsten berücksichtigt werden[45]. Andernfalls würde die Maßregel völlig leerlaufen. Im Falle des Irrtums aber, der mit dem geistigen Zustand des Täters nichts zu tun hat (etwa die Gleichartigkeit der Sachen), hat die Unterbringung nach § 63 StGB nicht zu erfolgen, weil es hier an jeder Ursächlichkeit der seelischen Störungen für die Nichtbestrafung des Täters fehlt. Bei der Anordnung ist also vom sog. natürlichen Vorsatz des Täters auszugehen, der sich mit dem Sinn und Zweck des § 63 StGB sachgerecht verbinden läßt. Allerdings ist erforderlich, den Vorstellungen und Regungen des Täters nachzugehen, aus denen die Handlungen hervorgegangen sind, soweit dies bei der Geistesverfassung des Täters möglich ist[46].
Ist die Anlaßtat nur auf Strafantrag verfolgbar, so kann das Gericht keine Unterbringung anordnen, wenn dieser Antrag nicht vorliegt. In diesem Fall darf auch kein selbständiges Sicherungsverfahren nach §§ 413 ff StPO eingeleitet werden[47].

An die im Zusammenhang mit der Verhältnismäßigkeitsprüfung bedeutende Schwere der Anlaßtat stellen sowohl § 63 StGB als auch die Dogmatik keine Anforderungen. Eine Einschränkung der Anlaßtat ergibt sich jedoch aus deren negativen Typen, die § 62 StGB allgemein hervor-

---

45) Stree, in: Schönke/Schröder, StGB, § 63 Rdn. 5 ff; Baumann, ebenda; Hanack, LK, § 63 Rdn. 23 ff; Lenckner, Strafe, S. 189; Pätzold, ebenda, S. 74; a.A. Jescheck, AT, S. 652; Horn, SK, § 63 Rdn. 3/4; Bruns, Problematik, S. 473.

46) Vgl. die Kritik von Bruns, Problematik, S. 478; Horn, SK, § 63 Rdn. 4.

47) Stree, in: Schönke/Schröder, StGB, § 63 Rdn. 9 m.w.N.

hebt[48]. So schließen die Bagatelldelikte (z.B. Zechprellerei)[49] grundsätzlich die Unterbringung in einem psychiatrischen Krankenhaus aus.

Anders als bei der Erheblichkeitsbestimmung nimmt die Dogmatik des § 63 StGB es aber nicht vor, die Typen der Bagatelldelikte zu präzisieren, weil sie Anlaßtat nur als Symptom für die künftige Gefährlichkeit auffaßt[50]. Somit stellt sich die Frage, wie sicher die Kriterien der "Erheblichkeit" und der "Wahrscheinlichkeit" eigenständig - also unabhängig von der Bedeutung der Anlaßtat - festgestellt werden können.

3.2 Erheblichkeit

Die künftige Gefährlichkeit muß sich auf "erhebliche" rechtswidrige Taten beziehen. Unter Bezugnahme auf die allgemeine Erheblichkeitsdiskussion[51] sollte auch bei § 63 StGB strikt abgelehnt werden, den Erheblichkeitsgrad des § 63 StGB auf dem Weg über einen Vergleich mit anderen Maßregeln herabzusetzen.

Bei der Bestimmung der Erheblichkeit darf der Heilungs- und Besserungszweck nicht mitschwingen, weil damit die Gefahr der Verletzung der Opfergrenze des Betroffenen verbunden ist. Fürsorge und Hilfe für den Untergebrachten mit strafrechtlichen Instrumenten heißt oft nichts anderes als die Verhüllung eines gesellschaftlich erwünschten Effekts.

48) Vgl. oben den Abschnitt 3.2.3.2.1 des 2. Kap.

49) BGHSt 20, 232.

50) U.a. vgl. Hanack, LK, § 62 Rdn. 11; § 63 Rdn. 19 und 45 ff.

51) Oben 3.2.3.2.2 des 2. Kap.

Was die Schwere der zu erwartenden Straftaten anbelangt, ist es - wie bereits geschildert[52] - von Rechtsprechung und Lehre allgemein anerkannte Auffassung, daß die Bagatelldelikte (oder lediglich lästige Taten) grundsätzlich aus dem Bereich "erheblicher Straftaten" bei allen Maßregeln auszuschließen sind, d.h. auch die Unterbringung in einem psychiatrischen Krankenhaus in solchen Fällen.

Obwohl manche Tatbestände durch die Strafrechtsreform weggefallen oder Ordnungswidrigkeiten geworden sind, sind im StGB noch immer Delikte zu finden, die im Grunde lediglich gemeinlästig sind oder in den besonders zu behandelnden Bereich einer spezifischen Kleinkriminalität fallen.
Die Unterbringung nach § 63 StGB istbei denjenigen Delikten nicht zu rechtfertigen, bei denen die Taten nur mit Freiheitsstrafe bis zu sechs Monaten bedroht sind, weil man der Regelung des § 113 StPO über die Einschränkung von Untersuchungshaft entnehmen darf, daß sie prinzipiell keine "erheblichen" Delikte darstellen[53].
Die Straftatbestände, die nur mit Geldstrafe bedroht sind, sind auch zu diesem Bereich zu zählen, weil hier keine Freiheitsentziehung erfolgen soll[54].

Darüberhinaus sind nach der Rechtsprechung - insbesondere für die Erheblichkeitsbestimmung der mehr als lästigen Taten - die Indikatoren der Schadenshöhe,

---

52) Oben (Fn. 51).

53) So Hanack, LK, § 63 Rdn. 55.

54) Unter diese beiden Kategorien der unerheblichen Straftaten fallen etwa Bannkreisverletzung: § 106 a I, Wahlunterlagenfälschung: § 107 b, Ausübung verbotener Prostitution: § 184 a, Verleitung zum Falscheid: § 160 und Beteiligung an Glücksspielen: § 284 a.

Häufigkeit und der zeitlichen Abfolge von Bedeutung.

Danach soll für die folgenden Delikte die Unterbringung nach § 63 StGB ausscheiden[55]: kleine Diebstähle[56], kleine Betrügereien (wie z.B. Zechprellerei)[57], von vornherein durchschaubare Betrugsversuche[58], ein in der Bevölkerung Unruhe erregendes Denunzieren unbestimmter Vieler[59] und ständiges Randalieren in Großstadtwohngegend mit Gefahr nervlicher Störung bei den Gestörten[60].

Diese aus der Rechtsprechung stammenden Beispiele sind aber im Grunde genommen keine Indikatoren der in Zukunft zu erwartenden unerheblichen bzw. erheblichen Straftaten, weil sie ausnahmslos retrospektiv argumentieren.
In der Praxis wird nämlich die Erheblichkeit automatisch angenommen, wenn der Täter in der Vergangenheit bereits (eine) erhebliche Straftat(en) begangen hat. Insofern stellt die Anlaßtat paradoxerweise nicht "Indiz"- bzw. Symptomwert" für die künftigen Straftaten, sondern deren vollen Beweis oder zwingende Kausalität dar, was freilich die Entleerung der zukunftsorientierten "Erheblichkeit" zur Folge hat. Es fragt sich, wie immer, ob das Gericht das zukunftsorientierte Kriterium, die Erheblichkeit der zu erwartenden Straftaten, mit Hilfe einer plausiblen Prognosemethode für sich feststellen kann.

---

55) S. im ganzen Dreher/Tröndle, StGB, § 63 Rdn. 8.

56) BGH NJW 1955, 837 f.

57) RG 73, 304; JW 38, 2331; BGHSt 20, 232; NJW 1967, 297.

58) OLG Hamm, MDR 1971, 1026.

59) RG JW 38, 2331.

60) So OLG Stuttgart, Die Justiz 1967, 99.

3.3 Wahrscheinlichkeit der Gefahr für die Allgemeinheit

Die Gefahr von erheblichen, rechtswidrigen Taten muß für die Allgemeinheit "wahrscheinlich" sein. Wahrscheinlichkeit bedeutet ein höheres Maß von Möglichkeit. Zu sagen ist damit nur, daß die bloße Möglichkeit des Rückfalls zur Bejahung der Gefährlichkeit nicht ausreicht[61].
Abgesehen von solchen klar abgrenzbaren Fällen (einschließlich auch extrem hoher Wahrscheinlichkeit), existiert immerhin die breite Grauzone, bei der das Risiko der Fehlvorhersage entweder der strafende Staat oder der eventuell davon betroffene Bürger (Opfer) tragen *muß*.
Diese Zone des Nichtwissens künftiger Ereignisse, die ohnehin zur Entformalisierung der Maßregelanwendung führt, sollte man nicht mit dem Argument, daß die Prognosefähigkeit menschlichen Erkenntnisvermögens von Haus aus unzulänglich sei, stehen lassen. Es muß zum Problem gestellt werden, daß man die Unterbringung nach § 63 StGB auferlegt, ohne zeigen zu können, daß der Täter aufgrund seiner seelischen Störungen in Zukunft wirklich eine erhebliche Straftat begehen wird[62].

In diesem Zusammenhang sind die allgemeinen prozeßrechtlichen Grundsätze der richterlichen Überzeugungsbildung (§ 261 StPO) ergänzend in Betracht zu ziehen. Nach diesem Paragraph muß der Richter, um eine Maßregel anordnen zu können, davon voll überzeugt sein, daß die Verurteilung auf zu begründenden Tatsachen aufbaut; das heißt also eine prozessuale Überzeugung,

---

61) Ausführlich s.o. den Abschnitt 3.2.3.2.3 des 2. Kap.

62) Vgl. oben, S. 129-131.

daß der Täter wahrscheinlich wieder erhebliche Taten begehen wird. Somit genügt es nicht, daß der Richter diese Umstände nur mit einem hohen Grad von Wahrscheinlichkeit zu bejahen vermag.
Dieser strafprozessuale Grundsatz kann zwar die Zweifel am Wahrheitsgrad der materiellrechtlichen Wahrscheinlichkeit der Gefahr nicht vollständig beseitigen, dadurch kann jedoch der unabwendbare Mangel des menschlichen Prognosewissens einigermaßen kompensiert werden.

Dies vollzieht sich in folgender Weise: Gewinnt der Richter keine volle Überzeugung von der Wahrscheinlichkeit der zu erwartenden Straftat, hat er nach dem Grundsatz "in dubio pro reo", also stets zugunsten des Täters, zu entscheiden[63]. Die die Geltung des Grundsatzes "in dubio pro reo" im Maßregelrecht ablehnenden Auffassungen sind nicht vertretbar.
Es gibt nämlich keinen Grund, warum bei Entscheidungen über Maßregeln der rechtsstaatliche Formalisierungsgrundsatz aus dem Geltungsbereich strafprozessualer Garantien herausfallen sollte. Der Hinweis darauf, daß der Richter nie zur vollen Überzeugung von einem künftigen Geschehen gelangen könne, weil die Prognose stets zweifelbehaftet sei[64], verkennt die notwendige Diffe-

---

63) Stree, in: Schönke/Schröder, StGB, vor § 61 Rdn. 9; Lackner, StGB, § 63 Anm. 2 c ee; Preisendanz, StGB, vor § 61 Anm. 6; Horn, SK, § 61 Rdn. 13; Stree, In dubio pro reo, S. 100; Nowakowski, Rechtsstaatlichkeit, S. 116; Tröndle, in: Dreher/Tröndle, StGB, seit 39. Aufl. ständige Aufassung, jeweils vor § 61 Rdn. 3; Hanack, LK, vor § 61 Rdn. 48 f; Bruns, Richterliche Überzeugung, S. 647 ff; Bernd Müller, Anordnung und Aussetzung, S. 131 ff; a.A. Dreher, StGB (37. Aufl.), vor § 61 Rdn. 3; Geerds, Prognose, S. 94; Bockelmann, AT, S. 284; OLG Hamm NJW 1971, 1618, 1620; Kleinknecht/Meyer, StPO, § 261 Rdn. 27 f.

64) So Dreher, StGB (37. Aufl.) und auch Dreher/Tröndle, StGB (38. Aufl.), jeweils vor § 61 Rdn. 3.

renzierung zwischen dem materiellrechtlichen Inhalt des Wahrscheinlichkeitsbegriffs und der Frage seiner prozessualen Feststellung[65].
Selbst die Befürworter der Geltung des Grundsatzes "in dubio pro reo" im Maßregelrecht wollen indes zwischen Anordnungs- und Aufhebungsentscheidungen unterscheiden. Im Gegensatz zur Anordnungsprognose wird für die Entlassungs- und Aussetzungsprognosen (§§ 67 c, 67 d II, 68 e StGB) der Grundsatz "in dubio pro reo" verbreitet abgelehnt; stattdessen soll hier offensichtlich der Grundsatz "in dubio contra reum" gelten[66].

Der Grund dafür lautet: Bei den Entlassungsentscheidungen komme es auf die Frage an, ob auf die weitere Vollstreckung der Maßregel verzichtet werden kann. Voraussetzung dafür sei, daß die bei der Anordnung bereits festgestellte Gefährlichkeit weggefallen oder doch entscheidend gemindert worden ist. Solange dies nicht feststeht, sei eine Aufhebung nicht zu folgern. In diesem Argument steht das kriminalpolitische Interesse des Staates im Vordergrund. Das Risiko der Prognose läßt sich auf Kosten der weiteren Freiheitsentziehung des Betroffenen vermeiden. Dem Betroffenen bleibt nichts anderes übrig, als zu warten, bis der Richter von seiner Ungefährlichkeit überzeugt ist. Das ist jedoch hinsichtlich der Opfergrenze des Täters äußerst bedenklich. Die bei der Anordnung festgestellte Gefährlichkeit des Täters darf nicht plötzlich zur materiellrechtlichen Wahrheit verwandelt werden.

---

65) Bruns, Richterliche Überzeugung, S. 647 ff; Hanack, LK, vor § 61 Rdn. 50.

66) So Hanack, LK, vor § 61 Rdn. 51; Stree, In dubio pro reo, S. 106 ff; Bruns, Richterliche Überzeugung, S. 651/653; Bernd Müller, Anordnung und Aussetzung, S. 135.

Der Richter kann auch bei der Aussetzungsprognose nicht wissen - abgesehen von wenigen, klar abgrenzbaren Fällen -,ob der Täter aufgrund seiner sog. seelischen Störungen in Zukunft wirklich eine rechtswidrige Tat begehen wird.
Er kann sich nur prozessual überzeugen, daß die Gefährlichkeit der zu erwartenden Straftat *wahrscheinlich* ist, was die Unterbringungsmöglichkeit eines tatsächlich ungefährlichen Täters immer noch in sich hat. Dieses anfänglich dem Betroffenen zugeschriebene Risiko der Prognose sollte man nicht stehen lassen, sondern sowohl in der Anordnung als auch in der Entlassungs- und Aussetzungsentscheidung berücksichtigen, insoweit die Maßregel in die Freiheit des Betroffenen eingreift.

Der Vollzug der Maßregel ist nur so lange gerechtfertigt, als die Notwendigkeit zur Sicherung der Allgemeinheit vor schwerwiegender Gefahr besteht.
Wenn diese qualifizierte Gefährlichkeit entfällt, dann verliert die Unterbringung in einem psychiatrischen Krankenhaus ihren Rechtsgrund[67].

Dies ist umso nachdrücklicher zu fordern, wenn man sich die Lage des durch § 63 StGB Betroffenen vor Augen führt: Der Betroffenenkreis des § 63 StGB stellt einen "doppelt stigmatisierten" Kreis dar, weil er nicht nur als "Verbrecher", sondern auch als "Geisteskranker"[68] abgestempelt wird.
Das Etikett des Geisteskranken ist in Wirklichkeit so unerbittlich und auch gleichzeitig so wirksam,

---

67) So treffend auch Nowakowski, Rechtsstaatlichkeit, S. 117 f; vgl. auch Horstkotte, LK, § 67 d Rdn. 75.

68) Näher oben, S. 109 ff.

daß die übrigen normalen Verhaltensweisen des Patienten als ein Symptom seiner geistigen Krankheit angesehen werden.
Darin ist ein wesentlicher Grund dafür zu erblicken, warum die Anstaltsärzte bezüglich der Frage so zurückhaltend sind, ob der Untergebrachte außerhalb des Maßregelvollzugs keine rechtswidrigen Taten mehr begehen wird (§ 67 d II StGB)[69].

Hier fehlen einfach praktische Richtlinien und allgemein verbindliche, mehr als bisher aus dem persönlichen Ermessensspielraum herausgelöste Entlassungskriterien.
Dies führt zwangsläufig dazu, daß die Unterbringung nach § 63 StGB ungewöhnlich lange dauert, da das Voranschreiten der seelischen Heilung für die Ärzte selbst kaum leicht feststellbar ist. Für die Ärzte dürfte es die "angenehmste Lösung" sein, ihre Unwissenheit auf Kosten der Weiterverwahrung des Untergebrachten zu verdecken - diese sind ja, als Geistesgestörte, sowieso ohnmächtig.

Die Ablehnung der Geltung des Grundsatzes "in dubio pro reo" bei den Entlassungs- und Aussetzungsentscheidungen kann nur dafür Tür und Tor öffnen, daß die Opfergrenze des Untergebrachten überwunden wird, indem sie die Formalisierungsaufgabe des Strafrechts dort außer Acht läßt, wo dieselbe in noch höherem Grade gefordert ist.

---

69) Vgl. Ritzel, Unterbringung, S. 188 f; Albrecht, Aspekte, S. 117 f; oben, S. 202.

Außerdem geschieht die Entlassung durch den Grundsatz "in dubio pro reo" nicht ohne jede Einschränkung, da bestimmte Weisungsmöglichkeiten (§ 68 d StGB), wie Bestellung eines Bewährungshelfers (§ 68 a StGB) und deren zu erwartende Wirkungen in die Erprobungsprognose einzubeziehen sind[70].

3.4 Resumé

Die Anordnung der Unterbringung nach § 63 StGB erfolgt grundsätzlich obligatorisch. Das heißt: Liegen die Voraussetzungen des § 63 StGB vor, so *muß* die Unterbringung in einem psychiatrischen Krankenhaus vom Richter angeordnet werden. § 63 StGB ist keine Ermessensvorschrift. Der Grundsatz der Verhältnismäßigkeit (i.e.S.) stellt dabei die letzte Stufe der Anordnungsvoraussetzungen dar, mit dessen Hilfe die Formalisierungslücke der formellen Voraussetzungen korrigiert und somit die Unterbringung letztendlich verhindert werden kann.
Bei der Anwendung des Grundsatzes der Verhältnismäßigkeit ist also vor allem wichtig, die entformalisierten Teile des § 63 StGB herauszufinden, die der Formalisierungsgrundsatz der Verhältnismäßigkeit problematisieren muß.

Der Zweifel beginnt bereits mit dem Zweck des § 63 StGB[71]. Die Bemühungen der Strafrechtsreform, den Besserungsgedanken bewußt in den Vordergrund zu rücken und damit die Sicherung der Allgemeinheit gerade durch

70) Lang-Hinrichsen, LK (9. Aufl.), § 42 a.F. Rnd. 4.
71) Ausführlich oben S. 201 ff.

Besserung zu erzielen, bleibt leider sowohl rechtlich als auch praktisch nicht mehr als ein "Lippenbekenntnis". Abgesehen von der bis 1.1.1985 suspendierten Überweisungsmöglichkeit in den Vollzug der sozialtherapeutischen Anstalt (§ 63 II StGB)[72], ist der Besserungszweck dem § 63 StGB fremd; dieser nämlich dient ausschließlich der Sicherung der Allgemeinheit vor der künftigen Straftat des für gefährlich gehaltenen, seelisch gestörten Täters. Die Methode der Sicherung heißt "Verwahrung" in einem geschlossenen psychiatrischen Krankenhaus, deren Dauer für den Betroffenen nicht voraussehbar ist.
Schon aus dieser Zweckirrationalität des § 63 StGB ergibt sich die Forderung, daß er nur in besonders gelagerten Fällen, also möglichst sparsam, gebraucht werden muß, um der Opfergrenze des seelisch gestörten Menschen gerecht zu werden.

Ein weiterer Zweifel an § 63 StGB hängt mit den entformalisierten Anordnungskriterien der "Erheblichkeit" und der "Wahrscheinlichkeit" zusammen, die vorwiegend auf die Sicherheit der Prognose angewiesen sind.

§ 63 StGB und auch dessen Dogmatik in der Literatur nehmen etwas leichtsinnig an, daß man von der Diagnose der Täterpersönlichkeit die Verlaufsprognose weiterer Straffälligkeit ableiten kann. Man weiß jedoch nicht, was Geisteskrankheit ist, und kann daher auch nicht voraussagen, daß ein Täter seiner Geistesverfassung zufolge wieder straffällig werden wird. Geisteskrankheit ist nichts anderes als eine "Beschreibung" oder "Zuschreibung", da wir diejenigen Menschen als psychisch krank bezeichnen, die in ihrem Verhalten gegen gewisse

---

72) Allerdings ist es höchst unwahrscheinlich, daß § 65 StGB bis zu diesem Zeitpunkt zu praktizieren sein wird.

ethische, politische und soziale Normen verstoßen.
Die Erwartung weiterer Straftaten ist eine subjektive Haltung, eine Form des Mißtrauens, das ausdrückt, was jemand einem anderen in Zukunft zutraut, also: Verdächtigung. Die Praxis des Umgangs mit "Erheblichkeit" und "Wahrscheinlichkeit" zeigt gerade, daß die dem Richter auferlegte Prognoseaufgabe tatsächlich nicht zu erfüllen ist.
Die große Voraussetzung der Maßregelinstitution, die Maßregel sei ausschließlich zukunftsorientierte, spezialpräventive Zweckmaßnahme und demzufolge könne der Umstand, daß künftig Taten besonderer Schwere zu erwarten sind, eine Maßregel auch dann rechtfertigen, wenn die bisherigen Taten für sich betrachtet wenig gewichtig erscheinen, ist nicht mehr als eine theoretische Illusion. Die Entscheidungen haben sich bislang,bei der im Grunde für sich festzustellenden Frage der Erheblichkeit und Wahrscheinlichkeit, mit der Bedeutung (Schwere, Häufigkeit etc.) der begangenen Tat befaßt.
Die Erheblichkeit der Anlaßtat knüpft sich regelrecht an die in der völlig anderen Dimension liegenden Erheblichkeit der zu erwartenden Tat. Wenn dem Täter dazu noch zusätzlich vorgeworfen wird, daß er geistig gestört ist - also wenn er etwas anders denkt und sich auch anders verhält als die überwiegende Mehrheit der Menschen es tut - wird er verdächtigt, daß er in Zukunft "wahrscheinlich" wieder gemeingefährlich sein wird. Gerechtigkeitsorientierte, juristisch-sachliche Gründe sind da kaum zu erblicken.

Man sollte endlich eingestehen, daß man selbst das nur mit Mühe wissen kann, was in der Vergangenheit geschehen ist, von den zukünftigen Ereignissen ganz zu schweigen. In erster Linie muß man auf der Grundlage der Anlaßtat - nicht nur in der Anordnung, sondern auch in der Aussetzung[73] - fragen, ob die zu befürchtenden Taten die Allgemeinheit so ernstlich und gravierend gefährden, daß dem Täter in Anbetracht seiner Störung das Sonderopfer des - unverschuldeten - Freiheitsentzugs von unbestimmter Dauer auferlegt werden darf. Die über die Schwere der Anlaßtat hinausgehende lange Unterbringung ist dann mit der Opfergrenze des Betroffenen unvereinbar und rechtsstaatlich unerträglich (weil unverhältnismäßig), wenn man mit einem Grund, über den man nichts Genaues weiß, einen für sich irrationalen und - streng genommen - in Wirklichkeit unmenschlichen Zweck verfolgt.

---

73) Es ist nicht zu begreifen, daß die Bedeutung der Anlaßtat bei der Aussetzungsüberprüfung - anders als bei der Anordnung - nicht mehr berücksichtigt wird, indem man nur auf die Gefährlichkeit abstellt. Vgl. etwa Bernd Müller, Anordnung und Aussetzung, S. 135; Dreher/Tröndle, StGB, § 67 d Rdn. 6; Lackner, StGB, § 67 d Anm. 2 a; Preisendanz, StGB, § 67 d Anm. 3; Stree, in: Schönke/Schröder, StGB, § 67 d Rdn. 9/10.

FRANKFURTER KRIMINALWISSENSCHAFTLICHE STUDIEN

Band 1 Peter Böning: Die Lehre vom Unrechtsbewußtsein in der Rechtsphilosophie Hegels 100 S., 1978.

Band 2 Wolfgang Schneider: Kriminelle Straßenverkehrsgefährdung (§ 315c Abs. 1 Ziff. 2, Abs. 3 StGB). Eine kriminologische und strafrechtliche Untersuchung zur Problematik dieser Verkehrsstraftaten unter Berücksichtigung ausländischer Rechte. 342 S., 1978.

Band 3 Lothar Kuhlen: Die Objektivität von Rechtsnormen. Zur Kritik des radikalen labeling approach in der Kriminalsoziologie. 178 S., 1978.

Band 4 Günther Grewe: Straßenverkehrsdelinquenz und Marginalität. Untersuchungen zur institutionellen Regelung von Verhalten. 148 S., 1978.

Band 5 Dieter Haberstroh: Strafverfahren und Resozialisierung. Eine Studie über Verstehen und Nicht-Verstehen, über Verstanden-Werden und Nicht-Verstanden-Werden und deren Bedingungen in der Hauptverhandlung. 202 S., 1979.

Band 6 Thomas Vogt: Die Forderungen der psychoanalytischen Schulrichtungen für die Interpretation der Merkmale der Schuldunfähigkeit und der verminderten Schuldfähigkeit (§§ 51 a.F., 20, 21 StGB). 182 S., 1979.

Band 7 Andreas Michael: Der Grundsatz in dubio pro reo im Strafverfahrensrecht. Zugleich ein Beitrag über das Verhältnis von materiellem Recht und Prozeßrecht. 214 S., 1981.

Band 8 Ilias G. Anagnostopoulos: Haftgründe der Tatschwere und der Wiederholungsgefahr (§§ 112 Abs. 3, 112 a StPO). Kriminalpolitische und rechtssystematische Aspekte der Ausweitung des Haftrechts. 1984.

Band 9 Helga Müller: Der Begriff der Generalprävention im 19. Jahrhundert. Von P.J.A. Feuerbach bis Franz v. Liszt. 1984.

Band 10 Frowin Jörg Kurth: Das Mitverschulden des Opfers beim Betrug. 1984.

Band 11 Martin J. Worms: Die Bekenntnisbeschimpfung im Sinne des § 166 Abs. 1 StGB und die Lehre vom Rechtsgut. 1984.

Band 12 Jong-Dae Bae: Der Grundsatz der Verhältnismäßigkeit im Maßregelrecht des StGB. 1985.